La guerre

Eschyle, *Les Perses*
Clausewitz, *De la guerre*
Barbusse, *Le Feu*

Étienne Akamatsu
Christophe Cervellon
Gilbert Guislain

La guerre

Eschyle, *Les Perses*
Clausewitz, *De la guerre*
Barbusse, *Le Feu*

Presses universitaires de France

ISBN : 978-2-13-063285-6
Dépôt légal – 1re édition : 2014, juillet

6, avenue Reille, 75014 Paris

Sommaire

TROISIÈME PARTIE
De la guerre, de Carl von Clausewitz
Christophe Cervellon

QUATRIÈME PARTIE
Le Feu, d'Henri Barbusse
Gilbert Guislain

CINQUIÈME PARTIE
Dissertations
Étienne Akamatsu

Avant-propos

Le programme des classes préparatoires scientifiques, en lettres et philosophie, pour l'année 2014-2015, porte sur le thème « La guerre ».

L'œuvre philosophique est *De la guerre*, de Carl von Clausewitz (Payot & Rivages, « Rivage poche », trad. Nicolas Waquet, Livre I, p. 17-114). Les deux œuvres littéraires sont *Les Perses* d'Eschyle (Garnier-Flammarion) et *Le Feu* d'Henri Barbusse (Gallimard, « Folio Essais »).

PREMIÈRE PARTIE

La guerre : présentation générale

Étienne Akamatsu

À présent, il n'en faut plus douter, cet exercice, ou plutôt cette profession, surpasse toutes celles qu'ont jamais inventées les hommes, et il faut lui porter d'autant plus d'estime qu'elle est sujette à plus de dangers.

Miguel de Cervantès, *Don Quichotte*, I, 37.

INTRODUCTION

Un thème nécessaire

La guerre ! Quel thème inquiétant, et sujet à dérision sans doute, comme nous le montre l'éloge ambigu de la chevalerie que Cervantès place dans la bouche de Don Quichotte ; – mais aussi, quel sujet fascinant, à l'égard duquel nous aussi avons des sentiments ambivalents. Cette année, nous regardons les commémorations – le centenaire de la Grande Guerre – d'un regard tour à tour indifférent, attendri, horrifié. Comment cela a-t-il été possible, nous demandons-nous ? Comment se fait-il que les hommes aient consenti à de si grands sacrifices ? Cependant, nous savons que les pays européens ont commis, vingt ans plus tard, de plus grands crimes et de plus grandes destructions encore. De plus, il ne faudrait pas que les souvenirs, les témoignages et les récits des historiens nous cachent une autre évidence : la guerre nous concerne encore aujourd'hui. Sans doute n'avons-nous pas à nous préoccuper quotidiennement de préparer ou de faire la guerre, car nous vivons en temps de paix, et nous ne sommes pas directement menacés, sinon par des actes de terrorisme, dont les États nous protègent. Certes, le citoyen ordinaire est délivré des contraintes du combat, et des servitudes – abandonnées, en France tout au moins, après la fin de la guerre froide – du service militaire. Mais nous savons que nous vivons dans un temps de paix armée. Les bruits de la guerre grondent un peu partout dans le monde. Et nous finançons une armée de professionnels, ainsi que des armements sophistiqués et coûteux.

Penser la guerre

Il nous reste donc à assumer la responsabilité de la guerre, en la pensant. Devoir réfléchir à la guerre, durant plusieurs mois, en préparant un concours, n'est pas anodin. La guerre n'est pas un thème littéraire comme les autres. Qu'est-ce que l'on demande à la littérature ? Celle-ci s'occupe souvent d'amour, de pouvoir, d'ambition, de beauté ; elle témoigne de toutes sortes d'expériences de la vie, de sorte que la lecture des œuvres littéraires nous rapproche de ces expériences ; nous y admirons ce qui nous paraît admirable, et grâce à elles nous apprenons les mots qui façonnent nos propres vies. Nous sommes tour à tour exaltés et déçus, mais il y a un jeu plaisant de l'écriture de la vie et de la traversée des expériences. Or quand il s'agit de la guerre, il en va autrement : en général, nous voudrions plutôt que ce dont il est question n'ait pas lieu, ou du moins nous épargne. La littérature doit avoir pour vertu de nous tenir à distance de cette expérience. Quant à la philosophie, elle a eu trop peu à dire de la guerre. Combien de traités de philosophie politique qui osent parler franchement de la guerre, ou même qui s'aventurent à en aborder la question ? Il est vrai que la philosophie tout entière se consacre à des activités qui n'ont en elles-mêmes rien à voir avec la guerre ; et si les hommes philosophaient plus, ils se disputeraient plus, mais ils feraient moins la guerre, assurément. En attendant, penser la guerre est un devoir, comme de penser l'émancipation, la justice ou le progrès. Ne confions pas la guerre aux soins des seuls spécialistes…

Nous avons oublié qu'il y a une noblesse de la guerre, une gloire que le combattant retirait de sa bravoure personnelle, de sa fidélité à une cause et même parfois de sa loyauté au sein même du combat. Sans doute les guerres ont-elles changé aussi, ne laissant plus de place qu'au bombardement chirurgical, au massacre de masse, à la guerre civile impitoyable, à la guerre économique, toutes formes de la guerre qui font beaucoup plus de victimes civiles que militaires. La guerre nous est devenue foncièrement étrangère, même si nous savons qu'elle peut nous rattraper à tout moment, à l'occasion d'un bouleversement politique dans une région proche, ou à cause de l'aggravation d'un conflit entre des pays auxquels nous sommes liés – or, à quels pays désormais ne sommes-nous pas liés ? Aux héros, nous avons appris à préférer les victimes. Mais il ne faudrait pas méconnaître la puissance de fascination que continue d'avoir la guerre.

L'HUMANITÉ DE LA GUERRE

La guerre – nature et culture

La guerre est une activité humaine, et même une activité que les hommes ont constamment pratiquée. Comparons avec ce qui se passe dans les sociétés animales ; chez les animaux, il arrive souvent que l'individu soit au service de la collectivité (comme dans les fourmilières), que des groupes se forment pour chasser avec plus d'efficacité (comme chez les lions) ; tuer permet de se nourrir et de survivre. Mais les animaux ne font pas la guerre. Les fourmis font-elles la guerre ? Sans doute mènent-elles des « expéditions » très organisées contre d'autres organisations animales, d'une manière qui peut nous faire penser à nos guerres. Les éthologues discutent pour savoir jusqu'à quel point les comportements sont comparables (sociabilité, variabilité culturelle, etc.). Mais les guerres humaines se nourrissent de techniques évolutives, de discours justificateurs, et enflent jusqu'à des proportions destructrices contre lesquelles les animaux sont protégés par des processus physiologiques inhibiteurs ; or la rationalité humaine semble désinhiber son comportement jusqu'à l'irrationalité la plus effrayante. Seul un être rationnel peut aussi être irrationnel… Nous croyons trop souvent que les temps préhistoriques ont été guerriers.

> Or s'il est vrai que de tout temps des Hommes ont tué d'autres Hommes pour des motivations diverses, ces actes de violence sont rares dans les sociétés de chasseurs-cueilleurs paléolithiques : l'homme n'est donc pas le descendant d'un « singe-tueur », la violence n'est pas inscrite dans ses gènes. Au contraire, il a développé très tôt des comportements altruistes à travers, notamment, l'empathie dont il a fait preuve envers ses semblables [1].

Il ne faudrait pas excuser la guerre en prétendant que la nature en a été la source, toujours et partout. Mais cela ne doit pas nous détourner de demander si, au sein des sociétés, ce sont les causes naturelles qui déterminent l'entrée en guerre, ou des processus culturels.

L'hostilité

La guerre commence quand on nomme l'ennemi. L'inimitié désigne l'ennemi (du latin *inimicus*), celui à l'égard duquel on a une haine

1. Marylène Patou-Mathis, *Préhistoire de la violence et de la guerre*, Paris, Odile Jacob, 2013, p. 164.

personnelle. L'hostilité [du latin *hostis*] désigne l'adversaire contre lequel on élève des griefs, d'une manière plus objective. Les opérations de guerre sont appelées des hostilités. On notera une certaine ambivalence : car celui auquel on est « hostile » est aussi celui pour lequel on aurait pu avoir, et pour lequel on aura peut-être, de « l'hospitalité » (les deux termes ont la même étymologie). La guerre, à proprement parler, n'oppose pas des individus contre des individus, ni des familles contre des familles (comme cela a lieu dans les cycles sans fin de vengeance) – même s'il est vrai que les oppositions de peuple à peuple et l'honneur national peuvent ressembler à de l'inimitié ou à la vendetta. La mort infligée durant la guerre est une mort indifférente, infligée sans colère, une mort à caractère universel, comme le dit Hegel, qui souligne que « l'invention de l'arme à feu a changé l'aspect purement personnel du courage en un aspect plus abstrait[1] ». À l'héroïsation mythologique du conflit peut se substituer résolument le choc des masses...

L'usage violent et concerté de la force

L'article « Guerre » de l'*Encyclopédie* de Diderot reprend des formules bien connues : la guerre est « un différend entre des princes ou des États, qui se décide par la force ou par la voie des armes », en effet, « comme les princes n'ont point de tribunal sur terre qui puisse juger de leurs différends et de leurs prétentions, c'est la guerre ou la force qui peut seule en décider ». L'article cite Végèce qui, au IVe siècle, le constatait déjà : « qui doute que l'art de la guerre soit le plus grand de tous ? C'est par lui que la liberté se conserve, que les dignités se perpétuent, que les provinces et l'empire se maintiennent » ?

Il n'y a pas de guerre sans une organisation, sans un conflit de légitimités, à la rigueur même sans qu'il y ait eu une déclaration, qui laisse la place à une négociation pour une trêve, un armistice, et finalement un traité. La guerre est une affaire de puissances, mais elle implique l'intervention de la parole et du droit. D'où la formule de Clausewitz : « La guerre est un acte de violence engagé pour contraindre l'adversaire à se soumettre à notre volonté[2] ». Cette violence n'est pas pure spontanéité, mais œuvre complexe de la civilisation.

1. Georg Wilhelm Friedrich Hegel, *Principes de la philosophie du droit*, § 328.

2. Carl von Clausewitz, *De la guerre*, Paris, Rivages, « Rivage Poche/Petite Bibliothèque », 2006, p. 20.

Polémos, Bellum, Werra

La signification de la guerre est multiple. Les mots qui la disent nous informent de cette diversité, même si chacun renvoie à sa manière à la confusion, à la destruction, à la peine. Le grec *Polémos* permet de signifier l'universalité du conflit, dans lequel sont engagés les dieux et tous les éléments, et non seulement les hommes. Le latin *Bellum* dans sa forme ancienne était *duellum* qui dérive du grec *duè* (douleur, peine) qui vient du radical indo-européen *dau*, *deu-* (blesser, détruire, brûler). La guerre dans sa version romaine est mise en corrélation avec le droit. Enfin, *Werra* (de même qu'en allemand *Wehr* et en anglais *war*) signifie plus nettement encore la dévastation. La guerre des hommes naît sur fond de guerre cosmique, s'articule à l'élaboration d'un droit des cités, et se développe vers un bouleversement violent, barbare. D'ailleurs, la correspondance symbolique des armes avec les éléments renvoie à la totalité du cosmos : « le javelot ou la fronde, avec l'élément air ; la lance, avec l'élément terre ; le glaive, avec l'élément feu ; le trident, avec l'élément eau » ; de plus, les armes se rapportent aussi aux fonctions sociales, « la masse, le bâton et le fouet étaient les attributs de la souveraineté ; la lance, le glaive, l'arc et la flèche, les attributs du guerrier ; la foudre, ceux de la divinité suprême dont le prêtre est le représentant[1] ». La forme ronde du bouclier le rend apte à figurer le monde. Qu'on se reporte à la fameuse description du bouclier d'Achille, dans cette *Iliade* que Simone Weil appelait le *Poème de la force* : Héphaïstos y figure la Terre, le Soleil et les astres, ainsi que deux cités dont l'une se livre à des festins et l'autre connaît la guerre, enfin des champs fertiles, un troupeau, une place de danse, l'ensemble étant entouré des flots puissants du fleuve Océan (*Iliade*, XVIII, v. 478 et suiv.).

L'ÉTIOLOGIE DE LA GUERRE

D'où vient la guerre ?

La question de savoir d'où viennent les guerres – c'est-à-dire la question de leur étiologie : quelles sont les causes de la guerre ? – est embarrassante. Clausewitz distingue trois éléments constitutifs de la guerre – ce qu'il appelle « l'étonnante trinité » : l'élément affectif (l'impulsion violente),

1. Christian Godin, *La Guerre*, Éditions du Temps, « Questions de philosophie », 2006, p. 18.

l'élément aléatoire (le jeu des probabilités et du hasard) et l'élément rationnel (la guerre comme instrument de la politique). Il s'efforce de rationaliser la guerre, mais la distinction entre ces trois éléments – dont le hasard – ne dissipe pas toute confusion. Y a-t-il un instinct belliqueux, malgré la différence que nous faisions avec les animaux ? Jonathan Swift, dans *Les Voyages de Gulliver*, imagine qu'une guerre est née entre les Lilliputiens et les habitants de Blefuscu leurs voisins, parce qu'ils ne consomment pas les œufs par le même bout… La guerre est-elle toujours dérisoire, et ses causes des prétextes ? Nous ne pouvons nous défaire de l'idée que la disproportion entre les destructions de la guerre, et les prétextes pris pour entrer en conflit, rend toute guerre absurde. Il n'empêche : les peuples ont bel et bien l'impression de défendre leur liberté en se battant. C'est ce que constate amèrement un officier allemand, dans le film *Rome, ville ouverte*, de Roberto Rossellini : on a beau torturer les prisonniers, ils ne veulent pas parler – car ils défendent leur liberté. C'est un fait universel, s'il n'est naturel. Ce qu'on peut rétorquer en revanche, c'est que les hommes qui font la guerre pour leur liberté peuvent aussi la refuser par liberté.

L'agressivité

Mais il faut y revenir : on ne peut éviter de penser que la violence a des racines dans l'être biologique de l'homme. La notion très générale d'*agressivité*, par Konrad Lorenz (voir *L'Agression. Une histoire naturelle du mal*, 1969) par exemple, a permis de soutenir cette thèse qui mettait l'homme en continuité avec d'autres phénomènes du monde animal, selon les principes de la théorie de l'évolution. L'agressivité qui est d'ordinaire à l'état latent peut atteindre des paroxysmes durant la guerre. Les conflits humains ne sont pas des affrontements purs et simples, ils sont symbolisés et connaissent des transformations, auxquelles participent la psychologie et les diverses formes de la sociabilité. Dans le monde animal, les hiérarchies sont rigides, les duels qui ont lieu entre concurrents pour une même place (en particulier celui de mâle dominant) sont des phases critiques qui permettent, de génération en génération, de rétablir l'ordre social immuable. Dans la mesure où les hommes sont incapables de maintenir naturellement leurs relations pacifiques, ils ont recours à des méthodes de légitimation ritualisée (le vote, par exemple). Ces méthodes dissimulent-elles l'agressivité, sans la faire disparaître ? Selon Lorenz, l'agressivité peut adopter des formes insoupçonnées et se *rediriger*. Ainsi l'agressivité sexuelle se redirige en passant au-delà du partenaire vers quelqu'un d'autre, et l'habitude peut en être gardée au fil des générations comme un rituel peut être conservé, sans que la signification en soit claire.

La conduite originairement agressive qui continue à signifier hostilité à l'égard du voisin territorial, devient symbole d'amitié à l'égard du partenaire sexuel, symbole d'unité du couple contre les autres. L'agressivité est devenue langage et ciment d'harmonie, elle est à l'origine des liens interindividuels [1].

La cohésion interne de la société

Il ne faut pas oublier que la survie, biologique et sociale, dépend de l'agressivité. Ainsi l'économie naît-elle avec la prédation, comme le souligne André Leroi-Gourhan (*Le Geste et la Parole*, 1964). Cependant, il n'est pas difficile de voir les différences entre la pratique de la chasse, aussi frénétique puisse-t-elle devenir, et d'autre part les caractéristiques propres à la guerre, qui s'anime de toutes sortes d'autres passions. La guerre provient-elle de la « rareté des ressources » dont on a besoin pour vivre et de la concurrence pour s'en emparer ? Certes, on pourra dire aussi que la pauvreté constitue l'un des *facteurs* les plus constants de l'apparition des guerres – mais cela ne prouve pas qu'elle en soit l'*origine* ou la cause première. Comme l'a souligné Marshall Sahlins [2], la rareté n'est pas une situation universelle. Les observations ethnologiques (celles de Philippe Descola chez les Achuars, par exemple) montrent que le « primitif » ne développe pas beaucoup de besoins, et peut les satisfaire avec un petit nombre d'heures de travail, sans grande dépense d'énergie.

Que l'on songe, pour l'Amérique du Nord, aux cas extrêmes que représentent d'une part les sociétés du Plateau qui répugnaient à faire la guerre, et d'autre part les Iroquois qui ont terrorisé leurs voisins pendant deux siècles [3].

Cependant, il est vrai que la guerre, si elle n'est tout à fait universelle, est extrêmement répandue. C'est pourquoi, selon Pierre Clastres, il faut se délivrer de l'image fallacieuse du bon sauvage ; l'anthropologie montre que les peuplades et tribus primitives, que nous pourrions rêver pacifiques sont (ou plutôt étaient) très habituées à la guerre. Selon lui, la guerre existe entre

1. Christian Godin, *La Guerre*, *op. cit.*, p. 25.

2. Marshall Sahlins, *Âge de pierre, âge d'abondance*, Paris, Gallimard, « Bibliothèque des Sciences humaines », 1976

3. Christian Godin, *La Guerre*, *op. cit.*, p. 28.

sociétés primitives (du moins dans les chefferies amazoniennes qu'il a étudiées), d'une manière constante et rituelle : « la société primitive ne peut consentir à la paix universelle qui aliène sa liberté [c'est-à-dire son indépendance], elle ne peut s'abandonner à la guerre générale qui abolit son égalité [1] ». Pierre Clastres a une interprétation originale de ce type de guerre tribale : la guerre a pour effet, sinon pour but, d'écarter le système d'organisation étatique ; les tribus ne sont pas seulement des sociétés *sans État*, mais des sociétés *contre l'État* ; ainsi, la guerre entre tribus empêche que se produise la fusion politique, qui rendrait nécessaire une procédure de délégation du pouvoir, et toutes les dérives liées à la grande taille des sociétés étatisées. Une société sans hiérarchie, où personne n'obéit à proprement parler à personne et où le chef n'a aucunement pour fonction de dominer, doit cependant lutter contre ses tendances internes à la division – en combattant les voisins ! La guerre a pour effet de manifester et de conserver l'indépendance du groupe ; et, bien qu'elle n'ait pas pour but d'écraser l'adversaire, elle est encore plus fondamentale pour la société que les différentes formes d'échanges. Cette thèse est fortement paradoxale, à nos yeux, du fait qu'elle lie la guerre au fonctionnement social en même temps qu'au refus de l'État.

Il n'y a point de bête au monde tant à craindre à l'homme que l'homme [2]

Certes, l'anthropologie seule ne peut trancher sur la nature de la guerre. Cependant, elle nous fait voir que la guerre a lieu dans toutes les sociétés, et d'abord dans les nôtres. Nous dirions que la guerre fait partie de la « condition » de l'homme plutôt que de sa « nature ». De plus, l'observation des pratiques de la guerre extérieures à notre culture peut être instructive. La guerre est « monstrueuse », nous dit Montaigne, parlant d'abord des guerres de religion qu'il voyait faire des ravages autour de lui. Guerre d'autant plus monstrueuse qu'elle était civile : « les autres agissent au dehors, celle-ci encore contre soi : se ronge et se défait, par son propre venin » (*Essais*, « De la physionomie », III, 12). La guerre civile révèle de la manière la plus claire – puisque l'ennemi n'est pas un Autre – les contradictions de la violence, qui veut obtenir l'obéissance, mais ne parvient, au mieux, qu'à la domination, et souvent à la simple négation de l'adversaire.

1. Pierre Clastres, *Archéologie de la violence*, La Tour d'Aigues, Éditions de l'Aube, « L'Aube Poche Essais », 1977.

2. Michel de Montaigne, *Essais*, II, 19.

La violence n'est-elle pas usuelle ? Montaigne est indigné par le droit que les parents s'octroient de corriger les enfants en les battant (« De la colère », II, 31). Mais toutes les formes de violence sont-elles équivalentes ? Peut-être la comparaison avec des mœurs éloignées des nôtres peut-elle nous édifier plus sûrement encore. Dans la présentation que nous fait Montaigne de ces fameux cannibales, les peuples du Nouveau Monde sont censés nous donner l'image de ce que sont les hommes dans leur état le plus originel. Du moins sont-ils « privés » des attributs de la civilisation qui est nôtre. « Toute leur science éthique ne contient que ces deux articles, de la résolution à la guerre et affection à leur femme » (« Des cannibales », I, 31). Par la guerre, ces peuples affermissent leur courage – et se couvrent de gloire auprès de leurs épouses... Vis-à-vis de l'extérieur, meurtres et cannibalisme ; pour les proches, sociabilité et amitié. Les cannibales ne sont pas exempts de cruauté, et ils ne mangent pas leurs victimes par nécessité, mais « pour représenter une extrême vengeance » ; certes, ils ne sont pas barbares « eu égard à nous, qui les surpassons en toute sorte de barbarie », mais « eu égard aux règles de la raison » (I, 31), c'est-à-dire d'une authentique vertu.

L'effet ambigu du commerce

Sous l'angle de l'économie, nous sommes aujourd'hui partagés entre deux visions opposées (le libéralisme, le marxisme). Selon le libéralisme, la liberté des échanges commerciaux favorise la paix, et réciproquement l'établissement de relations pacifiques encourage le commerce. « L'effet naturel du commerce est de porter à la paix », souligne Montesquieu : « le commerce guérit des préjugés destructeurs ; et c'est presque une règle générale que partout où il y a des mœurs douces, il y a du commerce ; et que partout où il y a du commerce, il y a des mœurs douces[1] ». On peut soupçonner dans cette affirmation une sorte de tautologie. Si on admet que les échanges de biens peuvent être *facilités* par une législation ouverte et légère, c'est qu'on présuppose déjà que les hommes sont bien disposés les uns à l'égard des autres. Il ne faut pas nier que les formes de la pratique qui rapprochent les hommes soient favorables à la paix ; mais il ne faut pas nier non plus que la concurrence commerciale puisse être, et soit souvent, l'occasion de conflits ; la question est de savoir si le commerce peut faire obstacle au désir de guerre – ce qui paraît très illusoire. D'ailleurs, n'y a-

1. Montesquieu, *De l'esprit des lois*, XX, 1 et 2.

t-il pas eu à travers l'histoire une seule guerre constante, celle des riches contre les pauvres, comme le dit Gracchus Babeuf pour justifier la conjuration des Égaux (1796) ? C'est pourquoi aussi, dans la vision marxiste, il faut dénoncer le pacifisme bourgeois comme une idéologie qui sert l'intérêt des puissants : les capitalistes maintiennent la société dans une situation d'inégalités qui semble justifier les rapports de production ; mais le capitalisme consiste en réalité à prolonger les conditions de l'exploitation du prolétaire : l'histoire de longue durée est celle de la lutte des classes, qui ne peut prendre fin que par la révolution prolétarienne (Lénine, *Le Socialisme et la Guerre*, 1915). Le capitalisme peut se nourrir de toutes sortes d'activités, et aussi bien de la production en temps de guerre que des formes pacifiques de la production. On peut noter que, dans la concurrence qui les oppose aux pays pauvres, les pays riches ont moins intérêt à se lancer dans des guerres, où ils ont plus à perdre. Mais font-ils tout ce qu'il faudrait pour sortir leurs concurrents de la pauvreté ?

On appelle *trappe à conflit* le cercle vicieux qui fait que la misère et la guerre s'entretiennent mutuellement : dans un pays démuni, la guerre est le moyen le plus direct et le plus efficace pour s'approprier des richesses ; mais elle plonge du coup le pays dans une situation de pauvreté encore plus grande [1].

La guerre est encore une activité, qui se substitue au travail productif et où le crime remplace la création de richesses. Le colonialisme est l'exportation de la misère d'un pays dans des territoires lointains, en même temps que la manifestation de la prospérité démographique et de l'invention technologique et commerciale d'une civilisation. L'État industriel trouve donc lui aussi intérêt à faire usage de la force – et devient État militaire.

DESCRIPTION ET INTERPRÉTATION DE LA GUERRE

Comment jugeons-nous la guerre ?

La guerre serait-elle consubstantielle à la société ? Notre pensée à cet égard est ambivalente. En un sens, nous constatons couramment la permanence de la guerre, comme si elle était une fatalité. Mais d'un autre côté, la guerre est vue comme un mal dont il faut se débarrasser, comme une

1. Christian Godin, *La Guerre*, *op. cit.*, p. 33.

tendance néfaste dont il faut éradiquer les causes, éventuellement comme un accident fâcheux qu'il aurait été préférable d'éviter, même si on ne voit pas exactement comment faire autrement... Les sociétés modernes sont aspirées par un processus qui donne une place importante à la guerre, tout en se privant des moyens de la penser parce qu'elle la rejette comme un péché, ou comme un accident. Le paradoxe est que la guerre est omniprésente, mais conçue comme un phénomène négatif, comme un repoussoir. Le point de vue réaliste nous avertit que nous n'en avons pas fini, si nous essayons de justifier la guerre ou de la dénoncer... Le point de vue moral permet l'indignation – mais souvenons-nous de ce que Charles Péguy disait de la morale kantienne : le kantisme a les mains pures mais n'a pas de mains[1]. Le privilège de l'historien, c'est de pouvoir prendre la guerre comme un fait observable parmi d'autres. Selon Gorges Dumézil, et comme on le voit dans les textes fondamentaux (dans l'*Iliade*, nous l'avons vu, ou dans la *République* de Platon, au livre IV), les sociétés indo-européennes connaissent une tripartition fonctionnelle : les rôles se distribuent globalement entre la religion, la guerre et la production : le prêtre, le soldat, l'agriculteur et l'artisan ; ceux qui prient (*oratores*), ceux qui combattent (*bellatores*) et ceux qui travaillent la terre et les choses (*laboratores*). Au demeurant la guerre adopte des formes très diverses : on peut distinguer la guerre extérieure et la guerre civile ; la guerre impériale, qui vise la soumission et la guerre coloniale qui vise l'acquisition[2], etc. Mais toutes les formes de la guerre se renvoient les unes aux autres, et même il est presque impossible de séparer les guerres privées et les guerres publiques.

Qui est le plus fort ?

L'engagement guerrier a ceci de simple qu'il consacre nécessairement, *in fine*, le plus fort. Mais le plus fort est celui qui obtient la victoire, et ce n'est jamais gagné d'avance. Le plus fort n'est pas celui qui dispose du plus grand nombre de forces, mais celui qui sait les utiliser de la meilleure façon possible. Permettons-nous un détour par l'ouvrage de stratégie qui est le plus souvent cité de tous :

> Bien qu'il n'y ait que cinq notes, cinq couleurs et cinq saveurs fondamentales, ni l'ouïe, ni l'œil, ni le palais ne peuvent en épuiser les infinies combinaisons. De même,

1. Charles Péguy, *Victor-Marie, comte Hugo* in *Œuvres en prose*, Paris, Gallimard, « Bibliothèque de la Pléiade », 1957, t. III, p. 331.
2. Nicolas Machiavel, *Discours sur la seconde décade de Tite-Live*, II, 8.

bien que le dispositif stratégique se résume aux deux forces, régulières et extraordinaires, elles engendrent des combinaisons si variées que l'esprit humain est incapable de les embrasser toutes. Elles se produisent l'une l'autre pour former un anneau qui n'a ni fin ni commencement. Qui donc pourrait en faire le tour[1] ?

La guerre comme événement – l'exemple de Salamine

Faire la guerre revient à défendre des intérêts, que ceux-ci soient bien ou mal compris. L'histoire militaire est parsemée de grands noms de batailles, qui sont parfois des victoires et parfois des défaites – et souvent un peu des deux à la fois. Les guerres que les Grecs ont soutenues contre les Perses au début du Ve siècle avant J.-C. ont été interprétées comme des actes décisifs pour la défense et la propagation de leur – sinon de *la* – civilisation. La bataille navale de Salamine n'est qu'un épisode des guerres médiques. L'exploit magnifié des Spartiates et de leur roi Léonidas aux Thermopyles, auparavant, et la victoire des hoplites grecs à Platées en 479 en sont d'autres. Mais l'ampleur des pertes de la marine perse est remarquable : alors qu'entre 600 et 1 000 navires avaient été engagés par Xerxès, sans doute 200 navires impériaux ont sombré avec leur équipage de 200 rameurs et auxiliaires ; 40 000 matelots ont péri noyés, faute de secours de la part des bateaux en fuite, et parce qu'ils ne savaient pas nager, comme le dit Hérodote (*Enquête*, VIII, 89) ; d'autres encore furent capturés ou tués sur la côte.

Eschyle est pour nous un témoin de choix, sans que nous puissions déduire de sa tragédie, *Les Perses*, des renseignements précis sur la conduite de la bataille. Il estime avec vraisemblance la flotte grecque à 300 navires. La disproportion des armées pouvait donner l'avantage aux Perses. Thémistocle fut le seul commandant en chef à entretenir la certitude d'une victoire grecque. Notons seulement trois faits qui ont marqué la préparation de la bataille. Le premier fait montre l'intelligence tactique des Grecs. Xerxès devait combattre, mais aurait voulu contourner Salamine en partant directement vers l'Isthme ; il se serait exposé à une attaque de flanc ; d'autre part, il craignait le détroit de Salamine, où sa flotte ample perdait son avantage sur les Grecs. Il entreprit de construire une chaussée pour attaquer Salamine sans accepter l'affrontement naval ; mais le harcèlement par des archers crétois empêcha les travaux. Dès lors, la question se posait à nou-

1. Sun Tzu, *L'Art de la guerre*, VIe siècle av. J.-C., traduit en Occident au XVIIIe siècle, étudié seulement depuis le XXe siècle.

veau : fallait-il risquer la bataille navale ? Hérodote rapporte que les généraux de Xerxès acquiescèrent alors sans faire d'objection à leur Roi. Seule la reine Artémis d'Halicarnasse argumenta en faveur de l'abstention : les Grecs étaient meilleurs marins ; Xerxès avait déjà pris possession d'Athènes ; les armées péloponnésiennes finiront par se désolidariser des Athéniens ; et leur approvisionnement précaire les condamnait à quitter la région. « Si tu ne te précipites pas pour engager le combat et si tu gardes la flotte près de la côte, alors, que tu restes ici ou que tu marches sur le Péloponnèse, tu réaliseras facilement ton dessein[1] ». Dernier acte : voyant que ses troupes commençaient à se désorganiser, Thémistocle envoya un message à Xerxès où il faisait mine de trahir[2] ; alors, les Perses sont encouragés à attaquer, et se lancent au-devant de la flotte grecque, qu'ils redoutaient pourtant d'affronter dans la passe – ce qui les conduit à la défaite. Combien de petits détails, connus ou inconnus, ont permis que cette bataille soit un événement majeur (voir Peter Green, *Les Guerres médiques*[3]) ? Sans doute l'essentiel n'est-il pas là, mais dans la conviction que les Grecs avaient de défendre, en même temps que leurs vies, la spécificité de leur liberté et de leur civilisation.

La perspective politique : l'État

La continuation de la politique par d'autres moyens

La domination de l'homme sur l'homme se manifeste sans doute dans la guerre. Mais, à la suite de Clausewitz, essayons cependant de décrire la guerre comme un phénomène authentiquement politique, comme la *continuation de la politique par d'autres moyens*. La guerre suppose l'engagement de moyens – toujours plus de moyens. Mais la guerre n'implique pas un engagement continu dans les combats : de même qu'un temps pluvieux ne fait pas tomber des averses permanentes, de même « la nature de la guerre ne consiste pas dans un combat effectif mais dans une disposition avérée, allant dans ce sens, aussi longtemps qu'il n'y a pas d'assurance du contraire. Tout autre temps se nomme paix » (Thomas Hobbes, *Léviathan*, XIII). L'idéal est sans doute d'obtenir la reddition de l'adversaire sans avoir à

1. Hérodote, *Enquête*, VIII, 68.
2. Voir Plutarque, *Vie de Thémistocle*, 12, 4.
3. Peter Green, *Les Guerres médiques*, Paris, Éditions Tallandier, « Antiquité », 2008.

commettre de meurtre. Quand l'engagement armé s'enclenche, il va difficilement sans victimes. C'est le rôle de l'État de donner un sens général aux engagements successifs des combattants dans des batailles aléatoires.

Le triomphe de l'État

Faisons un saut dans l'histoire. Les temps modernes voient la victoire de l'État sur le pouvoir spirituel des papes et des évêques. À la Renaissance, le retour aux valeurs de l'Antiquité s'est accompagné d'un intérêt renouvelé pour les choses militaires. Gouverner les hommes, c'est maîtriser les sociétés à travers des institutions : la guerre en est une.

> Tous les établissements créés pour l'avantage commun de la société, toutes les institutions formées pour inspirer la crainte des dieux et des lois, seraient vains, si une force publique n'était destinée à les faire respecter ; lorsque celle-ci est bien organisée, elle supplée aux vices mêmes de la constitution [1].

Il n'y a de civilisation, de communauté humaine, que dans le cadre de la loi, protégée par la force. La sécurité est la condition de la moralité et de l'honneur que les hommes peuvent vouloir s'attribuer.

> Le fondateur [d'une cité] n'est tenu par aucune loi, parce qu'avant lui il n'y a pas de loi. Il n'est guidé par aucune religion, parce qu'avant lui il n'y a pas de religion. Morale et religion appartiennent à un peuple constitué en État sous des lois, mieux : dans des lois [2].

Avant la fondation de l'État, la violence a pour but d'obtenir l'obéissance ; dans le cadre de la loi, la violence n'a plus qu'à réprimer les désordres, les crimes, l'illégalité. Cependant, les États se trouvent les uns à l'égard des autres dans un état de nature, car aucune loi ni aucun juge n'ont de légitimité pour régler leurs différends. C'est donc le rapport de forces qui tranche. Les armées sont donc l'appui le plus nécessaire et le plus utile pour sauvegarder les lois et la société.

On voit que, sous le regard pragmatique de Machiavel, la guerre n'a pas à être jugée moralement. Selon lui, la doctrine chrétienne a l'inconvénient majeur de désarmer les esprits et les cœurs, d'inciter, par souci de charité, à la non-violence, c'est-à-dire à la mollesse : elle prive la conscience de ses ressorts les plus précieux. Il faut tenir compte de toutes les passions

1. Nicolas Machiavel, *Art de la guerre*, 1519.
2. Éric Weil, *Essais et conférences*, Paris, Plon, t. II, 1971, p. 210.

humaines, même celles qu'on juge les plus méchantes. « L'homme ne croit s'assurer de ce qu'il tient déjà qu'en acquérant de nouveau[1] ». Des nations souveraines n'ont pas d'autre recours que la contrainte pour trancher entre elles. « La souveraineté est la puissance absolue et perpétuelle d'une République[2] », en prenant ce dernier mot en son sens étymologique. Une puissance est absolue quand elle n'est liée par aucune obligation ni empêchée par aucune limite, dans le temps comme dans l'espace. Deux puissances de ce genre qui se heurtent n'ont pas de solution, si elles ne trouvent pas d'accord, que l'épreuve de force. Les rapports entre entités souveraines sont faits d'entente et de mésentente, alternées ou simultanées – autrement dit, ils aboutissent à des contrats et se transforment par la guerre.

De l'état de nature à l'état civil

Il n'y a pas de guerre entre les individus, mais entre les États. Ou plutôt, la naissance de la forme moderne de l'État a eu pour effet de limiter les conflits internes aux sociétés et de protéger les individus contre leurs tendances réciproques à la violence.

> La fin de la guerre étant la destruction de l'État ennemi, on a droit d'en tuer les défenseurs, tant qu'ils ont les armes à la main ; mais sitôt qu'ils les posent et se rendent, cessant d'être ennemis ou instruments de l'ennemi, ils redeviennent simplement hommes[3].

On connaît la présentation que fait Hobbes de l'état de nature, dans le *Léviathan* : les individus sont dans la nature comme des entités souveraines qui considèrent qu'elles ont le « droit » de s'emparer de toutes choses [*jus in omnia*] ; mais en réalité l'état de nature n'est pas un état de droit, car faute d'un maître commun, il n'y a pas de respect des lois ; les passions, l'appétit, l'avidité, dressent nécessairement les individus les uns contre les autres, de sorte que l'état de nature n'est jamais qu'un état de guerre de tous contre tous où règne l'insécurité la plus radicale. Celui qui exécuterait le premier un contrat n'aurait aucune assurance que l'autre l'imite. Le contrat, effet artificiel, est impuissant contre les passions naturelles. Il faut donc qu'un *Common Power* soit érigé par un pacte originel au-dessus de tous les individus, concentrant en ses mains l'autorisation de faire usage de la violence,

1. Nicolas Machiavel, *Discours*, I, 5.
2. Jean Bodin, *Les Six Livres de la République*, I, 8.
3. Jean-Jacques Rousseau, *Du contrat social*, I, 4.

mais capable aussi de garantir l'effectivité des conventions sociales. En somme, le renoncement par chacun de ses droits en faveur de ce pouvoir commun est la condition de la paix. L'autorité des contrats particuliers dépend de la transcendance du pouvoir qui tient le glaive.

> [On voit que] toute doctrine qui prend pour axiome premier la souveraineté de l'individu et essaie de construire sur cette base le social, le politique et l'historique, est nécessairement amenée à penser la vie sociale sur le modèle de la guerre [1].

État lockéen, État hobbesien, zones périphériques

L'État, soit, mais quelle forme de l'État ? Adoptons, pour simplifier et décentrer le propos, le point de vue britannique, qui fut appelé, aux XVIIIe-XIXe siècles, à jouer le rôle de centre hégémonique du système-monde, pôle de prospérité relativement protégé des menaces vitales. Le système politique de la Grande-Bretagne peut être qualifié, grossièrement, comme « lockéen » (du nom de John Locke, l'auteur du *Traité du gouvernement civil*, 1690). Cette forme du libéralisme se comprend de la manière suivante. La société civile capitaliste est encadrée par la *rule of law* de la monarchie constitutionnelle. L'État est fort, mais limite son intervention afin de laisser se déployer les talents de la société bourgeoise et se multiplier les échanges commerciaux. Ensuite, autour de ce centre s'étend une semi-périphérie constituée d'États rivaux (*contender states*) qui, eux, sont organisés selon des principes « hobbesiens » (du nom de l'auteur du *Léviathan*) : l'État y joue un rôle plus direct, et la classe dominante entretient des liens plus étroits avec l'État. Enfin, au-delà de ces États, il y a une périphérie plus lointaine – par la géographie et par le système culturel – : ce sont essentiellement les zones d'occupation coloniale. Ce schéma tripartite distribue la violence de la façon suivante :

> [...] si la violence peut être totale aux marges du système, elle se présente comme étatisée dans la semi-périphérie hobbesienne. Quant au centre lockéen, il passe pour un havre de paix, un pays d'accueil pour les réfugiés, la terre promise de la liberté [2].

Le centre est pacifique, mais constitue une exception dans un monde où la rivalité des États engendre la violence. Ce schéma est encore celui qui structure la pensée américaine aujourd'hui, même après le traumatisme du 11 septembre.

1. Emmanuel Terray, *Clausewitz*, Paris, Fayard, p. 233.
2. Thomas Hippler, *Le Gouvernement du ciel*, Paris, Les prairies ordinaires, « Essais », 2014, p. 26.

L'art militaire, du soldat d'Ancien Régime à la mobilisation de masse

La formation des armées

C'est donc la fonction de l'État que d'établir l'ordre social, de susciter l'obéissance aux lois, mais aussi de former les citoyens au combat. Une puissance n'est véritablement souveraine que si elle s'appuie sur ses forces propres, sur des troupes qu'elle contrôle absolument. La stratégie de l'État pour établir son autorité comprend des aspects institutionnels, législatifs, administratifs, et militaires. Revenons, pour en avoir un tout petit aperçu, aux transformations qui ont affecté la politique des cités italiennes à la Renaissance. Machiavel avait observé que la délégation de la guerre à des troupes stipendiées amollissait la cité, laissait se dissiper l'esprit civique : les cités italiennes étaient ainsi vulnérables par rapport à la France ou à l'Espagne, mais aussi par rapport aux sautes d'humeur des forces armées qui ne se sentaient pas liées politiquement à la cité. C'est pourquoi il s'est opposé non seulement à l'emploi d'armées mercenaires, mais à l'idée même d'avoir une armée professionnelle. « Le modèle de la légion romaine composée de citoyens lui apparaissait comme l'instrument d'une entreprise de restauration des mœurs civiques et militaires [1] ». Il a étudié les méthodes des mercenaires suisses et allemands, leurs fantassins armés de piques et disposés en carrés, leur solidité contre les charges de cavalerie, en les comparant à celles de la phalange grecque et à celles de la légion romaine dont la division en manipules avait été plus efficace dans le combat rapproché (par exemple à la bataille de Pydna, en 168 av. J.-C.). « En quelques décennies, au tournant des XVe et XVIe siècles, l'arme à feu s'est imposée, l'infanterie est devenue la reine des batailles, et les fortifications bastionnées se sont répandues dans toute l'Europe » ; mais l'innovation avait un objectif plus général, car l'attention aux modèles tactiques et à la vertu militaire formait « une morale politique en encourageant les valeurs de la cohésion, de la discipline collective et de l'égalité entre les soldats [2] ». Les théoriciens se sont efforcés d'organiser le déploiement des armées en formations géométriques : que tous les groupes soient fermement soudés, et articulés les uns aux autres, et cela constitue un *ordre de bataille*.

1. Hervé Drévillon, *L'Individu et la Guerre. Du chevalier Bayard au Soldat inconnu*, Paris, Belin, « Histoire », 2013, p. 19.
2. Hervé Drévillon, *L'Individu et la Guerre*, *op. cit.*, p. 21.

La discipline militaire

Dans la société d'Ancien Régime, l'armée est faite de castes juxtaposées : les officiers issus de l'aristocratie ont pour ambition de s'illustrer et de s'approcher des grands ; les soldats s'engagent pour la solde et pour courir l'aventure. La cohésion des uns aux autres ne peut être obtenue qu'en appliquant une discipline de fer et par des châtiments impitoyables. L'entraînement auquel sont astreints les soldats [le *drill*] permet tout au plus de transformer la troupe en un mécanisme bien rodé et soumis à la volonté de son commandant (comme la société est ordonnée à l'autorité du roi) ; on ne peut attendre de telles troupes ni de l'initiative ni de l'enthousiasme. Les armes à feu gagnent en efficacité (les fusils remplacent les mousquets à la fin du XVIIe siècle), de sorte que le « feu » prend l'avantage sur le « choc » ; on étire les rangs pour les exposer moins. Les pertes au combat augmentant, on ne s'engage qu'avec prudence et parcimonie. Pour le ravitaillement, il faut stocker les ressources dans des lieux sûrs ; on hésite à s'en éloigner trop ; à la guerre de mouvement se substitue alors la guerre de position et de siège. « À l'intérieur même de la guerre de mouvement, la manœuvre prend le pas sur la bataille : par des marches savamment combinées, on s'efforce de placer l'adversaire dans une situation telle que tout espoir raisonnable de vaincre lui soit enlevé avant même qu'il ait combattu ; on veut, en d'autres termes, rendre l'épreuve de force inutile, et faire l'économie des pertes » ; à la rigueur on vise plutôt l'épuisement de l'ennemi plutôt que son anéantissement ; les conflits sont « des guerres limitées, avec des moyens limités, pour des objectifs limités »[1].

De l'honneur et de la vertu

Sans marquer toutes les étapes qui ont conduit de l'armée des princes et des rois à l'armée populaire de la Révolution, de la « guerre en dentelles » à la levée en masse, notons cependant que l'appel à la vertu et à l'honneur sera peu à peu complété, voire remplacé par des formes différentes de mobilisation. L'individu revendique pour lui-même plus de considération, réclame plus de possibilités pour progresser dans la hiérarchie ; les officiers étaient les titulaires d'un office, qui les attachait personnellement à leur charge ; mais la création d'écoles (comme l'École spéciale militaire en 1802) permit le recrutement direct de jeunes gens (les

1. Emmanuel Terray, *Clausewitz*, *op. cit.*, p. 34.

« talents »), aux côtés de vieux soldats distingués par leur constance et leur endurance. Mais en retour on demande au soldat de mener une guerre patriotique. L'héroïsme républicain exige le sacrifice de chacun. On s'achemine ainsi vers une conception plus totalitaire de la guerre. La mort est un véritable apprentissage de l'égalité, proclament les révolutionnaires. La participation à la guerre alimente un « individualisme collectif », pour reprendre l'expression de Tocqueville. En France, il y eut 38 000 soldats morts par année, en moyenne, durant la Révolution, et 75 000 par an sous l'Empire. « La Révolution française a débuté en reconnaissant au soldat une dignité d'homme et de citoyen. Elle s'est prolongée avec les hécatombes de l'Empire : Eylau, Essling, Borodino, Leipzig, qu'on appelle « la bataille des Nations » – 500 000 engagés, 100 000 tués ou gravement blessés entre le 16 et le 19 octobre 1813, note Hervé Drévillon[1], qui examine aussi la question de l'évolution des guerres vers la guerre totale. La quantité des morts lors de ces batailles napoléoniennes ne doit pas faire oublier que la proportion des individus mobilisés durant l'Ancien Régime était comparable. Sans doute en revanche la nature du recrutement – par conscription – changeait la perception que la nation pouvait avoir des hécatombes. Napoléon donna un exemple frappant, cherchant l'affrontement ultime dans des batailles destinées à anéantir les forces de l'ennemi. Mais Austerlitz ne fit que 1 500 morts parmi les 73 000 soldats engagés par Napoléon. Il ne faut donc pas confondre le caractère décisif d'une bataille avec le nombre des morts et des destructions qu'elle cause. Clausewitz en tirera une leçon : il faut soumettre la volonté de combattre de l'adversaire, et l'élimination physique de ses armées n'en est qu'un moyen, pas toujours nécessaire.

Rationaliser et universaliser la guerre

Ne faudrait-il pas réduire l'incertitude, mettre de l'ordre dans le chaos des combats, établir des règles efficaces et adaptables ? Mettre de la méthode, comme disent les Lumières, à la place de la routine et du hasard ? Ne peut-on inventer enfin un art de la guerre qui découle des observations et des principes de la raison ? La technique, le perfectionnement des équipements, la concentration des pouvoirs d'État, contribuent à la naissance d'une telle idée. Bien avant la tentative de Clausewitz pour rationaliser la guerre, voici ce qu'écrivait Guibert :

1. Hervé Drévillon, *L'Individu et la Guerre*, *op. cit.*, p. 177.

> Supposons qu'il s'élevât en Europe un peuple vigoureux, de génie, de moyens, et de gouvernement ; un peuple qui joignît à des vertus austères, et à une milice nationale, un plan fixe d'agrandissement, qui ne perdît pas de vue ce système, qui, sachant faire la guerre à peu de frais, et subsister par ses victoires, ne fût pas réduit à déposer les armes, par des calculs de finances. On verrait peut-être ce peuple subjuguer ses voisins, et renverser nos faibles constitutions, comme l'aquilon plie de frêles roseaux [1].

Certes, la milice nationale n'est pas l'instrument d'une mobilisation générale ni d'une guerre totale ! Mais il avait la vision d'une armée qui réponde plus clairement aux intentions d'un gouvernement et aux vœux d'une société. Dans son esprit, cela devait avoir pour effet de limiter plus encore les dégâts de la guerre. Cependant, il envisageait aussi une hypothèse plus inquiétante :

> Quand les Nations elles-mêmes prendront part à la guerre, tout changera de face ; les habitants d'un pays devenant soldats, on les traitera comme ennemis ; la crainte de les avoir contre soi, l'inquiétude de les laisser derrière soi, les fera détruire ; tout au moins cherchera-t-on à les contenir et à les intimider par des ravages et des désolations. Rappelez-vous dans l'histoire la barbarie des anciennes guerres, de ces guerres où le fanatisme et l'esprit de parti ont armé les peuples ; voilà ce que vous allez faire renaître [2].

Le spectre de la guerre totale n'est-il pas alors évoqué ? Tout au moins la question de la participation des civils (en distribuant les armes, en organisant une Garde nationale, etc.) était posée, ainsi que la possibilité d'envisager une guerre d'extermination.

LE DROIT DE LA GUERRE

Justification et légalisation de la violence

La pratique de la guerre n'appelle pas seulement sa rationalisation technique. N'est-il pas possible d'exposer les raisons qui peuvent justifier la guerre ou la rendre injuste ? C'est d'abord un problème pour chaque individu, du fait qu'il se trouve être à la fois chargé d'une mission civique et responsable de la dignité des rapports humains.

1. Jacques-Antoine-Hippolyte de Guibert, *Essai général de tactique*, 1772, cité par Hervé Drévillon, *L'Individu et la Guerre*, *op. cit.*, p. 187.
2. Hervé Drévillon, *L'Individu et la Guerre*, *op. cit.*, p. 188.

> Chaque soldat se trouve devant un dilemme inévitable : il doit participer à la guerre juste, et il doit refuser de le faire ; il n'y a aucune meilleure solution rationnelle au problème. C'est pourquoi les guerres justes sont moralement problématiques : elles nous mettent en situation de conflit moral, à la différence des guerres injustes, qui appellent clairement la condamnation [1].

C'est plus généralement un problème pour les belligérants. La notion de « guerre juste » fait évidemment partie de l'arsenal rhétorique et hypocrite des puissances en conflit, qui ont besoin de prétextes pour pouvoir plaider leur cause. Faut-il renoncer pour autant à clarifier la complexité morale de la guerre ? Certes, le principe de l'engagement guerrier est le consentement à la mort, au meurtre : cela abolit par principe tout droit, dont le fondement est le droit à la vie. Mais dans une guerre, tous ne sont pas appelés à mourir. Il est donc rationnel d'essayer de limiter l'ampleur de la violence et ses modalités. De plus, le discours peut œuvrer pour éviter que l'on entre dans la guerre inconsidérément, et qu'on se livre à des exactions qui rendent la paix inenvisageable, comme le stipule l'un des articles du *Projet de paix perpétuelle* de Kant. On peut adopter une position radicale, et reprocher au droit de la guerre de participer à sa perpétration : en effet, si le droit s'ingère dans la guerre, celle-ci acquiert par contrecoup une légalité, sinon une légitimité. D'un autre côté, il est raisonnable d'espérer qu'en imposant des règles de droit, la conduite de la guerre sera plus modérée, moins barbare – sans éviter que la guerre tue et détruise… Remarquons enfin que le droit n'est pas seulement protégé par la force de l'État, mais qu'il est issu de la force : les conquêtes, la domination, la colonisation, sont sources du droit et de son renouvellement – y compris, souvent, pour établir la démocratie.

La doctrine de la guerre juste

Le droit de la guerre est ancien : les Sumériens, les Égyptiens, les Hittites, les Hindous, les Chinois, tous ont veillé à réglementer les façons de faire la guerre, de distinguer les soldats et les civils, ou de traiter les prisonniers. En revanche, ce qui fait la spécificité de la légitimation de la guerre durant le Moyen Âge, c'est la recherche des bonnes raisons. À la rigueur, dans l'Antiquité, la pratique de la guerre était trop normale pour qu'on se

1. Nicolas Tavaglione, *Le Dilemme du soldat*, Génève, Labor et Fides, « Le champ éthique », 2005, p. 17.

soucie de formuler les raisons de la faire. Quand les trêves deviennent plus longues, quand de surcroît on professe une religion de paix comme le christianisme, la guerre devient moins ordinaire et suppose qu'on la justifie. Une doctrine de la guerre juste a été inaugurée par Saint Augustin, élaborée par les théoriciens de la loi naturelle, et intégrée aux conventions de La Haye et de Genève. Pour cela on a distingué entre le droit préalable à l'entrée en guerre [*jus ad bellum*] et le règlement des pratiques de la guerre [*jus in bello*]. On en donnera ici une version synthétique et moderne.

En résumé, le droit de l'entrée en guerre repose sur six critères :

1. Une guerre est justifiée si elle répond à une cause moralement définie (résistance à un envahisseur, protection de civils opprimés, etc.).

2. La guerre doit être entreprise de bonne foi (les motifs invoqués ne doivent pas masquer d'autres intentions, par exemple de saisir l'occasion de la guerre pour obtenir de nouveaux territoires).

3. La guerre doit être décidée par une autorité légitime, et déclarée préalablement à l'engagement effectif.

4. La guerre ne doit être décidée qu'en dernier recours, après que les voies de la diplomatie et de la conciliation ont été sérieusement épuisées.

5. La guerre ne doit être entreprise que si elle a des chances raisonnables d'obtenir des résultats positifs, et non seulement pour infliger des dommages à un adversaire manifestement plus fort.

6. La guerre doit mobiliser des moyens proportionnés à l'importance de la cause qui est défendue.

On voit que peu de guerres dans l'histoire ont réellement répondu aux six critères. C'est un écueil de cette doctrine : trop exigeante, elle n'est pas assez clairement reconnue et reste fondamentalement impuissante. Du moins peut-on s'y référer pour dénoncer avec netteté les abus de la force.

Le règlement des pratiques de la guerre se ramène essentiellement à trois principes.

1. Un belligérant doit veiller, en ce qui concerne sa propre armée, comme en ce qui concerne la population attaquée, à discriminer entre les combattants et les non-combattants.

2. L'usage des armes doit être proportionné aux objectifs poursuivis, ce qui exclut les armes de destruction massive ou celles qui ont des conséquences à long terme (comme les mines antipersonnel).

3. Plus généralement, doit être proscrite toute opération visant à détruire dans sa globalité l'ennemi, sa population ou sa culture (massacres de masse, viols, génocides). Ici aussi, une attitude intransigeante risque de

perdre toute efficacité critique. Cette liste de critères n'a pas été sans effet sur le droit international (sur l'usage des armes chimiques ou biologiques, par exemple).

Le droit de la guerre est évidemment très éloigné du commandement d'amour (« aime ton prochain comme toi-même »). On ne peut dire qu'il soit conforme à la Règle d'or (« ne fais pas à autrui ce que tu ne voudrais pas qu'il te fasse »). Il n'est conforme aux critères d'aucune morale, ni substantialiste, ni déontologique, ni conséquentialiste. Il constitue un *compromis pragmatique* qui « nous délivre de la paralysie du jugement qu'entraînent le pacifisme absolu et le réalisme amoral[1] », comme le dit Tavaglione.

Vers la guerre totale

L'exemple napoléonien d'une guerre sinon totale du moins absolue

On lira dans l'ouvrage de Clausewitz l'admiration qu'il porte à Napoléon :

> Sous la Révolution et l'Empire, la guerre fut soutenue par une hostilité radicale, car elle avait cessé d'apparaître comme un état normal entre les peuples, pour devenir une anomalie justifiant l'usage des moyens les plus violents pour l'éradiquer. En prétendant bannir la guerre, les philosophes des Lumières auraient ainsi créé les conditions de son déchaînement[2].

La guerre d'Ancien régime, où le gouvernement était séparé du peuple, se tenait dans certaines limites assez prévisibles, ce qui, dit Clausewitz, *prive la guerre de son élément le plus redoutable, à savoir l'effort vers l'extrême et les séries obscures de possibilités qui y sont liées*. En devenant l'affaire de la Nation, la guerre s'affranchit des *frictions* qui en limitaient l'acceptabilité. La Révolution libère les forces de mobilisation morale de la nation française. Mais les désordres de la Révolution ont empêché que l'évolution soit conduite à son terme, que Clausewitz aperçoit en revanche chez Napoléon. La guerre est alors entraînée sur la voie de la violence illimitée. Paradoxalement, comme le note Clausewitz lui-même, la définition de la guerre comme *montée aux extrêmes* est assez contradictoire avec la définition qui fait de la guerre *la continuation de la politique par d'autres moyens*. Si

1. Nicolas Tavaglione, *Le Dilemme du soldat*, *op. cit.*, p. 42.
2. Hervé Drévillon, *L'Individu et la Guerre*, *op. cit.*, p. 193.

les motifs de la guerre impliquent l'existence des peuples, la guerre elle-même *se rapproche de sa forme abstraite et ne tend qu'à l'écrasement de l'adversaire.* La mobilisation des peuples met à la rigueur une masse illimitée de soldats à la disposition de l'État ; la guerre soutenue par l'embrasement des peuples appelle la surenchère des effectifs. Mais alors ce n'est plus l'État qui a la maîtrise de la guerre, celle-ci devient un processus autonome : *la guerre devient purement guerrière et de moins en moins politique.* On n'est pas très loin de la formule selon laquelle, en 1918, l'armée allemande n'aurait pas perdu la guerre, mais aurait été trahie par l'arrière.

Armée de métier, armée de citoyens

Parmi bien d'autres questions récurrentes depuis l'Antiquité : faut-il préférer l'armée de métier ou l'armée de citoyens ? En France, au XIXe siècle, le modèle professionnel a plutôt prévalu, jusqu'à l'infléchissement de la loi du 28 juillet 1872, consécutive à la défaite, et qui modifie les compromis acquis depuis un demi-siècle. L'un des problèmes observés était qu'en « imitant servilement le modèle napoléonien, le Second Empire avait trahi l'esprit national qui s'incarnait dans la figure du tirailleur autonome, tandis que l'Allemagne pendant ce temps avait effectué un parcours inverse[1] » en favorisant l'ordre dispersé au détriment des regroupements compacts. Il fallait donc mobiliser les esprits et discipliner les corps. L'individu appelé à la citoyenneté est aussi un soldat, et Gambetta, dans un discours tenu à Annecy, exigeait « une armée qui sera la Nation même, et où les droits de l'intelligence et de la hiérarchie seront parfaitement respectés ». Selon la nouvelle loi, le service militaire concernait tous les citoyens, exceptés les prêtres et les enseignants. L'obligation militaire était modulée par un tirage au sort : service de cinq ans pour les mauvais numéros, service d'un an pour les bons ; mais les jeunes gens issus des classes favorisées (et plus précisément les bacheliers capables de couvrir les frais d'équipement de 1 500 francs) pouvaient échapper aux aléas du tirage au sort en devançant l'appel, pour un service réduit à un an[2].

Mais les années 1880 virent réapparaître l'admiration pour Napoléon. La guerre des masses résulte de la tendance à la concentration des forces. Impulsée par Napoléon, elle est théorisée par Clausewitz. La traduction

1. Hervé Drévillon, *L'Individu et la Guerre*, *op. cit.*, p. 239.
2. Voir Hervé Drévillon, *L'Individu et la Guerre*, *op. cit.*, p. 237.

française de son ouvrage par Vatry (1886) permit à la doctrine clausewitzienne de se diffuser dans la doctrine française, en particulier dans les *Essais de critique militaire* (1890) du capitaine Georges Gilbert et à travers les cours donnés à l'École Supérieure de Guerre par Lucien Cardot. La synthèse doctrinale de 1895 explorait les manières d'emporter la décision par une attaque sans concessions. Selon Foch, le principe de la concentration des efforts doit être complété par le principe d'économie des moyens et par le principe de la liberté d'action.

> La victoire est le prix du sang. Il faut adopter le procédé ou ne pas faire la guerre. Toutes les raisons qu'on mettrait en avant ne vous exposeraient qu'à être battu par un adversaire moins sentimental[1].

La prévalence de la technique

On n'en finirait pas de dire les mutations qui, depuis l'ouvrage de Clausewitz, ont bouleversé la notion que nous avons de la guerre. Les recherches scientifiques et les perfectionnements techniques des appareils ont un rôle déterminant, bien en amont de l'engagement militaire. La guerre de 14-18 a été un bouleversement important. Comme beaucoup d'autres, Ernst Jünger note, dans *La Mobilisation totale* (1931), que la guerre moderne est accomplie par les travailleurs, tous les travailleurs. Une anecdote : en compagnie du général Hindenburg, le général Ludendorff avait réclamé, dans un mémorandum de 1916, que les Universités elles aussi se consacrent à l'effort de guerre. Il confirme sa vision dans *La Guerre totale* (1935), note la nécessité de préparer toute la population à la guerre : la politique totale doit préparer la guerre totale.

> Telle est le lieu de la rupture décisive : alors que Clausewitz pensait la guerre comme soumise en dernière instance au politique, Ludendorff pense à l'inverse le politique comme soumis à la guerre[2].

Le rôle croissant de l'aviation et des bombardements

Sur le plan technique, prenons l'exemple de l'aviation et de l'invention des campagnes de bombardement. Utilisés d'abord pour les opérations de rétablissement de l'ordre dans les colonies [*police bombing*], les bombardements aériens serviront d'une manière systématique durant la Seconde

1. Ferdinand Foch, *Des principes de la guerre*, 1903.
2. Christian Godin, *La Guerre*, *op. cit.*, p. 176.

Guerre mondiale – et au-delà en Corée, au Vietnam, etc. – pour affaiblir l'appareil industriel ennemi et pour terroriser la population. La théorie en a été faite dès 1921 par Giulio Douhet, un ancien officier italien. Grâce aux bombardiers lourds, dit-il,

> [...] le conflit sera d'une violence inouïe, mais il sera limité dans le temps ; il fera certes quelques dizaines de milliers de morts parmi les civils, mais – à condition que l'on abandonne des notions aussi surannées que la distinction entre combattants et non-combattants – il épargnera des millions de soldats [1].

Thomas Hippler donne quelques éclairages sur ce théoricien. Aussi étonnant que cela puisse paraître, Douhet avait commencé par inscrire sa réflexion dans une perspective cosmopolitique, voire pacifiste, pour laquelle le bombardement instaurait une dissymétrie barbare entre les adversaires. Il préconise une convention internationale pour interdire la militarisation du ciel. Ensuite, il aperçoit l'importance *stratégique* de l'aéroplane. Alors que d'autres prévoient seulement d'utiliser des dirigeables pour frapper des cibles choisies, lui comprend que l'aviation est aussi nécessaire, pour avoir la maîtrise de l'air, que la marine pour avoir la maîtrise des mers. Ce n'est qu'en tenant compte de l'aspect national de la guerre que Douhet parvient enfin à sa « philosophie de la bombe [2] ».

La guerre nucléaire n'est pas clausewitzienne

Hiroshima et Nagasaki ont introduit de nouvelles données dans la théorie de la guerre. Avec l'arme nucléaire, la première frappe, l'alerte et la riposte se succéderaient très rapidement, de sorte qu'on ne peut exclure l'hypothèse d'une guerre qui a lieu « d'un seul coup sans durée », et que la distinction entre stratégie et tactique se dissipe. Certes, Clausewitz ne dénie pas toute importance à la surprise – mais elle a désormais un rôle de premier plan ; et la primauté de la défense sur l'attaque ne peut plus être défendue. « Enfin et surtout, la puissance des moyens de destruction disponibles est telle que leur mise en œuvre ne peut plus servir aucun but politique raisonnable : un conflit qui ne produit que des vaincus n'est la continuation d'aucune politique. En d'autres termes, la fin politique se dissout dans l'objectif militaire, et la guerre accède à une indépendance que Clausewitz lui a toujours déniée », souligne Emmanuel Terray. Certes, la dissuasion

1. Thomas Hippler, *Le Gouvernement du ciel*, *op. cit.*, p. 138.
2. Thomas Hippler, *Le Gouvernement du ciel*, *op. cit.*, p. 143.

nucléaire s'est adjointe une théorie de la *réponse graduée* ; mais la montée aux extrêmes ne pourrait être freinée et interrompue que « par un accord politique dont aucun calcul stratégique ne peut garantir l'opportunité » ; quand un combat réel peut être engagé, il constitue un « étalon commun » qui permet aux adversaires de mesurer leurs chances respectives ; mais dans un monde nucléarisé, « la crise remplace la bataille », de sorte que « la stratégie s'efface devant la politique et le supputable fait place à l'indécidable[1] ». Finalement, l'équilibre de la terreur peut-il être vécu comme un véritable état de paix ? On peut en douter. Les possesseurs de la Bombe ressemblent – aux dires d'un de ses inventeurs, Robert Oppenheimer – à des scorpions enfermés dans une bouteille, et condamnés à coopérer pour survivre, ou à mourir ensemble.

> [...] le propre de la dissuasion a été jusqu'à présent d'introduire une forme de raison dans le jeu de la déraison, en interdisant aux deux Grands d'aller jusqu'au duel à mort. Que s'insinue dans la bouteille un *tertium quid* qui n'a pas conscience ou ne veut pas voir qu'il est voué à la retenue sous peine de destruction totale, et le monde entre dans l'ère inexorablement fatale du *déséquilibre de la terreur*[2].

Quelques aspects contemporains

La *pax americana*

Les dernières guerres ont montré que les conséquences les plus remarquables dans les conflits modernes sont les massacres de masse et les génocides. D'autre part, on dispose de nouvelles armes, équipées de guidage électronique, grâce auxquelles on prétend intervenir d'une manière « chirurgicale », en éliminant des cibles précises – les drones, par exemple. Cela permet d'envisager un nouveau type de guerre, à caractère « humanitaire ». Dans ce cas, on ne fait plus la guerre, on « intervient ». La souveraineté d'un État n'est pas un dû, elle ne saurait être respectée par les autres États que si elle est exercée au bénéfice des citoyens, c'est-à-dire en faveur de l'application des droits de l'homme. Les citoyens d'un État doivent pouvoir compter sur l'aide des autres États lorsqu'ils sont victimes de l'oppression d'un régime criminel. Bien sûr, cette ressource peut devenir un prétexte pour intervenir dans les affaires intérieures d'un autre État : il suffit

1. Emmanuel Terray, *Clausewitz*, *op. cit.*, p. 22.
2. Jean-Jacques Salomon, *Le Destin technologique*, Paris, Gallimard, « Folio actuel », 1993, p. 220.

qu'une partie de la population se sente méprisée par la majorité, qu'elle revendique ou semble revendiquer le statut de victime, pour que l'aide d'un voisin puisse interférer avec les affaires de leur pays. Le cas le plus courant est le maintien de l'ordre dans d'anciennes colonies par les grandes puissances (d'où l'accusation de néocolonialisme). C'est un dilemme : certes, la Charte des Nations unies a prohibé l'usage de la force (art. 2 (4)), de sorte que le droit international revienne à un *jus contra bellum* ; mais la promotion et la défense des droits de l'homme (art. 1) justifient la guerre d'ingérence.

Encouragée par l'efficacité de l'intervention en Irak en 1991 (« Tempête du désert »), la stratégie américaine a visé le maintien de la suprématie mondiale des États-Unis, en confondant volontiers les intérêts américains avec l'intérêt général de l'humanité – au Proche-Orient, en Afrique, mais aussi au Kosovo. Les dernières années ont été dominées, à la suite des attentats du 11 septembre 2001, par la lutte contre le terrorisme. Le procédé du choc et de l'effroi [*Shock and Awe*] permet d'envisager des succès rapides et de détourner les populations locales de faire la guerre, en les amenant à adopter les normes occidentales de la démocratie, de l'économie ouverte et des droits de l'homme. Mais la guerre en Irak et en Afghanistan démontre les limites de cette stratégie : le régime démocratique n'a pas convaincu les populations, et quelques dizaines de milliers de talibans se révèlent aptes à mettre en échec une coalition internationale.

La théorie de la reconnaissance

La globalisation accentue-t-elle l'anarchie des intérêts ? L'interdépendance croissante des États et les institutions internationales produisent-elles une convergence généralisée vers la démocratie ? Essayons de terminer en évoquant le modèle de la reconnaissance. Nous avons rencontré le modèle « réaliste » : les États luttent pour l'hégémonie, établissent entre eux des équilibres (voir le système issu des guerres de religion – le traité de Westphalie en 1648 – ou de guerres napoléoniennes – traité de Vienne en 1815). Nous avons rencontré la conception libérale pour qui le commerce est pacificateur – tandis que le marxisme interprète la persistance des guerres dans les termes de la lutte des classes. Ajoutons que le déclenchement des guerres provient plus bêtement de ce que les États ne sont pas doués d'une vision infaillible des réalités, mais seulement d'une « rationalité limitée » faite de préjugés en même temps que de lucidité.

Dans sa synthèse sur la guerre, Thomas Lindemann souligne l'importance du « coût symbolique » des guerres dans un contexte mondialisé et d'information continue qui donne la parole aux ONG et à une opinion publique mondiale. Dans la perspective du « choix rationnel », « la paix peut être maintenue lorsque les bénéfices nets de la paix sont supérieurs aux bénéfices nets de la guerre ». Dans la problématique – plus « constructiviste » – de la « reconnaissance », il faut tenir compte de « l'impact de la paix ou de la guerre sur l'image de soi des acteurs étatiques[1] ». Certes, la globalisation peut accentuer les intentions belliqueuses des États autoritaires et fermés sur une identité marginalisée dans le système consumériste (exemple majeur : la Corée du Nord). Certes, les revendications séparatistes sont plus nombreuses, parce qu'elles peuvent se réclamer du droit à l'autodétermination. Mais d'un autre côté, la globalisation favorise la comparaison et le rapprochement des identités : « la reconnaissance diplomatique d'un État, son intégration dans les instances interétatiques, le respect de son système interne et la manifestation d'une certaine empathie [culturelle] encouragent les identités pacifiées » ; ainsi « une politique de la reconnaissance offre aujourd'hui plus de possibilités pour maintenir la paix qu'au début du XXe siècle[2] ».

La littérature de guerre

On peut désigner sous l'expression « littérature de guerre » des ouvrages très divers. Témoignages, récits, correspondances de soldats, romans, poésies, tous les genres et tous les niveaux de production y contribuent. En un sens, la littérature, toute la littérature, commence avec la guerre : l'*Iliade* est le « Poème de la force », comme le dit Simone Weil. Mais l'histoire est sans doute la principale source de littérature sur la guerre. Hérodote et plus encore Thucydide (*La Guerre du Péloponnèse*) ou Xénophon (*L'Anabase* racontant la retraite des Dix Mille) en sont les premiers et les célèbres exemples. Les chroniqueurs et les historiens ont longtemps considéré que les actes des rois et des princes, ainsi que les batailles qui leur ont valu victoires ou défaites, constituaient l'essentiel de l'histoire. Cela reste plus ou moins vrai à la veille de la Grande Guerre. « Je vous parle de batailles que je

1. Thomas Lindemann, *La Guerre*, Paris, Armand colin, « Cursus », 2010, p. 169.
2. Thomas Lindemann, *La Guerre*, *op. cit.*, p. 171.

n'ai point connues», avoue Marc Bloch aux élèves du lycée d'Amiens, le 13 juillet 1914... Quant à la littérature non historienne, elle se situe par rapport à la guerre dans une situation inconfortable : l'objet dont elle parle semble formidablement plus difficile à dépeindre que les phénomènes de la vie sentimentale ou sociale. Tout effort de fiction semble se heurter à deux obstacles : un obstacle matériel, celui des limites de l'imagination (il paraît incongru de chercher à raconter ce qui n'a pas eu lieu) ; et celui de l'éthique, car il paraît indigne de modifier le récit de ce qui a eu lieu. Y a-t-il dans la réalité des Don Juan, des Faust, des Julien Sorel – nous ne saurions franchement l'affirmer. Mais le devoir semble s'imposer à l'écrivain, de rendre compte des batailles pour ce qu'elles sont, d'être aussi véridiques que possibles : la guerre mérite qu'on tienne sur elle un discours rigoureux, comme le dit – avec emportement et non sans débauche d'allégories – un Agrippa d'Aubigné dans les *Tragiques* (1616).

La littérature d'imagination côtoie certes toujours l'histoire, les témoignages, le militantisme, – mais nulle part plus que dans la littérature de guerre. On peut résumer cela simplement : la littérature de guerre est sérieuse. Les écrivains qui s'emparent de la guerre acquièrent « une légitimité et un pouvoir nouveaux : ceux de narrer, de raconter, de dire, de décrire, de donner sens à la guerre [1] ». Cela dit, différents types de discours s'offrent aux écrivains : l'exaltation, l'horreur, le sacrifice, l'espoir, etc. L'entrée en guerre en 1914 a suscité un enthousiasme littéraire et poétique de grande envergure. Phénomène d'enthousiasme mêlé d'effroi qui cherche sa compensation dans la création ? La guerre se démocratise – mais la culture se vulgarise, et les journaux s'en sont nourris. Fatalement, le discours qui domine dans la guerre et autour d'elle est le discours idéologique qui soutient la décision de la faire : discours partial, puisqu'il ne s'agit que de prévoir la victoire du bien sur le mal, et de son propre camp sur le camp adverse. Un tel discours véhicule nécessairement des poncifs : le soldat est un héros, le général a une vision géniale de la situation, etc. Ce discours suscite son contraire, pacifiste. Mais le pacifisme est non moins fatalement appelé à se fissurer puis à se fracasser sur les réalités. Il laisse place à des visions plus singulières.

> D'une culture de guerre dominante œuvrant au consentement initial, fable du sens ne produisant pas que des simulacres volatiles, on est passé à des cultures de guerre mosaïquées, disloquées, hétéroclites et qu'il serait illusoire de vouloir unifier sous la

1. Nicolas Beaupré, *Écrits de guerre : 1914-1918*, CNRS éd., « Biblis », 2010, p. 421.

bannière d'une notion ou d'une vision monochrome comme le pacifisme par exemple ou la *pensée du poilu*, ce stéréotype devenu chimère[1].

Les productions qui entourent la guerre sont foisonnantes, on n'en finirait pas de les recenser. Parler de la guerre peut d'ailleurs avoir pour but de la faire connaître, mais aussi – sinon pour but, en tout cas pour effet – de la faire oublier, de l'enfouir sous une masse de mots. Les discours remplacent la guerre, qu'ils le veuillent ou non. L'inflation des mots ne revient pas nécessairement à une exaltation, mais suscite l'intérêt pour une réalité qui ne se dessine qu'imparfaitement dans des œuvres même scrupuleuses. Dans un ouvrage paru en 1929 (*Témoins. Essai d'analyse et de la critique des souvenirs des combattants édités en français de 1915 à 1928*), Jean Norton Cru imposa de différencier l'écrivain combattant (qui, même malgré soi, exprime un désir d'écrivain) et le témoin (qui maintient fermement le souvenir de son « moi de combattant »). Il y a, dit-il, une « légende de la guerre », qui nie que le soldat a peur et qui fait croire qu'il a « soif du danger ». Comment voir la guerre sous son vrai visage, hideux et grimaçant ? Comment, plus généralement, rendre justice à l'expérience de la guerre, et disposer la nation à voir la vérité ? Par exemple, Maurice Genevoix (*Sous Verdun*, 1916) lui paraît un modèle de probité. « Donner une fausse idée de la guerre revient non seulement à trahir ceux qui l'ont vécue mais incite ceux qui ne l'ont pas vécue à adhérer à l'idéologie belliciste – double crime moral[2] ». Celui qui n'a pas vécu la guerre, et qui ne l'a pas *comprise avec sa chair*, comme le dit Jean Bernier (*La Percée*, 1920), ne peut en parler valablement. Le point de vue du soldat peut-il échapper à la distorsion du particulier – celle dont souffre Fabrice qui, à Waterloo, ne voit pas la bataille (Stendhal, *La Chartreuse de Parme*) ?

Jean Norton Cru a-t-il raison de refuser la puissance évocatrice de la fiction ? Les choix littéraires de Barbusse (laisser parler le soldat dans sa langue verte et râpeuse) répondent-ils à ces critères ? Jusqu'à un certain point, il met en acte le principe de tautologie formulé par Pierre-Alexis Muenier dans *L'Angoisse de Verdun* (1918) : « la guerre seule parle bien de la guerre ». Barbusse met en tout cas son lecteur face à la difficulté de la représentation, ainsi dans le chapitre sur « la virée », où les poilus

1. Emmanuel Godo, *Pourquoi nous battons-nous ?*, Paris, Éd. du Cerf, « Histoire », 2014, p. 313.
2. Emmanuel Godo, *Pourquoi nous battons-nous ?*, *op. cit.*, p. 114.

aperçoivent la mise en scène par un marchand de confection de deux personnages, un Français et un Allemand.

> – Ah ! ben zut, alors ! Devant cette construction puérile, la seule chose rappelant ici l'immense guerre qui sévit quelque part sous le ciel, nous haussons les épaules, nous commençons à rire jaune, offusqués et blessés à vif dans nos souvenirs frais[1].

Qu'on lise la suite, qui est à la fois le témoignage de la sidération des soldats, dépossédés de la représentation de leur guerre et incapables de protester, et le témoignage de l'amertume de l'écrivain, tellement conscient de son impuissance à dire. Laisser les mots s'accumuler, mettre en évidence leur vanité, ne pas se payer de mots lors même qu'on les manipule. Mais Barbusse n'est pas intégralement transparent pour dire la guerre ; lui aussi, il lui fait dire quelque chose.

> Barbusse force sciemment le trait et son roman n'est pas exempt d'idéologie rampante et de mauvaise foi, notamment avec l'idée qu'il n'y a pas d'intellectuels dans les tranchées ou que les aumôniers sont des auxiliaires du massacre restant à distance du feu. Il importe à Barbusse de concentrer son attention sur le peuple des tranchées, quitte à en fausser la chimie sociologique pour la commodité de sa démonstration[2].

L'historien George Mosse distingue entre les processus de mythification de la guerre, et la banalisation [*trivialization*] de la guerre, qui résulte de sa transformation en un monde de mots[3]. En réalité, il y a un passage permanent et un échange de l'un à l'autre, du mythe exalté à la trivialité du sort commun, puisqu'à force d'élever des monuments littéraires à la mort brutale, on finit aussi par en masquer la bêtise, on provoque une *catharsis* qui acclimate les sentiments de l'horreur aux temps de paix. L'écrivain ou l'historien qui prennent la place du combattant ne peuvent avoir bonne conscience ; et s'ils composent un beau texte, cette beauté même est-elle un digne hommage à l'épreuve du soldat (c'est le cas si on peut célébrer sa vertu) ou une récupération ignoble, la transformation de l'événement en un récit qui n'a pas plus de valeur qu'une fiction ? Ils font pourtant leur devoir – et nous n'avons pas fini d'entendre parler de la guerre. Cela vaut mieux que de l'entendre, elle.

1. Henri Barbusse, *Le Feu*, chapitre 22, « La virée ».
2. Emmanuel Godo, *Pourquoi nous battons-nous ?*, *op. cit.*, p. 138.
3. George L. Mosse, *De la Grande Guerre au totalitarisme : la brutalisation de la société européenne* (1999), Paris, Hachette Littératures, « Histoires », 2003.

Les récits qui ont trait à la guerre ont tous quelque chose d'inaugural, si l'on veut : il s'agit de l'accès des hommes à l'histoire – ou à ce qui en tient dramatiquement lieu.

Au moment où l'on affichait la mobilisation
Nous comprîmes mon camarade et moi
Que la petite auto nous avait conduits dans une époque nouvelle
Et bien qu'étant déjà tous deux des hommes mûrs
Nous venions cependant de naître [1].

Mais de quelles naissances les guerres sont-elles fécondes ? De quelles morts physiques et spirituelles ? De quels projets, pour l'avenir ?

Les trois œuvres qui sont proposées à l'étude suivie pour illustrer le thème de la guerre nous renvoient à des époques très différentes. La tragédie d'Eschyle, *Les Perses*, est composée quelques années après la bataille de Salamine, en 480 av. J.-C. ; elle attire notre attention sur le conflit entre la Grèce et la Perse. Carl von Clausewitz a vécu comme un désastre la déroute de Frédéric-Guillaume III et la défaite d'Iéna (1806) et essaye de rendre leur fierté aux pays allemands, à la Prusse en premier lieu – mais il admire avant tout Napoléon. Henri Barbusse nous fait vivre, dans *Le Feu* (Prix Goncourt 1916), le quotidien des poilus de la Grande Guerre. Dans chacune de ces œuvres, très différentes par leur statut, par leur genre, par leur propos, ce sont pourtant les mêmes aspects de la guerre qui affleurent : l'immensité des moyens et des forces impliquées dans les combats, l'idéologie sous-jacente, mais aussi le destin – naissance ou déclin – d'une civilisation qui met sa survie en balance.

1. Guillaume Apollinaire, « La petite auto », 1er août 1914.

DEUXIÈME PARTIE

Les Perses, d'Eschyle

Christophe Cervellon

Introduction générale

La démesure en mûrissant produit l'épi de l'erreur, et la moisson qu'on en lève n'est faite que de larmes[1].

(v. 820-822)

Ces vers résument excellemment la leçon de la tragédie : celui qui cherche à s'élever, qui cède à la « présomption », à la « démesure », à ce que les Grecs appelaient l'*Hybris*, sera implacablement reconduit aux limites naturelles que lui avaient fixées les dieux, et il sera écrasé par la souffrance. L'homme doit bien souvent « souffrir pour comprendre », comme il est dit dans la tragédie d'*Agamemnon*, c'est-à-dire comprendre tout d'abord que l'homme ne doit jamais oublier qu'il n'est qu'un « mortel », soumis à une condition qui est parfois douce, mais qui est toujours rude et bornée.

Mais la guerre, plus peut-être que n'importe quelle autre occasion humaine, n'est-elle pas le terrain de l'*hybris*, là où l'homme peut le plus aisément perdre la raison devant la peur et la violence subie ou infligée, où il risque d'aller par exemple trop loin dans la vengeance, frapper trop fort, trop longtemps, de manière incontrôlée ? Aristophane fait dire à Eschyle, à propos d'une autre de ses tragédies (conservées) *Les Sept contre Thèbes*, que cette pièce est « pleine d'Arès », et que « tout homme qui l'avait vue brûlait d'être au cœur du combat[2] ». Il y a au théâtre, comme à la guerre, un effet d'entraînement : la réalité brutale de l'engagement échauffe comme parfois la fiction, les hommes y sont mis hors d'eux-mêmes, et c'est même le dieu de la « sortie de soi » et du théâtre, Dionysos en personne, qui doit rappeler Eschyle au calme dans les *Grenouilles*, tant celui-ci est comme emporté par la violence guerrière de ses anciennes créations.

Si la tragédie met en scène l'*hybris*, son déchaînement et son châtiment, sous les espèces d'une représentation théâtrale (d'une *mimesis*), la guerre

1. Nous donnons ici la traduction de Paul Mazon, 1920, celle des Belles Lettres, qui a l'avantage de donner le texte grec en regard, et qui, quoique désormais un peu datée, est à bien des titres un « monument » de l'édition critique. Nous nous y réfèrerons si besoin est. La traduction de Boris Donné chez Garnier-Flammarion, avec une présentation de Danielle Sonnier, que nous suivrons dans cette explication du texte, dit de manière plus rythmée : « La présomption en fleurissant donne un épi/ d'aveuglement, et l'été moissonne des larmes ».

2. Aristophane, *Les Grenouilles* in *Théâtre complet*, Paris, Gallimard, « Bibliothèque de La Pléiade », 1997, p. 792.

n'est-elle pas en elle-même la tragédie par excellence, précisément celle où les hommes sont plus qu'ailleurs, parce qu'ils sont au contact même de la mort, incités à paradoxalement ignorer leur « mortalité » ?

Les Perses d'Eschyle (525-455 av. J.-C.) est la première tragédie grecque que nous ayons conservée, lors même que le genre tragique existait à Athènes depuis presque un demi-siècle. Elle fut jouée au printemps (fin mars) 472, avec deux autres tragédies, *Phinée* et *Glaucos de Potnies*, dans le cadre traditionnel des trilogies tragiques des Dionysies urbaines, ou Grandes Dionysies, et elle fut suivie, de manière là encore traditionnelle, par un drame satyrique, *Prométhée*. Nous n'avons en revanche quasiment rien conservé de ces autres pièces mais, comme le dit Mazon, « aucun indice sérieux ne permet de croire qu'il existât un lien entre ces différents drames ».

Si *Les Perses* est la première tragédie antique conservée, elle présente la particularité, unique dans les pièces que la tradition (complexe) a retenues des grands tragiques athéniens (Eschyle, Sophocle, Euripide), d'être une pièce « politique », ou plutôt d'être une pièce traitant d'un événement politique majeur et récent. Les autres tragédies ont pour thème les légendes héroïques et mythiques, principalement de la guerre de Troie, de Thèbes et de l'Argolide. Comme le dit Giraudoux, la tragédie est souvent « une affaire de famille », celle des Atrides (la famille d'Oreste) ou des Labdacides (la famille d'Œdipe) ; au contraire, dans *Les Perses*, Eschyle revient sur un événement qui a eu lieu 8 ans auparavant, la bataille de Salamine (480 av. J.-C.), et ses conséquences désastreuses, tant politiques qu'humaines, sur l'Empire perse.

Eschyle connaissait bien l'événement : il y avait lui-même participé à 45 ans, comme il avait participé en 490 av. J.-C. à la bataille de Marathon. « Eschyle est l'homme des guerres médiques[1] ». Ce n'était d'ailleurs pas la première fois qu'une tragédie traitait de ce thème à la fois glorieux et douloureux pour les Athéniens : la résistance armée à l'Empire perse des Achéménides qui avaient cherché à conquérir l'Europe et avaient été vaincus à Marathon[2] par Miltiade, sous Darius d'abord (dont on retrouvera le fantôme dans *Les Perses*), sous Xerxès ensuite, qui fut donc vaincu sur mer à Salamine par Thémistocle et Aristide (essentiellement) avant de voir ses

1. Jacqueline de Romilly, *La Tragédie grecque*, Paris, Puf, « Quadrige », 2006, p. 51.
2. Sur le récit de la bataille de Marathon, voir Hérodote, *Histoires*, VI, 112-118.

troupes commandées par Mardonios défaites définitivement sur terre à Platées (479 av. J.-C.).

En 476, en effet, Phrynichos avait fait représenter sa tragédie d*es Phéniciennes*, et cette tragédie avait pour chorège (c'est-à-dire pour « sponsor ») Thémistocle, le vainqueur de Salamine, en personne. D'ailleurs, le chorège des *Perses*, le bienfaiteur mécène qui soutenait économiquement la représentation, était un autre homme politique, très jeune à l'époque – il n'avait que 20 ans –, mais promis au plus brillant avenir dans le camp des démocrates : Périclès. On voit donc, ne serait-ce que par leurs financements, que ces tragédies d'actualité n'étaient sans doute pas sans arrière-pensées politiques, sans qu'on puisse d'ailleurs réduire la portée de ces œuvres, comme nous le verrons, à une simple propagande de circonstance sur la grandeur d'Athènes.

Il est vrai cependant qu'en 472 le climat politique est particulier. En 475, la ville d'Eion, à l'embouchure du Strymon, dont on parle si longuement dans *Les Perses* pour raconter la retraite désastreuse de Xerxès, avait été enlevée aux Barbares : les dernières zones occupées par les Achéménides sur le continent européen étaient évacuées. Comme l'écrit Mazon, « la victoire de Salamine semblait encore plus glorieuse qu'au premier jour. Elle avait rendu au monde grec sa frontière naturelle, la mer ». Sans doute la pièce *Les Perses* est-elle une célébration de cette victoire sur l'Asie qui, commencée avec Salamine, devenait avec le temps plus définitive et plus totale. La tragédie d'Eschyle pleure sur les morts et sur la guerre, elle est un « thrène », c'est-à-dire un chant funèbre, ou un *kommos*, un chant douloureux de tristesse, de désespoir, qui accompagne superbement la mort et le deuil. Mais elle constitue aussi certainement une réflexion politique. Elle n'est pas qu'une plainte, qu'un gémissement plus ou moins « larmoyant », mais également une méditation sérieuse sur des événements historiques qui ont réellement changé la face de l'Occident. Certes, Eschyle reprend quasiment dans le premier vers de sa tragédie l'*incipit* de celle de Phrynicos, selon la logique d'un « salut courtois » ou, ce qui n'est pas exclusif, celle d'un défi artistique (« *agôn* » ou rivalité entre deux auteurs sur le même sujet) :

> LE CORYPHÉE — Voici d'entre les Perses qui s'en sont allés [...]. (v. 1)

Mais là où Phrynicos ne faisait sans doute que célébrer la victoire en imaginant, plus ou moins empathiquement, les lamentations et les douleurs d'ennemis endeuillés, Eschyle nous donne à voir des hommes qui méditent aussi avec sagesse et une certaine distance les grands désastres qu'ils apprennent. Comme le rappelle clairement Mazon :

> Rien n'indique déjà mieux les intentions d'Eschyle que le choix de son chœur. Le chœur des *Perses* n'est pas, comme celui des *Phéniciennes*, composé de femmes, qui ne sauraient que gémir sur le sort de leur proche. Il est formé des conseillers même du grand Roi, les Fidèles, qui sont capables de mesurer les conséquences historiques du désastre subi par les barbares.

Mais une tragédie, même la plus politique, la plus « réflexive », n'est jamais exclusivement politique, non plus qu'elle ne peut se réduire à un simple contenu philosophique, à l'état d'une réflexion sur la sagesse ou sur la folie des hommes. Une tragédie a un sens religieux, toujours lié à Dionysos, quoique de façon variée. Voici comment Pausanias rapporte sa visite au théâtre de Dionysos à Athènes. Certes, Eschyle n'a pas connu le théâtre en pierre que vit Pausanias au second siècle de notre ère, mais c'est bien à cet endroit même, en dépit des bouleversements architecturaux, que furent jouées ses pièces :

> À côté du théâtre se trouve le plus ancien sanctuaire de Dionysos. À l'intérieur de l'enceinte sacrée, il y a deux temples et deux Dionysos : le Dionysos d'Éleuthères et celui qu'Alcamène exécuta en ivoire et en or [...].

L'emplacement du théâtre, derrière les deux temples de Dionysos, sur la pente sud de l'Acropole, cœur religieux d'Athènes, montre encore aujourd'hui le lien existant entre le théâtre grec et le rituel religieux. Mais, comme si le lien avec Dionysos n'était pas assez clair, Pausanias souligne par deux anecdotes combien la gloire de Sophocle et la vocation théâtrale d'Eschyle sont finalement l'affaire même de Dionysos, le dieu étrange ou étranger :

> Au théâtre d'Athènes, il y a des portraits d'auteurs tragiques et comiques [...]. On dit qu'après la mort de Sophocle, les Lacédémoniens envahirent l'Attique ; leur chef vit Dionysos lui apparaître et l'inviter à rendre à la nouvelle Sirène les honneurs qui sont prescrits pour les morts. Et il lui parut que ce songe concernait Sophocle et sa poésie. On a coutume de nos jours encore de comparer à une Sirène le charme des œuvres en vers et en prose. À mon sens, on fit le portrait d'Eschyle bien longtemps après sa mort, et après la peinture qui a pour sujet la bataille de Marathon. Eschyle (*Aischulos*) dit que dans sa prime jeunesse il dormait dans un champ, où il était à surveiller des raisins. Dionysos lui apparut et l'invita à composer des tragédies ; quand le jour fut venu, disposé donc à suivre ce commandement, il n'avait dès lors aucun mal à écrire [1] [...].

1. Pausanias, *Description de la Grèce. L'Attique*, Paris, Les Belles Lettres, « Collection des universités de France Série grecque », Livre I, XXI, 2-3, 2009.

Eschyle, comme tout auteur de tragédie, a un lien avec Dionysos, le dieu étrange, le dieu étranger, le dieu qui vient de loin, d'Asie, et qui n'est pas, en dépit de ses origines thébaines, aussi « hellène » que les autres. Certes, Eschyle est l'homme de Marathon et *Les Perses* est une pièce qui exalte la grandeur sinon d'Athènes, à tout le moins des Grecs. Nul ne saurait le contester, et comme le rapporte encore Pausanias :

> Un peu plus loin encore, il y a un temple d'*Eucleia* (Gloire), consécration faite elle aussi sur le butin pris aux Mèdes, qui débarquèrent à Marathon. À ce que je vois, les Athéniens se font une gloire particulière de cette victoire. Eschyle en particulier, en arrivant au terme de sa vie, n'a rien rappelé d'autre dans son épitaphe, lui qui pourtant avait atteint une telle renommée de poète et qui avait combattu sur mer devant l'Artémision et à Salamine ; il mentionna son nom avec son patronyme, celui de sa cité, et que les témoins de son courage étaient le bois de Marathon et les Mèdes qui y avaient débarqué [1].

Mais Eschyle est aussi un tragique, lié par Dionysos à un dieu qui ne peut rester enfermé dans le cadre étroit de la Cité, qui excède par principe l'ordre politique et même la civilisation étroitement européenne. C'est finalement cette tension entre l'ordre de la politique et un ordre humain ou divin qui excède les limites étroites de la *polis* que donne ultimement à voir cette tragédie sur la guerre qu'est *Les Perses*.

La tragédie est une méditation sur l'*hybris* humaine, sur les limites de la condition des « Mortels » face aux dieux ou au sacré ; mais elle interroge aussi cette condition mortelle comme condition politique, comme excès ou écart sur le politique, dans son rapport à l'État. Pleurer avec ses ennemis, après les avoir combattus, ce n'est pas ce que la Cité demande, ni ce que demandent les dieux de la Cité, mais la condition humaine excède celle du citoyen, ce qu'exemplairement montre Eschyle. Face aux dieux, les hommes ne sont que des hommes. Comment pourraient-ils encore en douter devant les malheurs de la guerre qui doivent autant aux dieux qu'à la folie des Mortels, si comme le dit Darius : « Qui se hâte vers sa perte, il trouve un dieu pour l'assister ! ».

1. Pausanias, *Description de la Grèce. L'Attique*, *op. cit.*, XIV, 3.

Qu'est-ce qu'une tragédie dans l'Athènes classique ?

Le théâtre a une histoire, qui commence avec celle du théâtre grec[1]. *Les Perses* est une tragédie grecque. Mais qu'est-ce qu'une tragédie grecque ?

Le terme même de « tragédie », qui étymologiquement signifie chant (*odos*) du bouc (*tragos*) demeure énigmatique, en dépit de ce que prétendent Horace et quelques informations archéologiques (comme le célèbre « Marbre de Paros »), sur le fait que le vainqueur des grandes Dionysies reçût, pour signe de son succès, un « bouc[2] ».

Mais il y a d'abord une réalité cultuelle. Certes, la tragédie est liée à Dionysos, comme nous le disions. Et certes, le lien avec Dionysos est toujours à repenser, tant parfois il semble bien imprécis ou bien lointain[3]. Mais le lien de la représentation théâtrale avec un rituel religieux peut difficilement être contesté, tant la tragédie semble liée à quelque chose qui excède l'homme, destin, malheur ou forme étrange du sacré :

> C'est pour cela que la question de savoir si la tragédie est née du rituel est bien moins importante que de connaître la raison pour laquelle nous tenons tellement à ce que la tragédie ait son origine dans le rituel[4].

Pour le rappeler de la manière la plus simple, les tragédies avaient lieu principalement à Athènes lors des Grandes Dionysies, ou Dionysies urbaines, qui étaient des fêtes vouées fin mars à Dionysos *Eleuthereus*, d'Éleuthères, petite bourgade à la limite de l'Attique et de la Béotie, d'où Dionysos était censé être parti vers la Cité de Thésée. Sans doute ces fêtes avaient-elles un lien avec la tyrannie de Pisistrate (vers 530 av. J.-C.). Mais

1. Sur ces questions historiques, on se reportera avec profit à l'ouvrage classique de P. Demont et A. Lebeau, *Introduction au théâtre grec antique*, Paris, Le Livre de poche, « Références. Série Antiqiuité », 1996, ainsi qu'à celui de Jean-Charles Moretti, *Théâtre et Société dans la Grèce Antique. Une archéologie des pratiques théâtrales*, Paris, Le Livre de Poche, « Références », 2001.

2. Voir Horace, *Épîtres*, Paris, Les Belles Lettres, 2014, v. 220-222 : « Celui qui disputa avec un poème tragique un bouc de peu de prix [...] ». Voir aussi la note apportée à ces vers par de F. Villeneuve : « Le nom de la tragédie semble être venu non de ce bouc, mais du chœur de satyres, que le peuple appelait *oi tragoi*, « les boucs » ». Pour d'autres (J.E. Harrison), *tragos* signifierait l'épeautre avec laquelle on fait la bière, bière dont Dionysos Sabazios était le dieu avant d'être celui du vin ! Comme le dit J. de Romilly : « Que faire de ce bouc ? ».

3. C'est la fameuse remarque de Plutarque : « Quel rapport avec Dionysos ? », *Propos de table*, I, 1, 5.

4. Jovan Hristic, *Réflexions sur la tragédie d'Eschyle à Beckett*, Paris, L'Âge d'homme, « Archipel slave », 2009, p. 31.

peu importe, si ce n'est que le genre tragique, dont l'origine est complexe (a-t-il pour initiateur Arion de Corinthe, qui introduisit un dialogue entre le coryphée, le chef de chœur, et le chœur lui-même, si l'on en croit Hérodote ? Une origine sicilienne, en Grande Grèce ? En tout cas, en Attique, Thespis semble le premier grand auteur, et acteur, de tragédie[1]...) avait trouvé sur le théâtre d'Athènes son lieu privilégié. Comme le dit Madeleine Jost : « Quoi qu'il en soit, les Grandes Dionysies sont au début du Ve siècle une fête récente ». Mais cela signifie aussi, ne l'oublions pas, que le genre tragique, en 472, est déjà ancien, ce qui interdit évidemment de voir dans *Les Perses*, comme l'ont fait rapidement certains commentateurs, oubliant Thespis d'Icare ou Phrynichos, les grands auteurs qui ont précédé Eschyle, une œuvre « archaïque ».

Mais comment se déroulaient les grandes Dionysies ? Il y avait d'abord la procession du 10 *Élaphébolion*, qui se terminait par un sacrifice de taureaux sur l'autel du vieux temple de Dionysos, celui qui contenait le *xoanon* du dieu (statue ancestrale en bois), jusqu'en 420, puis au nouveau temple qui abritait la statue d'Alcamène, dont parlait plus haut Pausanias. C'est sous l'égide de la statue du dieu, transporté dans le théâtre, que se déroulaient les représentations, comme le laissent supposer *Les Cavaliers* d'Aristophane. Le spectacle est ouvert le 11 *Élaphébolion* jusqu'au 14, « devant tous les Grecs » (lors même qu'aux Lénéennes, autres fêtes où se déroulaient des spectacles théâtraux, les représentations n'avaient lieu que devant les seuls Athéniens, les autres Grecs ne pouvant s'y joindre en raison d'une navigation hivernale difficile). Un tel rappel doit nécessairement nuancer une interprétation trop étroitement politique, ou civique, du théâtre athénien, ouvert largement, en réalité, à toute la Grèce, d'autant qu'avant l'instauration du *theorikon*, subvention publique d'abord voulue par Périclès pour que chaque citoyen puisse assister aux représentations, le spectacle est payant – ce qui, on l'admettra, n'en fait guère en principe une manifestation purement citoyenne.

Le théâtre de Lycurgue, celui que vit Pausanias et dont les touristes peuvent aujourd'hui encore admirer les ruines à Athènes, pouvait contenir 17 000 spectateurs (mais Socrate, à propos de l'ancien théâtre, en dénombre beaucoup plus dans *Le Banquet*.). À l'époque d'Eschyle, le

1. Voir Nicolas Boileau, *Art poétique*, Chant III : « Thespis fut le premier qui, barbouillé de lie,/ Promena dans les bourgs cette heureuse folie,/Et d'acteurs mal ornés chargeant un tombereau,/Amusa les passants d'un spectacle nouveau ».

théâtre en bois fut en tout cas déplacé depuis l'agora jusqu'au sud de l'Acropole entre 499 et 496, après l'effondrement de certaines tribunes. Étroitesse et simple déficience technique de l'installation primitive, ou choix plus fondamental de quitter le centre politique d'Athènes, de se décentrer ou de s'excentrer (au moment d'ailleurs où l'assemblée populaire, l'*ecclesia*, s'installe sur la colline de la Pnyx face à l'Acropole) comme si le théâtre ne pouvait décidément pas être contenu dans une enceinte strictement politique ?

À partir de 386 av. J.-C., il était licite de rejouer d'anciennes tragédies, mais avant cette date, les tragédies étaient nécessairement « inédites ». Il s'agissait en tout cas de concours où s'affrontaient trois auteurs, vivants ou morts, lorsqu'on rejouait leurs pièces ou qu'on les jouait, comme *Les Bacchantes* d'Euripide, la dernière pièce tragique que nous ayons conservée, à titre posthume (en 406 av. J.-C.). Au final, cinq juges, tirés au sort, donnaient leur verdict après avoir vu les tétralogies (trois tragédies, un drame satyrique, représentés chaque jour) des trois auteurs désignés par l'archonte éponyme, c'est-à-dire le magistrat qui donnait son nom à l'année (dans des conditions qui sont pour nous un peu énigmatiques, comme l'étaient d'ailleurs les résultats du concours pour certains contemporains qui soupçonnaient les juges et l'archonte de ne pas toujours être incorruptibles)

Voici comment Madeleine Jost rappelle la dimension religieuse des Grandes Dionysies :

> Les concours dramatiques appartiennent à la sphère religieuse : juste avant le spectacle, le théâtre est purifié par l'offrande d'un porcelet et les dix stratèges ouvrent le cycle dramatique en offrant les libations d'usage[1] (Cf. Plutarque, *Vie de Cimon*, VIII, 8-9).

Mais cette dimension religieuse n'ôte rien à la dimension politique des Grandes Dionysies, comme à celle des Lénéennes qui étaient davantage, disions-nous, réservées à un public athénien :

> L'idéologie civique se manifeste également dans la coutume ancienne que décrit Eschine (*Contre Ctésiphon*, 154) : « au moment où l'on allait représenter des tragédies, le héraut s'avançait, présentait les orphelins dont les pères étaient morts à la guerre, adolescents revêtus de l'armure[2] ».

1. Madeleine Jost, *Aspects de la vie religieuse en Grèce*, Paris, SEDES, « Regards sur l'histoire », 1992, p. 160.
2. *Ibid.*, p. 162.

C'est que les tragédies ont aussi, et peut-être surtout, une portée civique. Elles sont l'occasion de rassemblements et de cérémonies « nationales ». Pour *Les Perses*, la dimension *patriotique* est évidente : c'est la dimension religieuse, « dionysiaque », qui l'est un peu moins... En quoi les malheurs des Perses peuvent-ils, en effet, concerner Dionysos ?

Mais il ne faudrait pas oublier, derrière le rituel religieux et patriotique, la réalité matérielle, pour ainsi dire, de la représentation. Le *theatron*, lieu d'où l'on voit les choses, avant d'être un théâtre, un monument en pierres construit et pensé pour la représentation, est d'abord simplement composé d'une *orchestra*, une surface semi-circulaire ou, plus vraisemblablement à l'époque d'Eschyle, semi-rectangulaire, où évoluait le chœur devant un public assis sur des gradins souvent naturels (*koilon*), et où les plus privilégiés sont au premier rang (*proèdrie*). L'*orchestra* se compose à l'époque classique d'une *skène* (littéralement une « tente », qui a donné notre « scène », où l'on devait ranger les costumes et les masques), une « baraque » dans laquelle on peut entrer et sur laquelle, si elle est solide, on peut au final grimper comme sur une plate-forme, d'un *thymelè*, un petit autel central de Dionysos, de deux *parodos* ou *eisodos*, voies par lesquelles le chœur et les acteurs pouvaient avancer et sortir de *l'orchestra*, entre le *theatron* et le *proskenion* (voir *supra*).

Le « chœur », conduit par un « coryphée », un meneur, dansait (comme le suggère l'étymologie du mot « chœur » : « *choros* », de « *choreuo* », exécuter une danse) sur *l'orchestra* dans un sens (la « strophe » en se tournant vers la droite) et dans l'autre sens (« antistrophe », en se tournant vers la gauche), jusqu'à « l'épode » (moment normalement statique), récitant les vers lyriques au rythme de *l'aulos*, un hautbois double, car il ne faut pas oublier que les tragédies grecques étaient des œuvres musicales autant que scéniques ou littéraires : les joueurs d'*aulos* pouvaient même parfois prétendre l'emporter sur le chœur, au désespoir de certains auteurs tragiques. La tragédie antique fut d'abord un « chœur », avant d'être un « drame », comme le rappelle Nietzsche, et les auteurs de tragédie non seulement composaient normalement la musique de leur œuvre, mais mettaient aussi en scène la « chorégraphie [1] ».

1. Ils étaient en un sens de vrais meneurs de troupe. À l'époque classique, ils présentaient encore leur spectacle à l'Odéon de Périclès, tout proche du théâtre de Dionysos, lors du *proagon* (l'avant-concours). La tradition a joliment retenu comment Sophocle s'y est présenté endeuillé en 406, à l'annonce de la mort d'Euripide.

Cela explique largement la structure rythmique des œuvres tragiques du théâtre grec. Les vers français sont traditionnellement fondés sur la rime ; la poésie antique est bien plutôt fondée sur le rythme.

Citons rapidement les pieds les plus célèbres de la poésie tragique grecque, qui lui donne cette tonalité musicale que renforçaient évidemment les instruments de musique :

– « l'iambe » – une syllabe courte et une syllabe longue – particulièrement adapté selon Aristote aux passages dialogués de la tragédie relevant de la conversation ordinaire ;

– « l'anapeste » – deux syllabes courtes et une longue – bien fait pour signifier le mouvement et qui caractérise par exemple le *parodos*, au tout début des *Perses*, l'entrée des Fidèles ;

– enfin le « trochée » – une syllabe longue et une courte[1].

Rappelons ainsi que, dans *Les Perses*, tout ce qui est simplement parlé relève principalement du « trimètre iambique », composé de six iambes ; que les parties plus nobles, quand le ton s'élève, sont surtout en « tétramètre trochaïque », donc sur une base de « trochées » ; et qu'enfin les passages lyriques, chantés, du chœur ont une métrique d'une grande complexité, d'une grande variété musicale. Sans être trop embarrassé par ces problèmes métriques, qui comptent évidemment bien peu en face du texte traduit, il ne faut cependant jamais oublier cette dimension mélodieuse, ou « scandée », de la tragédie et de la poésie grecques, et même de la langue grecque en tant que telle.

> Quant à l'importance de la tragédie, partie de fables légères et d'un langage plaisant ; vu le caractère satirique de son origine, elle mit du temps à prendre de la gravité, et son mètre, de tétramètre, devint ïambique ; car, primitivement, on employait le tétramètre, attendu que cette forme poétique est celle de la satire et plus propre à la danse. Puis, lorsque vint le langage parlé, la nature trouva elle-même le mètre qui lui convenait ; car le mètre le plus apte au langage, c'est l'ïambe ; et la preuve, c'est que, dans la conversation, nous frisons très souvent des ïambes, des hexamètres rarement et seulement lorsque l'on quitte le ton de la conversation[2].

Au théâtre de Dionysos, il ne s'agissait pas simplement de musique, mais aussi bien de danse. Le chœur « danse » devant l'auditoire. C'est le

1. On pourrait ajouter « le spondée » – deux syllabes longues –, lourd et noble, et le « dactyle », l'exact contraire de « l'anapeste », – une longue et deux syllabes courtes, comme les trois phalanges d'un doigt –, etc. L'héxamètre dactylique, le vers noble de l'épopée homérique, est formé de quatre dactyles ou spondées. Voir Jean Irigoin, « Lois et règles dans le trimètre iambique et le tétramètre trochaïque », *Revue des études grecques*, 1959.

2. Aristote, *Poétique*, ch. 4.

« chorège », à ne pas confondre avec le « coryphée », qui subventionnait les membres du « chœur », les recrutait et les équipait, fournissait ainsi leur nourriture et leurs vêtements. Comme il y avait douze « choreutes » ou membres du chœur chez Eschyle, quatorze chez Sophocle, et un chef de chœur, ou « coryphée », la dépense n'était pas négligeable.

Certes, une tragédie donne à voir essentiellement une faute tragique (*harmatia*), sur laquelle nous reviendrons ; mais au-delà du contenu « philosophique » ou « gnomique » de la tragédie grecque, celle-ci utilisait des moyens spectaculaires, humains et mécaniques, pour mettre en scène le drame. L'*eccyclème* était ainsi une machine qui permettait de faire voir l'intérieur d'un monument, en faisant sortir sur une estrade mobile ce que le spectateur ne pouvait pas voir de l'intérieur des décors. Là, les « *hypocrites* », c'est-à-dire en grec les personnages ou les acteurs, pouvaient jouer devant tout le public ce qui aurait dû normalement être dissimulé par l'ordonnancement des lieux, comme dans la salle reculée d'un palais.

Outre l'*eccyclème*, avant-scène amovible, il y avait aussi la *méchane*, sorte de grue, qui permettait d'élever par exemple les acteurs jouant les dieux au niveau du *théologeion*, un étage surélevé ou une sorte de plate-forme, l'endroit du décor depuis lequel parlait le divin, quand le *logeion* (ou *proskenion*) était le lieu, une petite estrade en fait (ce que nous appellerions volontiers une petite « scène ») depuis lequel s'exprimaient normalement les acteurs, avec leurs masques (*prosopon*), qui ne servaient pas tant à augmenter leurs voix, comme on l'a longtemps pensé, qu'à bien les identifier, et avec leurs « cothurnes », des chaussures imposantes qui augmentaient la visibilité des « interprètes » ou « *hypocrites* » (mais à l'époque classique, les « cothurnes » sont peu élevés).

À l'époque d'Eschyle, il n'y a qu'un seul acteur (le « protagoniste ») qui puisse répondre au coryphée, le chef du chœur, dans le cadre d'un dialogue dramatique. C'est Eschyle qui aurait rajouté un second acteur, selon Aristote dans la *Poétique*, le « deutéragoniste », et Sophocle le troisième, le « tritagoniste » (après, on s'abstiendra de compter). Comme l'explique clairement Aristote :

> Ainsi donc, improvisatrice à sa naissance, la tragédie, comme la comédie, celle-ci tirant son origine des poèmes dithyrambiques, celle-là des poèmes phalliques, qui conservent, encore aujourd'hui, une existence légale dans un grand nombre de cités, progressa peu à peu, par le développement qu'elle reçut autant qu'il était en elle. Après avoir subi de nombreuses transformations, la tragédie y a mis un terme, puisqu'elle avait revêtu sa forme naturelle. Vint ensuite Eschyle qui, le premier, porta

le nombre des acteurs de un à deux, amoindrit la fonction du chœur et donna le premier rôle au discours parlé. Sophocle institua trois acteurs et la mise en scène [1].

Cela explique par exemple que, dans *Les Perses*, ce soit le même personnage qui joue le messager et Darius, car dans la dramaturgie eschyléenne, il n'y a que deux acteurs possibles en face du coryphée (et il y a déjà en scène, lors de l'apparition du fantôme de Darius, la Reine Atossa). Soulignons cependant que le « coryphée », le chef de chœur, s'est vite transformé en véritable acteur, susceptible de dialoguer avec le chœur dans le cadre d'un dialogue authentiquement dramatique.

Mais si par ces liens avec le « dithyrambe », perceptible encore à l'époque d'Aristote, elle reste fondamentalement liée aux dieux et surtout à Dionysos[2], une tragédie d'Eschyle est toutefois irréductible au lyrisme choral, dont elle est sans doute issue. Une tragédie d'Eschyle est un drame, c'est-à-dire une action, et cette dimension dramatique colore les passages qui semblent le plus ressembler à des *oratorios* proprement musicaux. Comme le dit Mazon :

> Un chœur d'Eschyle n'a pas la sérénité immobile d'une ode [...]. Il vaut avant tout par le mouvement, il est déjà en lui-même un drame. (p. 10)

Au-delà de ces rappels généraux sur la tragédie grecque, comment pouvons-nous nous représenter concrètement la mise en scène du drame, puisque drame il y a, que constitue *Les Perses* ? Et certes, on trouverait des thèmes tragiques dans d'autres genres littéraires, non dramatiques, ou chez d'autres poètes, comme Archiloque[3], pour ne citer que lui ; mais la tragé-

1. Aristote, *Poétique*, ch. 4.

2. La tragédie a peut-être rapport, si l'on en croit exemplairement la *Poétique* d'Aristote, avec le dithyrambe. Le « dithyrambe » était un hymne religieux en l'honneur de Dionysos, comme le « péan » l'était pour Apollon. Un grand concours de dithyrambe avait lieu à Athènes en même temps que le concours tragique. Il ne faut pas confondre le « dithyrambe » pour Dionysos et le « péan » pour Apollon, qui est un chant d'action de grâce, comme celui que conduisit par exemple Sophocle, à 16 ans, lors de la victoire de Salamine (480 av. J.-C.), l'année même d'ailleurs (divine coïncidence) où naquit le dernier grand auteur tragique, Euripide.

3. Sur Archiloque, rappelons trois fragments de son œuvre particulièrement suggestifs sur la guerre, sur la sagesse qu'il faut y montrer, sur la lâcheté à laquelle on s'abandonne parfois, comme sur la violence du désir de violence, comparable à la soif : « Vainqueur, n'exulte pas avec éclat ; vaincu, ne gémis pas prostré dans ta maison ; Savoure tes succès, plains-toi de tes revers, mais sans excès. Apprends le rythme qui règle la vie des humains » (fr. 118, Les Belles Lettres, p. 39) ; « Mon bouclier fait aujourd'hui la gloire d'un Saïen. Arme excellente, que j'abandonnai près d'un buisson, bien malgré moi. Mais j'ai sauvé ma vie. Que m'importe mon vieux bouclier ! Tant pis pour lui ! J'en achèterai un autre tout aussi bon » (fr. 13, p. 5) ; « Le désir de me battre avec toi, j'en meurs de soif » (*ibid.*, p. 40).

die est un spectacle, et il faut bien imaginer celui-ci, puisque c'est bien ce qui est donné.

Sans doute faut-il préciser d'abord que la réalisation scénique des tragédies grecques est toujours incertaine[1]. Mais il faut toutefois aussi rappeler qu'il s'agit de théâtre, et qu'au théâtre, les mots tiennent, par convention, souvent lieu des choses. C'est par les mots que l'on met en place les spectacles les plus extraordinaires, comme la cour puissante et richissime de Xerxès. Comme l'explique un critique contemporain :

> Les parties narratives de la tragédie ne sont pas les seules à renseigner sur ce qui s'est passé avant que les protagonistes entrent en scène. Le chœur nous présente le héros comme le ferait le conteur dans la narration. Ainsi, dans la plus ancienne tragédie connue, *Les Perses* d'Eschyle, le coryphée se présente-t-il : « Voici ceux que parmi les Perses, aujourd'hui partis pour la terre de Grèce, on nomme les Fidèles [...] ». Ensuite, lorsqu'Atossa entre en scène : « mais voici venir, pareille à la clarté qui sort de l'œil des dieux, la mère du Grand Roi, ma reine [...] ».
>
> Dans *The Stagecraft of Aeschylus*, Oliver Taplin appelle cela « entrance announcements », et il écrit que ces annonces d'entrée en scène sont « un phénomène lié à la scène avancée : elles sont rares, mais connues dans le théâtre proscénique. Comme les acteurs devaient parcourir une distance considérable pour entrer en scène ou quitter la tribune, les vers d'annonce servaient sans aucun doute à couvrir et accompagner ces longs mouvements ».
>
> Je pense que Taplin n'a pas tout à fait raison. Les annonces d'entrées en scène ne sont pas uniquement « un phénomène lié à la scène avancée », elles ont survécu dans certains genres dramatiques populaires où il fallait renseigner un public inaccoutumé aux conventions de la dramaturgie sur l'identité des personnages se présentant aux spectateurs. Dans le théâtre pour enfants, de nos jours encore, quand un roi entre en scène, il s'annonce : « je suis le roi ». Il peut paraître incongru de comparer les tragédies grecques avec les drames pour enfants, mais je pense que les spectateurs grecs devaient s'habituer aux conventions de la dramaturgie de la même façon que les enfants s'habituent aujourd'hui à ces mêmes conventions. Car le théâtre repose sur beaucoup plus de conventions qu'il nous semble, à nous qui connaissons le genre depuis deux mille ans déjà[2] [...].

Le théâtre joue avec les mots pour nous mettre en face des choses, et il ne faut pas surestimer l'importance des décors ou des accessoires, dès lors que l'on prend la mesure de la puissance des conventions sur lesquelles et avec lesquelles joue le théâtre. Certes, les problèmes de mises en scène ne

1. Voir Simon Goldhill, *Reading Greek Tragedy*, Cambridge, Cambridge University Press, 1986, p. 276-286.

2. Jovan Hristic, *Réflexions sur la tragédie d'Eschyle à Beckett*, Paris, L'Âge d'homme, « Archipel slave », 2009, p. 32-33.

sont jamais secondaires, et on peut même dire qu'à l'époque classique ou hellénistique l'abus de certains procédés techniques, le recours un peu trop fréquent à l'*eccyclème* et à la *mechanè* (le fameux *deus ex machina*, « parachuté », qui vient tout résoudre depuis sa grue) a pu donner au théâtre une dimension un peu superficielle, voire lui faire perdre un peu de cette grandeur sacrée, ou religieuse, qu'il possédait originellement. Les décors, la technologie, déjà les effets spéciaux ne se sont peut-être multipliés après Eschyle qu'à proportion que le théâtre perdait sa dimension « théologique [1] », pour ne plus devenir qu'un spectacle « pour les yeux », ou une suite d'intrigues plus ou moins psychologiques, même si cette évolution est complexe :

> Une des conséquences importantes de ces procédés pour l'histoire du théâtre est que l'usage fantastique de l'eccyclème dans les intentions les plus diverses dut précéder sa restriction à des dévoilements plus déterminés, plus typiques [...]. En matière d'architecture scénique, le théâtre classique se distingue du théâtre archaïque par une sélection et une spécialisation des procédés techniques [2].

Mais la tragédie classique ne vise pas d'abord à émerveiller le regard. Elle vise une forme de recueillement paradoxal, de retour sur soi qui est en même temps sortie de soi, de « purification » dira Aristote de manière énigmatique, qui a une portée à tout le moins plus morale, voire théologique qu'ostentatoire. Si nous devons pourtant visualiser *Les Perses*, puisqu'après tout, nous sommes au théâtre (*theatron* vient de *thea*, le spectacle ou la vue), c'est-à-dire le lieu où l'on voit, il nous faut suivre ici les indications précieuses de Raphaël Dreyfus [3] :

> Le drame se joue devant le tombeau de Darius, à faible distance du palais royal, où la reine se rend et d'où on la voit revenir, et près de la salle du conseil où devaient s'assembler les « féaux » (v. 140-141). Il semble qu'Eschyle situe ces lieux à Suse, capitale de l'empire et « ville de l'or », où était le trésor royal. Ignorait-il que le tombeau royal se trouvait en réalité près de l'autre capitale, Persépolis ? Peu importe, car ce qui compte ici pour le poète, ce n'est pas l'exactitude géographique, mais d'opposer symboliquement tout ce qui fait la grandeur de l'Empire perse, puissance et richesse, au tableau de sa déchéance [...].

1. Dans le théâtre archaïque, pour Reinhardt, « dramaturgie et théologie ne se bornent point à s'étayer l'une l'autre, elles vont jusqu'à coïncider » (Karl Reinhardt, *Eschyle, Euripide*, traduit de l'allemand et préfacé par E. Martineau, Paris, Minuit, 1972, p. 96). Inversement, « l'avènement même du drame à intrigue est impensable sans un retrait du divin lui-même » (p. 105).

2. Karl Reinhardt, *Eschyle, Euripide*, *op. cit.*, p. 96.

3. Raphaël Dreyfus, *Les Tragiques grecs, Eschyle, Sophocle*, Paris, Gallimard, « Bibliothèque de la Pléiade », 1967, p. 8-9.

> L'élément essentiel de ce décor était donc constitué par le tombeau, qu'il y eût ou non un « fond de scène » représentant le portique de la salle du conseil (le « Toit Antique »), où les « féaux », les « Fidèles », se disposent à se rendre. Mais il paraît difficile que le tertre supportant le tombeau occupât encore, comme cela fut sans doute le cas dans le théâtre primitif, le milieu de l'orchestra à la place du thymélè. La nécessité des évolutions du chœur qu'il ne devait pas masquer, celle de faciliter [...] l'arrivée de l'acteur qui, après avoir incarné le messager, devait s'y glisser sous le costume de Darius, dissimulé soit par les bas-côtés du monument, soit par la masse des choreutes, oblige nous semble-t-il à le reculer vers le fond de la scène, sinon à l'y accoter complètement : « praticable » plutôt que tertre massif.

Ainsi nous sommes à la cour de Xerxès, près du tombeau de Darius, qui ne se trouve pas étrangement à Persépolis, mais – contre la vérité historique ignorée ou méprisée par Eschyle – à Suse. Mais ce qui compte, c'est bien plus que le décor en lui-même l'opposition symbolique entre la richesse perse et la sobriété grecque. Décors symboliques, bien plutôt qu'historiques : l'important, pour la fiction théâtrale, c'est le sens des choses, non pas évidemment les choses dans leur réalité matérielle.

Il en va de même pour les costumes, sur lesquels nous ne sommes pas non plus trop bien renseignés :

> Les costumes, surtout celui de Darius, étaient vraisemblablement d'une splendeur tout orientale. Il est fait allusion dans le texte même aux sandales de safran du roi défunt et à sa tiare ornée de « phalères » ; mais il est impossible de savoir comment Eschyle concevait exactement cet ornement, car l'information du poète sur les choses perses paraît plus indirecte et anecdotique que réellement documentée. Il n'en a pas moins le goût de la couleur locale et d'un orientalisme brillant [1].

Ce qui compte là encore, ce ne sont pas les costumes dans leur authenticité historique, mais ce que, par exemple, la riche tunique de Xerxès, si souvent déchirée (d'abord dans le rêve d'Atossa, ensuite sur le trône doré où l'empereur perse assista, comme au théâtre, au désastre de Salamine, enfin lors du *kommos*, la grande déploration finale de notre pièce...), symbolise du pouvoir et du prestige du prince achéménide. Tout est en loques, ruiné, anéanti, après la défaite. Sans doute cette référence aux beaux costumes perses était-elle dans l'air du temps, et les marins grecs de Salamine avaient semble-t-il été impressionnés par ces tuniques larges d'Asie qui s'étalaient comme des méduses mortes autour des corps noyés et déchiquetés sur les récifs. Ces amples vêtements des Barbares ondoyant sur les flots,

1. Raphaël Dreyfus, *Les Tragiques grecs, Eschyle, Sophocle*, *op. cit.*, p. 8-9.

on les retrouve ainsi dans les *Guêpes* d'Aristophane, au v. 1087, « traits à la fois grotesques et pitoyables » comme le précise Mazon [1].

Mais là encore, décors et costumes, ou mises en scènes, passent par les mots : c'est le texte théâtral qui donne à voir, qui fait exister par la *mimesis*, l'imitation, la fiction verbale, ce qui n'existe plus, n'existe pas et n'a jamais existé. Le théâtre, fût-il le théâtre de la violence, de la guerre, le rappel d'un événement aussi contemporain et aussi bien connu par les premiers spectateurs d'Eschyle que la victoire de Salamine, est toujours un théâtre de mots, un théâtre d'ombres, une *skiagraphia*. Ultimement ce sont les mots et non les choses, qui font le théâtre tragique ; le travail du poète est celui de la parole, de son sens et de sa forme, avant d'être la mise en place d'effets scéniques, quoique sans ces effets, réels ou possibles, le théâtre ne serait évidemment pas le théâtre. C'est ce qu'Aristote avait d'ailleurs parfaitement vu en théorisant, pour la première fois, la tragédie :

> Ainsi donc le principe, et comme l'âme de la tragédie, c'est la fable. Les mœurs viennent en second lieu ; car l'imitation est l'imitation d'une action et, à cause de cette action, l'imitation de gens qui agissent. Puis, en troisième lieu, la pensée, c'est-à-dire la faculté de dire avec convenance ce qui est dans le sujet et ce qui s'y rapporte, partie qui, en fait d'éloquence, est l'affaire de la politique et de la rhétorique. En effet, les personnages que les anciens mettaient en scène parlaient un langage politique, et ceux d'aujourd'hui parlent un langage oratoire [...] En cinquième lieu vient la mélopée, partie la plus importante au point de vue du plaisir à produire. Quant à l'appareil scénique, c'est une partie qui, certes, entraîne les âmes, mais elle est indépendante de l'art et n'appartient en aucune façon à la poétique ; car la tragédie subsiste indépendamment de l'exécution théâtrale et des acteurs, et ce qui est essentiel pour la confection de l'appareil scénique, c'est plutôt l'art du costumier que celui du poète [2].

Mais pas plus que le théâtre n'est dépendant des choses réelles pour créer de la fiction et du sens (et dans la mesure même où le théâtre crée des choses avec des mots), il n'est pas davantage dépendant des événements historiques. Eschyle a-t-il correctement raconté la bataille à laquelle il avait participé, comme le suggère l'historien Plutarque dans sa *Vie de Thémistocle* ? Est-il avec sa tragédie un témoin fidèle de ce qu'il a vu (et d'ailleurs que voit-on d'une bataille, et d'une bataille aussi singulièrement confuse que Salamine ?) ?

1. Eschyle, *Tragédies*, édition et traduction de P. Mazon, Paris, Les Belles Lettres, 1920, p. 59.
2. Aristote, *Poétique*, ch. 6.

Comme l'explique encore Aristote, en comparant l'histoire à la poésie tragique, et en trouvant paradoxalement celle-ci plus « philosophique » que celle-là :

> Il est évident, d'après ce qui précède, que l'affaire du poète, ce n'est pas de parler de ce qui est arrivé, mais bien de ce qui aurait pu arriver et des choses possibles, selon la vraisemblance ou la nécessité. En effet, la différence entre l'historien et le poète ne consiste pas en ce que l'un écrit en vers, et l'autre en prose. Quand l'ouvrage d'Hérodote serait écrit en vers, ce n'en serait pas moins une histoire, indépendamment de la question de vers ou de prose. Cette différence consiste en ce que l'un parle de ce qui est arrivé, et l'autre de ce qui aurait pu arriver. Aussi la poésie est quelque chose de plus philosophique et de plus élevé que l'histoire ; car la poésie parle plutôt de généralités, et l'histoire de détails particuliers. [...] Il est évident, d'après cela, que le poète doit être nécessairement un faiseur de fables plutôt qu'un faiseur de vers, d'autant qu'il est poète par l'imitation : or il imite des actions ; donc, lors même qu'il lui arrive de composer sur des faits qui sont arrivés, il n'en sera pas moins un poète, car rien n'empêche que quelques-uns des faits arrivés soient de telle nature qu'il serait vraisemblable qu'ils fussent arrivés ou possible qu'ils arrivent, et, dans de telles conditions, le poète est bien le créateur de ces faits[1].

En un sens, Eschyle a « recréé » Salamine, il n'a pas imité la bataille, il l'a reforgée dans la « fiction », ce qui est un sens possible de ce mot grec intraduisible qu'est au final *mimesis*. Il en va ici de la réalité historique comme de la réalité mythique qu'utilisent les autres tragédies grecques : le problème n'est pas d'accéder à un véritable Oreste, à la vraie Antigone (cela n'aurait évidemment aucun sens), ou à la vraie bataille de Salamine (ce qui serait le propos d'un historien, depuis Hérodote jusqu'à nous), mais de voir ce qu'Eschyle ou Sophocle font du mythe, y compris de cette bataille « mythique » que fut Salamine, si un mythe est précisément ce qu'il faut toujours rappeler, raconter, ne jamais cesser de lire – *legenda* –, parce que, au-delà du vrai et du faux, il structure notre imagination et nos valeurs :

> Les tragédies sont des mythes, non parce qu'elles se servent de mythes existants, mais parce qu'elles les créent[2].

Mais aussi bien si la tragédie crée du mythe, crée du sens, elle est aussi (et exemplairement dans *Les Perses* sur le problème de la guerre), recherche d'un sens, d'une raison que les hommes ne trouvent pas, ou ne perdent

1. Aristote, *Poétique*, ch. 9.
2. Jovan Hristic, *Réflexions sur la tragédie d'Eschyle à Beckett*, *op. cit.*, p. 201.

que trop facilement. Nous verrons certes combien il est difficile de définir le tragique car, comme le rappelle Jean Bollack :

> Le tragique n'est pas un concept, ni une catégorie intemporelle. Il se diversifie et se particularise dans chaque tragédie [1].

Mais, dans la tragédie grecque, c'est le sens qui bien souvent fait défaut, même lorsque tout semble paradoxalement clair, une fois levée l'ambiguïté des songes et des oracles :

> Le désespoir est absolu. Il aboutit au « non-sens ». Il ne s'agit pas tant de la « crise du sens » selon la formule de Karl Reinhardt, plutôt d'une crise de conscience. Le sens est dans la crise, et elle est partout [2] [...].

La tragédie et la guerre (et exemplairement cette tragédie des *Perses* qui avait pour sujet un affrontement bien réel, et sanglant), mettent l'homme devant la nécessité de donner un sens à la souffrance, voire de trouver du sens par et dans la souffrance elle-même.

Eschyle : caractères généraux du tragique eschyléen

Qu'est-ce que le tragique, au-delà du genre littéraire que constitue la tragédie ? Le tragique n'existe peut-être nulle part ailleurs que dans les tragédies écrites et jouées par les auteurs tragiques, et il serait absurde de vouloir mettre au jour une « vision tragique » du monde qui serait indépendante des œuvres qui l'auraient concrètement portée et nourrie :

> L'invention de la tragédie grecque, dans l'Athènes du Ve siècle, ce n'est pas seulement la production d'œuvre littéraire, d'objets de consommation spirituelle destinés aux citoyens et adaptés à eux, mais à travers le spectacle, la lecture, l'imitation et l'établissement d'une tradition littéraire, la création d'un « sujet », d'une conscience tragique, l'avènement d'un homme tragique [...]. De même qu'il n'y a point d'oreille musicale en dehors de la musique et de son développement historique, il n'y a pas de vision tragique en dehors de la tragédie et du genre littéraire dont elle fonde la tradition [3].

1. Jean Bollack, *Dionysos et la tragédie : le dieu homme dans les* Bacchantes *d'Euripide*, Paris, Bayard, 2005, p. 85.
2. Jean Bollack, *Dionysos et la tragédie*, *op. cit.*, p. 109-110.
3. Jean-Pierre Vernant et Pierre Vidal-Naquet, *Mythe et tragédie en Grèce ancienne*, Paris, La Découverte, « Textes à l'appui. Histoire classique », II, 1972, p. 83.

Mais ne peut-on pas aussi rechercher l'essence du phénomène tragique hors des cadres du théâtre, comme une opposition insurmontable, par exemple une « guerre » ou un « *agôn* » de soi avec soi, une déchirure tellement intime de la personne ou de la cité que rien ne pourrait vraiment recoudre, car aucun lien n'aurait été brisé, si ce n'est la chair vive et sans couture de la vie individuelle ou collective ? Dans le tragique, ce ne sont pas deux camps qui s'affrontent, mais un seul être qui se brise, qui « agonise » dans un combat perdu d'avance contre lui-même, puisqu'il ne peut (se) gagner qu'en (se) perdant : « Tragique est la conscience de soi-même comme d'un ennemi » disait Hegel. « Je veux m'allier au noir désespoir contre mon âme, et de moi-même devenir l'ennemi[1]. » En un sens, Xerxès est son principal ennemi[2], comme les Perses ne sont finalement pas si étrangers aux Grecs, ainsi que le suggère le rêve d'Atossa : Salamine est aussi une lutte fratricide (ne serait-ce que par la collaboration de troupes ioniennes aux côtés des Barbares, collaboration que ne relève guère Eschyle) :

> À mes yeux deux femmes sont apparues,
> Bien vêtues, l'une parée d'une robe perse,
> L'autre d'une robe dorienne : les plus belles
> Des femmes de ce temps [...] sœurs d'une même race [...].

Le tragique, au-delà d'une opposition intime, ne serait-ce pas encore l'expérience de l'*hybris*, de cette démesure qui condamne l'homme égaré par *ate*, l'erreur, et par *apate*, la tromperie, à souffrir le châtiment immanent de l'orgueil qui, pour avoir méprisé ou simplement méconnu le réel, est écrasé sans ménagement par la « dure » réalité ?

> Zeus a ouvert aux hommes les voies de la prudence, en leur donnant pour loi : « Souffrir pour comprendre ». Quand, en plein sommeil, sous le regard du cœur, suinte le douloureux remords, la sagesse en eux, malgré eux, pénètre[3].

Et il est vrai, comme nous le verrons plus loin, que ce thème de la démesure punie est bien présent chez Eschyle et plus précisément dans *Les Perses* :

1. William Shakespeare, *Richard III*, acte II, scène 2, v. 36-37.

2. « La Reine Atossa — C'est auprès de méchants hommes qu'il prend conseil, l'ardent Xerxès ! Ils répètent que toi, la richesse immense de tes enfants, tu l'as conquise à la pointe des armes : mais que lui, le lâche, il reste à se battre chez soi, sans accroître cette richesse. Comme sans cesse il entendait les sarcasmes de ces méchants, il a arrêté le chemin de cette expédition en Grèce. » (v. 753-758)

3. Eschyle, *Agamemnon*.

> DARIUS — Or là les guette encore l'apogée de leurs maux, prix de leur présomption, de leurs pensées impies. Car les soldats en terre grecque, sans scrupule, ont pillé les statues des dieux, brûlé les temples, fait disparaître les autels [...]. S'ils ont fait tout ce mal, ils subissent des maux qui ne sont pas moindres [...]. Quelle offrande de sang les lances des Doriens s'en vont répandre sur la terre de Platée ! Pour trois générations, ces monceaux de cadavres témoigneront muettement aux yeux des hommes qu'un mortel ne doit pas viser plus haut que lui. La présomption en fleurissant donne un épi d'aveuglement, et l'été moissonne des larmes... Zeus punisseur tient des comptes sévères : il s'abat sur les pensées par trop orgueilleuses. (v. 800-827)

Il faut apprendre de ses fautes, comme le conseillera par procuration, et prudemment, le fantôme de Darius à son fils[1]. Les Perses auront payé cher le savoir qu'il ne faut plus attaquer la Grèce, car c'est la terre de Grèce elle-même qui est une protection[2].

Le tragique ne serait-ce pas encore le sentiment que nos actions nous échappent, qu'elles connaissent une forme de « double déterminisme » ? Quand un personnage d'Eschyle agit, son acte ne lui semble-t-il pas totalement libre et, en même temps, cet acte ne lui semble-t-il pas aussi totalement dépendant d'une décision qui n'est pas la sienne, et qui emporte, précisément, et irrésistiblement, sa volonté ? Comme l'explique Emmanuel Martineau, traducteur et commentateur de *Eschyle* de Karl Reinhardt :

> L'affaire propre de la poésie d'Eschyle est la compénétration (*das Ineinandersein*), l'unité conflictuelle et la coïncidence [...], l'ajointement serré (*die In-einsGefügtheit*) de la volonté de l'homme et du règne des dieux. En effet, « un pur domaine de l'humain n'ayant pas encore fait sécession du tout de la divinité », jamais « le héros eschyléen ne faisait un pas vers une existence propre, séparée, prise en elle-même[3] ».

Et il est vrai que pour Xerxès tout se passe comme s'il avait librement, par sa propre folie, par son *hybris* pour ainsi dire personnel, poussé les oracles divins à se réaliser. Agir, c'est agir à partir de soi, de notre libre initiative, comme si nous portions l'entière responsabilité de nos actes ; mais agir, c'est toujours aussi chez Eschyle être agi par une puissance plus forte, plus haute, qui nous meut de l'intérieur plus intimement que nous-mêmes ou qui nous contraint de l'extérieur, comme une injonction sacrée à laquelle il est impossible, en fait et parfois en conscience, de ne pas obéir :

1. « DARIUS — Xerxès, mon fils, est jeune ; en ses jeunes pensées, il ne se souvient pas de mes conseils ».

2. « DARIUS — Il ne faut plus mener d'expédition en Grèce [...] Là-bas, la terre même est pour eux une alliée » (v. 790-792).

3. Karl Reinhardt, *Eschyle, Euripide*, *op. cit.*, p. 10.

DARIUS — Hélas, comme ils se sont vite réalisés tous ces oracles [...] ! J'avais l'espoir que les dieux tarderaient à les réaliser. Mais qui se hâte vers sa perte, il trouve un dieu pour l'assister ! On dirait que les miens ont su trouver la source du malheur ! Mon fils, cet inconscient, aura agi en jeune téméraire : il s'est flatté de contenir le cours de l'Hellespont sacré, de ce Bosphore où coule un dieu, comme un esclave dans des liens ! La passe, il l'a dénaturée, enserrée d'entraves forgées, fabriquant ainsi un chemin immense pour l'immense armée. Simple mortel, il s'est imaginé qu'il vaincrait tous les dieux, et Poséidon même – l'imprudent ! Comment est-il possible ? Il faut que la démence ait possédé mon fils ! (v. 739-751)

Démence individuelle ou fatalité divine ? « Double causalité » : Il faut bien les deux explications dans une tragédie d'Eschyle pour expliquer un tel désastre, lors même qu'une seule de ces raisons serait logiquement suffisante.

Le tragique, ne serait-ce pas finalement le sentiment qu'un pouvoir divin, sacré, « numineux », positif, nous déborde et décide finalement de notre « sort », nous révélant ainsi notre impuissance insurmontable, lors donc et parce que nous nous imaginions tout-puissants ? C'est le thème récurrent dans la pièce du « daïmon », cette force de nature plus qu'humaine, inhumaine, qui pousse les êtres dans son sens, et n'a souvent pas plus de sens que le vent, tant elle paraît défier la raison et les calculs humains les plus assurés (comme la supériorité numérique de la flotte perse sur l'armée grecque, si incontestable et si dérisoire[1]). On pourrait ici multiplier aisément les renvois :

LA REINE ATOSSA — Ô daïmon hostile [...] Mon fils aura cherché contre Athènes la glorieuse une revanche bien amère. N'étaient-ils pas assez nombreux les barbares tués à Marathon ? (v. 472-476)

Ou bien :

LE CORYPHÉE — Ô daïmon implacable ! (v. 515)

Plus loin encore :

XERXÈS — Lancez votre chant de douleur, et de souffrance et de malheur,
Puisque le daïmon s'est retourné contre moi (v. 935-943)

1. « Le dirais-tu qu'ici nous étions dépassés ?
Il faut qu'un daïmon ait anéanti l'armée,
Et chargé la balance d'un sort inégal.
Les dieux sauvegardent la cité de Pallas » (v. 337-347)

Et surtout :

LE CHŒUR — Hou la la la, daïmons,
Vous avez fait tomber sur nous, à l'imprévu,
Un mal fulgurant comme le regard d'Até. (v. 1004-1007)

Le tragique est en l'espèce le sentiment d'être dépossédé de son propre destin, et cette expérience de dépossession devient le destin lui-même.

Mais comme le dit Jacqueline de Romilly, le théâtre d'Eschyle nous donne surtout à voir « la tragédie de la justice divine », quand celui de Sophocle est la « tragédie du héros solitaire ». Partout, dans le sentiment d'une opposition intérieure, d'un châtiment de l'*hybris*, dans le sentiment d'une « double causalité », dans celui d'être écrasé par un destin qui ultimement nous échappe, c'est paradoxalement le problème de la justice qui est posé : dans quelle mesure ai-je vraiment écouté ma raison, dans quelle mesure me suis-je injustement conduit, ai-je seulement agi « librement », ai-je mérité le châtiment apparemment disproportionné qu'infligent les dieux ?

> Mais ce qui donne sa portée au drame ainsi vécu par les Perses est la découverte progressive de son sens, c'est-à-dire la découverte progressive du rôle qu'y joue la justice divine [1].

Tout tourne finalement autour de la révélation d'un ordre supérieur, et d'une douloureuse prise de conscience de soi-même au sein de cet ordre :

> Le ton du roi Darius est prophétique et il a la majesté de l'au-delà. Mais surtout ses paroles achèvent la mutation intérieure qui fait que, contre les Perses, le vrai protagoniste n'est ni Thémistocle, ni Athènes, ni les Grecs, mais la volonté divine. Au cœur de la pièce, celle-ci est révélée. Et cette révélation contribue pour une large part à donner aux longues plaintes, qui remplissent la fin de la pièce, leur poids tragique. En effet, les douleurs des Perses ne semblent pas s'étendre dans le temps en un malheur irrémédiable : elles se doublent, après une telle scène, d'un sentiment d'effroi devant la puissance des dieux ; et cette puissance sans jamais agir au hasard, apparaît comme assez sévère pour que l'obscure conscience d'une culpabilité se combine, à nos yeux, avec l'horreur de l'impuissance [2].

Les hommes sont dans le monde, le *cosmos* divin, à la fois mi-responsables et mi-victimes de leurs fautes, pris dans un piège préparé par les dieux, ou pris dans le piège qu'ils se sont eux-mêmes préparés, tant devient ici indécise la limite entre l'action libre des hommes et le pouvoir contraignant du divin, entre la faute commise de bon gré que punit le

1. Jacqueline de Romilly, *La Tragédie grecque*, *op. cit.*, p. 56.
2. Jacqueline de Romilly, *La Tragédie grecque*, *op. cit.*, p. 57-58.

châtiment, d'une part, et la fatalité d'une autre part, qui est déjà en soi-même une forme de châtiment, et qui mène malgré soi à la faute :

> Mais le piège qu'ourdit un dieu,
> Quel mortel pourra l'éviter,
> Bondissant d'un élan léger, d'un pied vif ?
> Atè, cette enjoleuse, égare
> L'homme pour le prendre en ses rêts ;
> Nul ne saurait se sauver d'elle
> Par la fuite. (v. 98-101)

Atè, la tromperie, est celle qui nous trompe passivement, mais aussi bien celle que les hommes emploient volontairement, activement, pour s'aveugler eux-mêmes. Les hommes choisissent en somme ce qu'ils ne choisissent pas, c'est-à-dire la faute tragique ou l'*hamartia*, selon une réversibilité énigmatique de culpabilité et d'innocence que nous étudierons plus loin.

Cette obsession de la justice divine, cette hantise[1] qui parcourt le théâtre eschyléen, est-elle psychologique ou culturelle, propre à Eschyle ou caractéristique de la « grande génération » de Marathon dont il faisait fièrement partie ? La question est oiseuse. Nous ne savons quasiment rien sur l'auteur des *Perses*, si ce n'est, précisément, ce que dit directement et indirectement son théâtre. Nous ne connaissons même pas les idées politiques de celui qui fut sans doute un « eupatride », un aristocrate, à une époque où la vie publique athénienne était cependant fort troublée par la lutte entre les « conservateurs » et les « démocrates » : Ephialte, le chef du parti populaire, qui réforma dans un sens démocratique le vieux tribunal de l'Aréopage, fut ainsi assassiné en 461.

> Eschyle né vers 525 a environ 18 ans lors de la grande réforme de Clisthène qui déboucha sur la démocratie [...] En 472, son « chorège », c'est-à-dire le riche athénien qui finance sa tétralogie dont la seconde pièce, seule conservée, est les Perses, est Périclès alors âgé d'environ 20 ans [...]. Ce choix peut indiquer que le poète est alors dans le camp démocrate.

Mais, inversement, son épitaphe exalte sa participation à Marathon :

> Mentionner Marathon, ignorer Salamine, peut être considéré comme un choix idéologique, celui de la République des hoplites contre celle beaucoup plus nombreuses, des marins.

1. « Xerxès — Pour moi, certes, quelle hantise (*iunx*) [...] » (v. 998) *Junx* a un sens magique, celui d'un « sort » qui s'attache à nous.

Jusqu'à l'orientation politique des œuvres, tout est problématique, fort disputé, fort confus :

> Le final de l'Orestie qui glorifie le rôle judiciaire de l'Aréopage a pu être interprété et comme une apologie d'Ephialte, et comme une critique d'Ephialte[1].

Il n'y a finalement que la lecture interne du texte qui puisse réellement nous donner les conceptions « tragiques » d'Eschyle, et notamment son rapport manifestement si complexe à la guerre, à Marathon, à Salamine, à l'Arès « *alterneur* » qui fait pencher la balance dans les combats, et qui sème largement la désolation, même si le contexte « politique » des *Perses* reste, évidemment, essentiel pour la bonne compréhension de l'œuvre.

LE CONTEXTE POLITIQUE ET RELIGIEUX.
LES PERSES, TRAGÉDIE « POLITIQUE » OU « ANTI-POLITIQUE »

Mais la tragédie est-elle vraiment un spectacle politique ? En un sens, nul ne saurait contester la dimension politique de la tragédie grecque, mais

> La tragédie grecque ne se résume pas à une représentation maîtrisée que la Cité veut donner d'elle-même[2].

Dans la tragédie se joue autre chose que la politique, quelque chose que la politique ne peut pas prendre en charge. Certes, on peut interpréter *Les Perses* de manière ironique, voire cruelle, plutôt que d'y voir une forme de compassion ou d'empathie pour l'ennemi redoutable hier, et aujourd'hui vaincu. Il est toujours agréable de mesurer le malheur d'anciens adversaires :

> XERXÈS — Peine pour nous, c'est joie pour l'ennemi. (v. 1034)

Le public grec, et spécialement athénien, devait sans doute se réjouir, par un sentiment bien compréhensible de revanche, en voyant le grand Empereur des Barbares en haillons, avec une tunique déchirée (même si, à en croire Aristophane dans les *Grenouilles*, c'est bien plutôt Euripide qui aimait particulièrement montrer ses personnages malheureux avec des

1. Jean-Pierre Vernant et Pierre Vidal-Naquet, *Mythe et tragédie en Grèce ancienne*, *op. cit.*, p. 97-98.
2. Nicole Loraux, *La Voix endeuillée. Essai sur la tragédie grecque*, Paris, Gallimard, « NRF Essais », 1999, p. 28.

vêtements misérables, lacérés, quand Eschyle aimait leur conserver dignité et grandeur, jusque dans les pires revers de fortune) :

XERXÈS — J'ai déchiré ma robe en voyant ce malheur. (v. 1030)

Il y a même quelque excès comique dans les déplorations de Xerxès qui achèvent la pièce, et qui semblent perdre cette mesure dans la plainte que réclamait Archiloque au VIIe siècle. Non seulement son carquois est vide, symbole d'une grandeur militaire ruinée, mais il semble comme dévirilisé par le malheur, geignant comme une « pleureuse » populaire :

XERXÈS — Et voici mon carquois [...] J'y serrais mes précieuses flèches. (v. 1020-1022)

Et s'il ne faut pas sur-interpréter le caractère ridicule des onomatopées et des assonances expressives du *kommos* ou déploration finale, les *aï aï* et les *oïoïoï* qui sont évidemment traditionnels, voire « rituels » (au sens religieux), il n'est pas non plus absolument interdit d'y lire un possible effet comique.

LE CHŒUR — Je lancerai, pour accueillir ton retour, un cri de malheur, lancerai la plainte affligée du pleureur de Mariandynie, cri de douleur mêlé de larmes
LE CHŒUR — Crie, hou la la (oïoï). (v. 955)
XERXÈS — Hélas, hélas, hou la la la (Iê iê iô iô).
XERXÈS — Revers inouï, revers inouï ! (nea nea dua dua). (v. 1010)
LE CHŒUR — Hélas, hélas (Papaï, papaï). (v. 1031)
XERXÈS — Bats ta poitrine, et chante la plainte mysienne. (v. 1054).

Ne serait-ce pas plutôt à des femmes de pleurer ainsi, comme ce devait être d'ailleurs le cas dans les *Phéniciennes*, en 476 ? Dans la substitution par Eschyle d'un chœur d'hommes graves et de conseillers âgés, au chœur des femmes choisi par son rival Phrynicos, Mazon voyait une volonté de donner à l'événement de Salamine une portée plus décisive, une dimension plus historiquement déterminante. On pourrait aussi bien arguer qu'il s'agit simplement, après tout, de féminiser le combattant autrefois craint, et désormais lamentable...

Cependant, comme le fait remarquer Nicole Loraux, le théâtre n'est pas sur l'agora[1]. Et ce décentrement du théâtre, par rapport au centre

1. « Vraisemblablement au début Du Ve siècle (c'est-à-dire peu de temps après la réforme clisthénienne), le théâtre quitte l'agora, que son nom même de *ageiro*, rassembler, semblerait pourtant inviter à rassembler tous les rassemblements civiques, pour s'installer au pied de l'Acropole, tout comme l'assemblée (*ekklesia*) avait quitté l'agora pour s'installer sur la Pnyx », Nicole Loraux, *La Voix endeuillée*, *op. cit.*, p. 29.

politique de la Cité, doit nous alerter : dans la tragédie, il y a peut-être aussi la possibilité de ne pas réduire les hommes à leur simple identité politique. Un homme, fût-il athénien, peut comprendre la peine d'un autre homme, fût-il un barbare : au théâtre, pour Nicole Loraux, « le spectateur se découvre mortel plus encore que citoyen ».

Le *kommos* final (du verbe *kopto*, qui signifie battre sa poitrine) est un chant de malheur, qui est peut-être excessif, mais qui touche les hommes dans ce qu'ils ont en commun : la douleur d'avoir perdu des proches, des familiers (ce qui était d'ailleurs le cas pour Eschyle, à Marathon). Une fois que l'on a combattu l'ennemi, qui est « contre » nous, n'est-il pas encore possible de pleurer « avec » lui sur des malheurs avec lesquels nous sympathisons parce qu'ils sont humains, et que « rien de ce qui est humain » ne peut nous être entièrement « étranger », pour reprendre la célèbre formule de l'humanisme latin[1] ?

> LE CHŒUR — Vieux, il leur faut alors apprendre
> Jusqu'où peut aller la douleur. (v. 582-583)

Ou encore :

> LE CORYPHÉE — En gémissements languissants, les femmes perses pleurent leurs époux : que le mariage fut court ! Elles quittent leurs lits aux étoffes moelleuses, plaisirs d'une jeunesse langoureuse, pour jeter, affligées, des plaintes infinies. Et moi, certes, le sort de ceux qui sont partis, il m'appartient d'en célébrer toutes les peines. (v. 541-547)

Ces lamentations évoquent « en général » les souffrances de la guerre, et en visant des morts précis, que l'on pourrait nommer, comme le chœur appelle en de longues et douloureuses listes de patronymes les généraux perses qui ne reviendront pas, chacun peut y retrouver cependant une émotion universellement communicable. Les morts ont certes des noms, car la mort n'est pas anonyme, à la différence d'ailleurs des vainqueurs grecs, comme s'il s'agissait d'abord pour les Athéniens d'une victoire collective, « démocratique » ou « civique », plus que de l'exploit personnel d'un Thémistocle ou d'un Aristide, victoire de la Cité et non pas prouesse héroïque de tel ou tel citoyen[2]. Mais si la mort n'est pas anonyme, elle est

1. Térence, *Héautontimorouménos*, v. 77.

2. Comme le rappelle Madeleine Jost : « Au retour de la bataille d'Eion en 476, le peuple avait accordé aux généraux athéniens des honneurs qui passaient alors pour insignes : l'érection de trois Hermès "à condition qu'on n'y inscrirait point leurs noms, pour éviter que l'inscription ne parût glorifier les généraux plutôt que la nation". »

notre lot commun, notre *moïra*, le « sort » que l'homme ne peut pas ne pas tirer, quel que soit son nom, Persée, Darius ou Xerxès.

Il ne s'agit pas d'aimer ceux qui nous persécutent, comme le voudrait le christianisme, mais de comprendre que les douleurs qui les touchent, ne peuvent les affecter que parce qu'ils sont « mortels » comme nous : leur infortune, ou leur angoisse, trouve nécessairement un écho dans notre propre faiblesse.

> À nouveau, par l'évocation du deuil, contre la prescription de l'oubli par la cité, elle bouleversera le spectateur, elle l'incitera à dépasser son appartenance à la communauté civique pour saisir son appartenance, plus essentielle encore, à la race des mortels. Car tel est bien à jamais le dernier mot que chante, au spectateur plus qu'au citoyen, la voix endeuillée de la tragédie [1].

Les Perses est un chant de deuil, mais ce chant dépasse peut-être largement la seule bataille de Salamine et le drame de Xerxès. La tragédie ménagerait, dans le cadre des vertus patriotiques, une place à ce qui dépasse par principe la citoyenneté, c'est-à-dire l'appartenance à une même condition mortelle :

> La tragédie, à l'opposé du discours civique, dit, grâce à l'oratorio, le deuil ineffable [2].

Il ne faudrait d'ailleurs pas voir ici un trait « religieux » conservé par la tragédie, comme si la religion visait une forme d'universel, cependant que la *polis* s'identifierait au particulier concret de la communauté. Car la religion grecque est d'abord civique, et cela se mesure précisément dans la guerre. Si Arès n'occupe au final qu'une « place secondaire » chez les Olympiens, en tant même qu'il est un dieu brutal (responsable du premier crime de sang sur l'Aréopage, la colline d'Arès), et un peu lâche avec son arc qui tue à distance (quand Héraclès a le courage, avec sa massue, de se battre cops à corps), reste que :

> À part un très petit nombre de divinités, tous les dieux et héros, tant locaux que panhelléniques, peuvent d'une manière ou d'une autre être mis en rapport avec l'armée et la guerre [3].

La guerre est entourée d'un climat éminemment religieux, depuis la *sphagia*, le sacrifice propitiatoire avant la bataille, jusqu'à *l'épinikia*, le

1. Nicole Loraux, *La Voix endeuillée*, *op. cit.*, p. 137.
2. Nicole Loraux, *La Voix endeuillée*, *op. cit.*, p. 45.
3. Madeleine Jost, *Aspects de la vie religieuse en Grèce*, *op. cit.*, p. 141.

sacrifice d'action de grâces après une victoire. Mais surtout, les dieux grecs autres qu'Arès peuvent quasi tous avoir une dimension belliqueuse, et notamment Athéna, déesse pleinement guerrière : la statue votive d'Athéna *Promachos* fut ainsi dédiée sur l'Acropole en 476 av. J.-C., quatre ans avant *Les Perses*. Et les « épiclèses » d'Athéna, c'est-à-dire les épithètes rituelles, ou la titulature qui accompagne un dieu, sont ici fort suggestifs : Athéna est *Soteira* (salvatrice) ou *Nikè* (victorieuse). Comme le rapporte d'ailleurs Plutarque :

> Avant la bataille de Salamine, on vit une chouette [l'oiseau d'Athéna] voler du côté droit de la flotte et se poser au sommet du mât du navire de Thémistocle [1].

Tout dieu, ou presque, du panthéon grec a potentiellement une dimension guerrière, et peut se mettre au service de la Cité combattante.

Mais Dionysos, pour qui on sacrifia peu avant la bataille de Salamine [2], est après tout un dieu qui, selon les mythes, vient de « loin » par un long détour ou pèlerinage asiatique, un dieu qu'on ne peut jamais tout à fait retenir dans les limites humaines, qui passe les « bornes » et qui peut mieux qu'un autre, peut-être, comprendre qu'« ailleurs » on souffre tout comme « ici ».

1. Plutarque, *Vie de Thémistocle*, XII, 1.

2. Voir plus bas, le problème des sacrifices humains à Dionysos *Omestes*, le mangeur de chair, rapportés par Plutarque avant la bataille.

Le « théâtre » de la guerre dans *Les Perses* : du texte à la réalité

Mais si *Les Perses* est une pièce de théâtre, cette pièce nous donne aussi à voir le « théâtre » de la guerre en différents moments : celui de l'inquiétude et de l'angoisse, celui du combat et de la violence, et enfin celui du deuil.

Plan détaillé[1]

Toute tragédie grecque comporte normalement un *parodos* (une entrée) et un prologue, des *épisodes* (trois, comme dans *Les Perses*) entrecoupés par un *stasimon* (qui est un chant exécuté par le chœur, et qui constitue comme un intermède lyrique) et un *exodos* (une sortie). Voici le plan formel de la tragédie telle qu'il est établi par R. Dreyfus[2] :

Parodos-Prologue

a/ Partie anapestique : v. 1-64.
b/ Partie lyrique : v. 65-139.
c/ Conclusion anapestique : v. 140-148.

Il s'agit pour le chœur et le coryphée d'exposer la situation. Les conseillers de Xerxès entrent et se présentent :

> Le Coryphée — Voici d'entre les Perses qui s'en sont allés en terre grecque, ceux qu'on nomme les Fidèles, Gardiens du somptueux palais doré, eux qu'en vertu de leur grand âge […]. (v. 1-4)

Immédiatement, l'angoisse se fait jour de ne plus revoir les guerriers perses partis à la conquête de l'Europe :

> Le Coryphée — Le tourment point le cœur de mon cœur. (v. 10-11)

1. Nous ne nous interdisons pas, dans chacune des parties, de citer des vers de passages antérieurs ou postérieurs pour clarifier, par prolepse ou analepse, la situation qui y est décrite.
2. Raphaël Dreyfus, *Les Tragiques grecs, Eschyle, Sophocle*, *op. cit.*, p. 13.

Le chœur évoque les lieux de la Patrie qu'ont quittés, de manière peut-être définitive, les Barbares à la suite de Xerxès :

> LE CORYPHÉE — Ils ont quitté Suse, Ecbatane, le vieux rempart de la Kissie [...]. (v. 16-17)

Ils ont quitté « Sardes la dorée » (v. 45).

Certes, l'armée perse semble invincible :

> LE CORYPHÉE — Triomphants archers, cavaliers effrayants, que leur âme intrépide rend redoutables à la guerre. (v. 25-27)
> LE CORYPHÉE — Ha, quel spectacle formidable ! Ils se flattent, les voisins du Tmolos sacré, de jeter sur la Grèce un joug de servitude. (v. 48-50)
> Contre des soldats fameux par la lance, il mène en triomphant par l'arc les batailles d'Arès. (v. 85-86)
> Ce grand flot d'hommes, qui pourrait l'endiguer, quels fermes remparts – aussi bien arrêter la mer qui déferle, irrésistible ! (v. 87-89)

Mais l'armée perse laisse derrière elle des enfants et des femmes éplorés :

> LE CORYPHÉE — Voyez la fine fleur des hommes de notre Perse qui s'en va ; eux qu'a nourris le sol de l'Asie – qu'ores il pleure d'un regret ardent ; et les enfants, les épouses, cependant qu'ils comptent les jours, tremblent du temps qui passe. (v. 59-64)
> Et les lits sont tout pleins de larmes qui coulent du regret des hommes ; les femmes perses, de douleur prostrées, languissent de l'aimé : celle qui a laissé partir son vaillant époux reste seule, sous le joug. (v. 133-139)

Surtout, une angoisse se réveille : celle d'une faute commise contre les dieux, l'*hybris* d'avoir passé d'Asie en Europe en ne respectant pas les frontières naturelles que le divin avait fixées. Si les dieux avaient séparé l'Europe de l'Asie, comment un mortel a-t-il pu franchir et lier ce que la puissance divine avait distingué et écarté, les deux rives du Bosphore qui font des Grecs et des Perses précisément des « rivaux » ?

> LE CHŒUR — Maintenant elle a traversé l'armée du roi, dévastatrice, et rejoint la terre voisine sur l'autre rive en franchissant par un pont encordé de lin le détroit d'Hellé, fille d'Athamas – Lançant par-dessus ce chemin bien chevillé, tel un joug que l'on jette au collier de la mer. (v. 65-72)
> Mais le piège qu'ourdit un dieu, quel mortel pourra l'éviter, bondissant d'un élan léger, d'un pied vif ? Atè, cette enjoleuse, égare l'homme pour le prendre en ses rêts ; nul ne saurait se sauver d'elle par la fuite. (v. 98-101)

Que réserve au final la guerre ? La victoire ou la défaite ? C'est une incertitude angoissée qui point ainsi chez le chœur :

> LE CORYPHÉE — Est-ce l'élan vainqueur de l'arc, ou bien la force de la lance coiffée de fer, qui a eu le dessus ? (v. 148-149)

La crainte, aussi, que les dieux ne se retournent contre les Perses, que les Barbares ne soient abandonnés des puissances numineuses qui décident du sort des hommes et des empires :

> LE CORYPHÉE — À moins que le daïmon ancien n'ait abandonné notre armée. (v. 158).

Tout ceci crée une atmosphère lourde, apeurée, qui donne le ton de la tragédie :

> Pourtant mon cœur, voilé d'une tunique noire, se déchire de crainte [...]. (v. 115-116)

Premier épisode (v. 149-531)

a/ La Reine (Atossa) et le chœur

b/ Le messager : récit et *kommos* (lamentations)

Entre la reine Atossa, femme de Darius et mère de Xerxès. Elle semble déjà angoissée par l'absence de son fils, premièrement parce qu'elle est une mère, et secondement parce qu'une telle absence fragilise l'Empire perse :

> LA REINE ATOSSA — Une pensée me déchire le cœur : amis, je vous dirai que partout me suit cette crainte, que trop de richesse ne jette au sol, dans la poussière, la prospérité qu'édifia Darius, favorisé d'un dieu. Une angoisse sans nom, double, hante mon esprit : qu'on ne respecte plus des richesses sans maître, qu'un maître sans richesse n'ait plus tout l'éclat que sa force vaudrait [...]. (v. 161-168)

À cette angoisse naturelle et consciente, s'ajoutent les craintes suscitées par un rêve, où il n'est pas difficile (sauf peut-être pour les Conseillers, les Fidèles...) de lire symboliquement l'opposition entre l'Europe et l'Asie, et la victoire (prémonitoire ?) de celle-là sur celle-ci :

> LA REINE ATOSSA — À mes yeux deux femmes sont apparues, Bien vêtues, l'une parée d'une robe perse, L'autre d'une robe dorienne : les plus belles des femmes de ce temps [...] sœurs d'une même race [...]. L'autre se débattait : de ses mains, elle met En pièce la bride, qu'elle emporte avec force [...] Alors tombe mon fils – et son père apparaît. Darios le plaint ; Xerxès, aussitôt qu'il le voit, met en lambeaux sa robe sur son corps. Voilà, certes, ce que je dis avoir vu cette nuit. (v. 181-200)

Le rêve prémonitoire, à condition d'être correctement interprété, est une figure traditionnelle de la tragédie. Mais l'angoisse induite par le rêve est encore renforcée par le sacrifice qui l'a suivi, et qui avait pour fonction de neutraliser son éventuel caractère néfaste. Tout au contraire, le sacrifice de neutralisation devient lui-même l'occasion d'un signe à interpréter :

> LA REINE ATOSSA — Et là je vois un aigle fuir vers le foyer de Phoïbos. Muette de crainte, oh mes amis, j'aperçois alors un épervier qui fond sur lui à tire-d'aile, et qui déchire de ses serres les plumes de sa tête [...] scène pour moi terrible à voir, et pour vous à entendre. (v. 205-211)

Le « milan » grec vient de terrasser « l'aigle » perse, qui protège sa *tête* (Xerxès ?), mais sacrifie son *corps* (l'armée ?). Faut-il y voir une préfiguration symbolique de l'avenir ?

La reine Atossa (car même si elle n'est jamais nommée dans la pièce, c'est bien Atossa qui fut l'épouse de Darius et la mère de Xerxès) cherche donc à y voir plus clair et à éventuellement se réconforter en interrogeant le chœur :

> LA REINE ATOSSA — Où dit-on qu'est Athènes, sur la terre. (v. 230)
> LE CORYPHÉE — Au loin vers le couchant où décline le soleil, notre maître. (v. 231)
> LA REINE ATOSSA — Mais alors ils ont sous la main des forces armées si nombreuses ? (v. 235)
> LE CORYPHÉE — Leur armée est telle qu'elle a déjà fait bien du mal aux Mèdes. (v. 236)

Ce qui surprend la reine, c'est à la fois la puissance militaire des Athéniens, qui ne sont pourtant pas très nombreux, et leur organisation politique :

> LA REINE ATOSSA — Et la flèche que décoche un arc tendu, en font-ils usage ? (v. 239)
> LE CORYPHÉE — Non : mais des épées que l'on tient ferme, des cuirasses, des boucliers. (v. 240)
> LA REINE ATOSSA — Qui est leur chef? quel est-il, celui qui commande à leur armée ? (v. 241).
> LE CORYPHÉE — Ils ne peuvent être dits ni esclaves, ni sujets de personne. (v. 242).

Il y va ici d'une double opposition : celle du quantitatif, le nombre des soldats, au qualitatif, leur courage et leur habileté, d'une part, celle d'un ordre autocratique à une organisation démocratique d'autre part. Comme le rappelle Atossa (et à la différence des magistrats athéniens), Xerxès règne sur la Perse sans avoir à rendre des comptes : La Perse lui appartient, il y est le maître, lors donc que ce sont les Athéniens qui appartiennent à Athènes et obéissent à ses lois :

> La Reine Atossa — Mais s'il faillit, il ne doit aucun compte à la cité. En tout cas, s'il est sauf, il est maître de cette terre. (v. 214-215)

Arrive enfin le messager, témoin oculaire contre toute vraisemblance (en dépit de l'exceptionnelle qualité des messagers perses que rappelle Hérodote[1]) qui annonce le désastre de Salamine en trois temps :

> Le messager — La fleur des Perses s'en est allée, est tombée [...]. (v. 252)
> Le messager — C'est en témoin, et non en répétant les paroles d'un autre [...]. (v. 266).
> Le messager — Les arcs n'ont pas suffi, toute entière a péri notre armée, domptée par l'éperon des navires. (v. 277-278)
> Le messager — À me souvenir d'Athènes, comme je pleure. (v. 285).

D'abord le récit de la bataille navale dans la rade de Salamine (fin septembre) sans aucune mention d'un chef grec (v. 353-432) :

> Le messager — Sache-le bien, en nombre de navires, Les barbares l'emportaient [...].
> Le messager — La crainte alors gagna tous les barbares désemparés : ce n'était certes pas pour fuir Que les Grecs entonnaient ce péan solennel [...]. (v. 391-393)
> Le messager — L'instant fatidique était proche. Alors chaque navire heurta son éperon de bronze contre un autre [...] Mais quand fut rassemblée dans cette passe étroite la foule des vaisseaux, bien loin de s'assister, ils s'éventraient l'un l'autre avec leur éperon de bronze, entrebrisaient leurs rames [...]. (v. 413-416).

Les morts recouvrent la mer, et l'image des Perses comparés à des proies n'est guère flatteuse, elle est même un peu ridicule :

> Le messager — Comme des thons, ou des poissons pris aux filets. (v. 424)

Cependant, la scène garde malgré tout quelque chose de grandiose, de saisissant :

> Le messager — Et leurs sanglots, comme une unique plainte, envahissaient la mer. À la fin, l'œil noir de la nuit s'en vint tout effacer. (v. 427-428)

1. « Tout en prenant ces mesures, Xerxès fit partir pour la Perse un messager chargé d'annoncer là-bas le malheur qui les frappait. Rien ne parvient plus vite au but que ces messagers royaux de tout ce qui est mortel [...] Ils établissent sur la route à parcourir autant de relais [...]. Les ordres passent de main en main, comme le flambeau chez les Grecs aux fêtes d'Héphaïstos. Les Perses appellent ces relais de courriers montés l'*angaréion* ».

Pourtant, s'il ne nomme aucun chef grec, le messager rapporte longuement la ruse, la *métis*, qu'utilisa Thémistocle en envoyant son esclave perse Sicinnos donner de fausses informations à Xerxès :

LE MESSAGER — Pour engager tous ces malheurs, Ô ma Reine, il y eut un vengeur, un daïmon pervers, surgi on ne sait d'où […]. (v. 353-355)
LE MESSAGER — Xerxès l'écoute, et sans s'aviser de la ruse de l'homme grec, ni de la jalousie des dieux […].

Le messager expose ensuite le récit des exploits d'Aristide (qui n'est pas plus nommé que Thémistocle) sur l'île de Psyttalie (v. 446-471), où l'élite des Perses fut prise au piège.

LE MESSAGER — La souffrance sur eux s'est appesantie d'un poids redoublé. (v. 437).

Enfin, il relate ultimement la retraite catastrophique sur le Strymon prématurément gelé (on devait être en novembre), et dont la glace « providentielle » rompit au passage de l'armée perse (v. 480-514), engloutissant des hommes déjà exténués. C'est le dernier mot de la « débâcle ».

LE MESSAGER — C'est que la plupart sont morts et de soif et de faim : les deux maux tous ensemble ! (v. 490-491)
LE MESSAGER — Un dieu, lançant un hiver intempestif, fige le cours du Strymon sacré. (v. 496-497)

La retraite sur le Strymon a pour nous des airs de « Bérézina »: quand le destin s'acharne, les hommes ne peuvent que trembler : « Tel qui, jusqu'alors, ne croyait pas aux dieux, de se mettre à prier ». Devant les dieux, et leurs caprices, comment ne pas être saisis d'une « terreur sacrée » ?

La réaction de la Reine Atossa est douloureuse :

LA REINE ATOSSA — Aï, aï, quelle mer de malheurs a déferlé sur les Perses, sur toute la race barbare ! (v. 433-435)

Mais elle reste digne tout au long du récit épouvantable du triple désastre de Salamine, de Psyttalie et du Strymon :

LA REINE ATOSSA — Les mortels enfin doivent porter leurs peines quand les donnent les dieux ; cesse ta plainte, et nous dit calmement, malgré ton affliction, qui n'est pas mort […]. (v. 293-296)

Sa réaction et son intention première sont d'abord de témoigner religieusement de son respect des dieux :

LA REINE ATOSSA — Je veux d'abord adresser des prières Aux dieux, puis, en offrande à la terre et aux morts, j'apporterai de mon palais une galette (*pelanos*). Tout est consommé, je le sais ; et cependant, si l'avenir pouvait s'en trouver plus clément. (v. 522-527)

Mais ce qui domine est bien une forme de terreur sacrée :

LA REINE ATOSSA — Tout pour moi désormais est empli de frayeur. (v. 603)

Intermède choral (premier *stasimon*) (v. 532-597)

Le chœur se lamente. Au début de la pièce, il s'interrogeait :

Ce grand flot d'hommes, qui pourrait l'endiguer, quels fermes remparts – Aussi bien arrêter la mer qui déferle, irrésistible ! (v. 87-89)

Il a maintenant une réponse :

LE MESSAGER — Il est solide, le rempart que forment des hommes vivants. (v. 349)

Le poète Alcée l'avait déjà dit : « Des hommes courageux sont le rempart de leur cité », et comme l'explique Mazon[1], il s'agissait certainement d'une expression passée en proverbe à l'époque d'Eschyle. Thémistocle avait en tout cas compris, en demandant d'évacuer Athènes, que la Cité n'était pas où étaient ses remparts, mais où se trouvaient ses citoyens. Certes, il faut de l'argent pour conduire la guerre, pour mettre en ordre une flotte, et Thémistocle était connu pour avoir bien utilisé les mines d'argent nouvellement découvertes du Laurion pour établir la force maritime d'Athènes[2]. Mais tout l'or de Xerxès ne pèse pas lourd face à la volonté humaine de résister et de se battre pour sa liberté, sa famille, sa patrie et sa religion :

Allez, fils des Grecs ! Délivrez votre patrie, délivrez vos fils et vos femmes, les autels des dieux de vos pères, les tombeaux de vos aïeux ! C'est pour eux tous qu'il faut se battre. (v. 400-404)

Si l'argent est le nerf de la guerre, rien ne vaut des citoyens que l'on ne peut pas acheter. Les hommes de « l'Antique toit » (v. 141), les sages, les vieillards « fidèles » qui devaient entourer et conseiller Xerxès avec leur expérience, ont donc été bien naïfs de rappeler, au début de la pièce, fût-

1. P. Mazon, *op. cit.*, p. 74.
2. « LE CORYPHÉE — Ils ont une source d'argent, un trésor enfoui dans la terre. » (v. 238)

ce avec angoisse et comme pour se rassurer à bon compte, le nombre des combattants perses et la richesse indépassable de Xerxès : la guerre ne se réduit pas à une question de ressources humaines ou financières ; elle est d'abord une question d'hommes, où il en va surtout de la qualité des soldats comme de la cause qu'ils défendent.

Devant une telle réponse du destin à la naïveté des hommes, toujours trop confiants dans leur prétendue puissance, il n'y a guère qu'à déplorer les malheurs naguère redoutés, désormais bien réels.

> LE CHŒUR — Chagrin, chagrin, malheurs nouveaux, Déchirants ! Aï, aï, pleurez Perses, d'entendre ce qui nous accable ! [...] Tout ce temps qu'il a paru long aux vieillards, pour apprendre enfin un désastre aussi imprévu ! [...] Hou la la la ! Ainsi, les nôtres, corps ballotés, corps engloutis, inertes dans leurs grands manteaux, s'en vont à la dérive au fil de l'eau ! (v. 256-277)

Certes, la plainte du chœur est fort belle, elle est bien digne de cette « voix endeuillée » qui faisait pour N. Loraux le charme mélancolique et profond[1] de la tragédie. Comment dire la souffrance traumatisante de la mort brutale rencontrée sur le « champ » de bataille, qui en l'espèce est la « mer » ?

> LE CHŒUR — Sur ces vaisseaux ailés, bleu-noir, Sur ces vaisseaux ils sont partis, Sur ces vaisseaux ils ont péri [...] Ils tourbillonnent désormais [...] Le flot cruellement les carde, pâture du peuple sans voix, né de la mer inaltérée. (v. 559-577)

La plainte semble d'autant plus « tragique » que les Perses ont abandonné la terre pour la mer, selon un processus de *dénaturation* de ce qui constituait leur authentique essence guerrière. La lance grecque a vaincu l'arc perse, car le roulis des bateaux (pourrions-nous ajouter) n'est en soi guère favorable à l'opération des archers. On pouvait certes, au départ, douter d'un tel insuccès :

> Contre des soldats fameux par la lance, il mène En triomphant par l'arc les batailles d'Arès. (v. 85-86)
>
> Est-ce l'élan vainqueur de l'arc, ou bien la force de la lance coiffée de fer, qui a eu le dessus ? (v. 148-149)

Mais c'est bien au final la lance qui l'emporte.

> DARIUS — C'est tout entier que notre peuple a péri sous la lance. (v. 729)

1. Aristophane dans les *Grenouilles* parlait de la « profondeur » et du « charme » qu'il fallait reconnaître à Eschyle et à Euripide, sans qu'on puisse vraiment savoir, selon une ambiguïté peut-être intentionnelle, s'il fallait attribuer la « profondeur » à Eschyle et le « charme » à Euripide, ou le contraire.

La mer a en outre vaincu la terre. Le lot, la *moïra*, la mesure que les dieux avaient donnée aux Barbares dans le cosmos, c'étaient la terre, les sièges, les batailles rangées :

> Ainsi Moïra, de par les dieux régnant depuis un si long temps, Moïra a dévolu aux Perses les guerres renverse-remparts, et les mêlées de cavaliers, et la destruction des cités. (v. 101-107)

Qu'avaient-ils besoin de s'aventurer sur la mer, « la mer aux nombreux passages » (v. 108) et en conséquence aux nombreux pièges ? À présent, ils sont noyés, il y a même une forme de « souillure » religieuse que subit l'élément marin, par le seul fait de laisser ainsi pourrir les corps dans les flots :

> Autour des rives de Kykhréus, Ils tourbillonnent désormais. Il faut gémir, te tourmenter, crier bien haut ; hurle tes peines jusqu'au ciel, lance en un râle de souffrance, cette parole de malheur. (v. 570-575)
> Je crierai mes peines sans fin. (v. 638)

Mais ensuite de cette déploration du chœur, tout s'accélère : d'un point de vue strictement formel, on a le schéma suivant :

– Second épisode : v. 598-632 (La Reine Atossa et le chœur) ;
– Intermède choral (second *stasimon*) : v. 633-680 ;
– Troisième épisode : v. 681-851 (L'ombre de Darius, puis la Reine, puis le chœur) ;
– Intermède choral (troisième *stasimon*) : v. 852-907 ;
– *Exodos* lyrique : v. 908-1077 (Xerxès et le chœur).

En fait, d'un point de vue dramatique et non pas simplement en suivant la structure lyrique de la tragédie, il y a d'abord l'évocation du fantôme de Darius – l'acteur qui jouait le messager doit dès lors prendre un nouveau masque –, son dialogue avec le chœur et la Reine, puis l'apparition de Xerxès qui interagit dans le *lamento* final, le *kommos*, avec le chœur dans des « Hélas » qui n'en finissent plus (effet potentiellement comique ? ou au contraire point culminant d'une certaine forme de « pathétique » ?).

On sait en effet depuis longtemps que Xerxès est en vie :

> LA REINE ATOSSA — Pour ma maison, ce que tu dis, quelle lumière ! Quel jour radieux, jaillissant hors d'une nuit noire. (v. 300-301)

D'ailleurs, il n'a guère exposé son existence à Salamine, assistant plutôt à la bataille comme au théâtre, ce que recoupent les récits d'Hérodote et de Plutarque :

LE MESSAGER — Pour voir l'armée entière, il s'était établi Sur un tertre élevé, tout auprès du rivage. Il déchire sa robe, et pousse un cri perçant [...]. (v. 466-468)

Il s'agit donc de le recevoir comme il convient, quoique vaincu, et sa mère a d'ailleurs de très beaux accents lorsqu'elle imagine les devoirs qu'elle compte rendre à son fils :

LA REINE ATOSSA — Ô, daïmon ! Comme m'atteignent les souffrances de tels malheurs ! Mais je sens surtout la morsure de cette épreuve : un vêtement de déshonneur, à ce que j'apprends, couvre le corps de mon fils ! Allons prendre un bel habit dans le palais, puis tâchons de le trouver : non, l'être le plus cher parmi les malheurs, nous ne le trahirons pas. (v. 845-851)

Mais avant l'arrivée de Xerxès, que l'on attend depuis les premières lignes de la pièce, donc depuis bien longtemps, il faut passer par le détour de son père, Darius, qu'il faut magiquement (et les Perses étaient connus pour leur goût de la magie) ou rituellement (comme dans une scène de *nekuia*, d'appel et d'interrogation des morts au chant XI de l'Odyssée) rappeler du royaume des morts. La chose est d'ailleurs difficile car

DARIUS — Les dieux d'en bas saisissent plutôt qu'ils ne lâchent. (v. 690)

Le drame, avec les morts, c'est que, normalement, ils ne reviennent pas...

Des profondeurs, est-il possible qu'il m'entende. (v. 639)

La scène est certes saisissante, car le chœur emploie « des paroles barbares, claires, bariolées » (v. 634-635) et elle aura une grande postérité théâtrale. Mais il faut aussi comprendre sa fonction, qui est quadruple.

D'abord elle consiste à rassurer le chœur, qui s'inquiète pour la stabilité politique de l'empire de Perse (ce qui d'ailleurs ne devait pas spécialement terrifier un Athénien comme Eschyle) :

LE CHŒUR — Dans l'Asie, on ne vivra plus assujetti aux lois des Perses, on ne leur acquittera plus le tribut que l'on doit au maître, on ne se prosternera plus pour recevoir leur ordre, car la force royale n'est plus. (v. 584-590)
LE CHŒUR — Lors pour la langue des mortels plus d'entrave : ainsi délié, le peuple est libre de parler, délié, le joug de la force ! (v. 591-594)

Darius, dans un tel contexte, est en effet « rassurant », car il rappelle les bases du pouvoir. On pourra trouver incidemment que la réaction du chœur est excessive : jamais, semble-t-il, l'empire perse et le pouvoir de

Xerxès, n'ont été en danger après Salamine... Ce n'est même qu'en en 466 av. J.-C., après la victoire de Cimon à l'Eurymédon, qu'on pourra vraiment parler de la fin définitive de la puissance perse en Europe.

Il s'agit aussi de rappeler le chef de guerre, celui qui menait la guerre comme les Perses auraient toujours dû la mener, c'est-à-dire avec l'arc et sur terre, et non pas sur la mer hostile et contre la lance grecque :

> LE CHŒUR — Darios [...] ce maître qui maniait l'arc [...]. (v. 555)

Darius incarne la sagesse humaine qui mesure ses forces et qui ne défie pas les dieux. Il sait quel est son lot, et ne cherche pas présomptueusement à agrandir son pouvoir, là où les dieux ont posé des bornes, tout le contraire de Xerxès, son successeur un peu fou, étrangement insensé :

> DARIUS — Sur la terre ou sur la mer, cette folle entreprise ? (v. 719)
> DARIUS — Il a fermé le grand Bosphore [...] Ha, un puissant daïmon, pour aveugler ainsi son jugement ! (v. 723-725)

Darius n'a ainsi jamais cherché à aller plus loin que l'Halys, ce fleuve d'Anatolie qui se jetant dans la mer noire, forme devant l'ambition perse une frontière naturelle.

Il s'agit enfin de celui qui connaît le passé et l'avenir. Il connaît les oracles, et voit le futur, la défaite capitale, et qui plus est sur terre, de Platées :

> DARIUS — Même l'armée qui reste encore sur le sol grec Ne trouvera jamais le salut du retour. (v. 796-797)

Il est surtout celui qui donne des leçons de sagesse et de mesure dans ce qui est peut-être le passage le plus célèbre de la pièce :

> DARIUS — Or là les guette encore l'apogée de leurs maux, prix de leur présomption, de leurs pensées impies. Car les soldats en terre grecque, sans scrupule, ont pillé les statues des dieux, brûlé les temples, fait disparaître les autels [...]. S'ils ont fait tout ce mal, ils subissent des maux qui ne sont pas moindres [...]. Quelle offrande de sang les lances des Doriens s'en vont répandre sur la terre de Platée ! Pour trois générations, ces monceaux de cadavres témoigneront muettement aux yeux des hommes qu'un mortel ne doit pas viser plus haut que lui. La présomption en fleurissant donne un épi d'aveuglement, et l'été moissonne des larmes... Zeus punisseur tient des comptes sévères : il s'abat sur les pensées par trop orgueilleuses. (v. 800-827)

Darius est celui qui rappelle à Xerxès qu'il n'est qu'un homme. Le chœur des fidèles conseillers avait beau dire :

> Le chef de l'Asie peuplée d'hommes Ce chef ardent, de par le monde, presse son troupeau merveilleux par deux voies sur terre et sur mer […] Lui, cet homme égal des dieux, et dont la race est née de l'or ! (v. 72-80)

Xerxès n'est qu'un jeune homme inexpérimenté, impétueux et au final (ô ironie tragique, puisque cela est dit aux conseillers eux-mêmes…) très mal conseillé…

> DARIUS — Xerxès, mon fils, est jeune ; en ses jeunes pensées, il ne se souvient pas de mes conseils. (v. 83)

Certes, il a pu se prendre pour un quasi « dieu » « Armé de mille bras, de mille nerfs […]. » (v. 83). Mais il n'était pas du tout un dieu, mais simplement un « mortel ». La vie des mortels peut être douce, mais elle est limitée, et c'est bien cette sagesse mesurée, ajustée à notre condition bien éphémère, que symbolise l'ancien empereur, y compris dans le conseil final qu'il donne au chœur :

> Adieu Vieillards, et que même parmi les maux, votre âme accueille les plaisirs de chaque jour, car pour ceux qui sont morts, de quoi sert la richesse ? (v. 840-842)

Sagesse d'abord et avant tout de « Mortel » douloureusement conscient du prix inestimable de la vie.

Certes devant ce « mortel », les Perses montrent un respect quasi religieux, ainsi que devant toute la famille royale. Le coryphée pratique par exemple, comme à l'endroit des dieux, la génuflexion : « Ô ma reine, je me prosterne » (v. 152), et ce rite de la *proskinesis* accordé à un mortel, quand il ne devait être réservé qu'au divin, choquait beaucoup l'égalitarisme d'un Athénien, comme sa sensibilité religieuse. Devant Darius mort, le respect se fait si excessif que le dialogue avec le chœur peut très difficilement s'instaurer : les Fidèles ne sont-ils pas un peu trop paralysés par « le respect ancien » (v. 696) ? Mais, en dépit de cette déférence peut-être déjà outrée, voire sacrilège, il faut briser l'*hybris q*ui est au cœur de l'homme, fût-il empereur, ou c'est l'*hybris* qui le brisera, comme elle a brisé Xerxès.

Quand on invoque un mort, il y faut certes du respect, et Atossa suit scrupuleusement, de manière d'ailleurs bien émouvante, le rituel :

> Le lait blanc onctueux d'une vache intouchée du joug ; le miel brillant de la butineuse de fleurs, mêlé au filet d'eau de quelque source pure ; et ce breuvage encore, intact et lumineux, né d'une vieille vigne, une mère sauvage. Voici le fruit parfumé

> de l'olivier blond, toujours vert de ses feuilles vivaces, et puis ces fleurs tressées, enfants de la terre féconde... Ô mes amis, avec ces libations aux morts, chantons des hymnes favorables ; évoquez l'ombre de Darios [...]. (v. 611-621)

Et quand on l'invoque, il ne faut pas non plus oublier, car ce serait lui manquer encore de respect, combien le mort fut brillant et lumineux :

> LE CHŒUR — Hisse ta babouche safran, et fais briller l'escarboucle coiffant ta tiare royale. Viens, Père bienveillant ! (v. 660-663)

Mais le vivant mortel n'est pas un dieu, et c'est bien pour s'être égalé aux dieux, qu'il souffre ce qu'il souffre. Certes, on peut donner la liste de tous ceux qui ont commandé à « l'Asie riche en brebis » (v. 764 et v. 759-786). On n'en fera pas pour autant des dieux, on les inscrira au contraire dans une lignée humaine.

Xerxès a de toute façon tout perdu, ou risque de tout perdre, en Europe et en Égée, comme le suggère le dénombrement des villes énumérées par le chœur, ces conquêtes passées qui sont en réalité autant d'abandons futurs : Lesbos, Samos, Chios, Paros, Naxos, Mykonos, Ténos, Andros, Lemnos, Rhodes, Cnide, Paphos, Soles, Salamine, etc. (v. 879-895). La catastrophe est consommée :

> LE CHŒUR — La terre hurle sur la jeunesse Issue de cette terre, et que Xerxès a massacrée, Xerxès qui a repu l'Hadès [...] (de) tant de guerriers d'Orient redoutables par l'arc [...]. (v. 923-926)

Le dieu de la guerre n'a pas été favorable à celui qui s'est prétendu l'égal des dieux :

> XERXÈS — Arès, donnant la force à un seul camp, a arasé les eaux de la nuit, Ainsi que le fatal rivage [...]. Je les ai laissés disparus, alors que d'un vaisseau tyrien, ils s'en allaient à la dérive, vers les rives de Salamine, se heurtant au rude rivage. (v. 957-966)

Il ne reste plus – et c'est bien ce qui a lieu dans tout l'*exodos* des *Perses* – qu'à s'encourager à pleurer.

> LE CHŒUR — Hou la la la, daïmons, Vous avez fait tomber sur nous, à l'imprévu, un mal fulgurant comme le regard d'Atè. (v. 1004-1007)
> Hélas, hélas (papaï, papa). (v. 1031)
> XERXÈS — Bats ta poitrine, et chante la plainte mysienne. (v. 1054)

Pour R. Dreyfus, loin que tout puisse s'y réduire à un chant de déploration, tout tourne en réalité dans *Les Perses* autour de l'Arès « alterneur », « Hétéralkès », celui qui change de camp, celui qui fait osciller et chavirer les navires trop chargés[1]. Et il est vrai que l'on peut mettre au jour dans la pièce une structure agonique : tout y prend la figure du conflit, de la rivalité (en grec : *agôn*) qui d'abord indécise, penche tragiquement parfois d'un côté au risque d'écraser soudain le combattant malheureux :

> Ainsi, l'agôn entre les Hellènes et les Perses se décline à tous les temps, et sur tous les modes. Tout oppose ces deux peuples, le mode de vie, les richesses, le régime politique[2] [...].

Plus encore, le grand enseignement des *Perses* ne serait autre que le combat, une invitation continuelle à la lutte. Dans *Les Grenouilles* d'Aristophane (qui rappelons-le est une comédie), Eschyle affirme (suite à la catabase de Dionysos au royaume des morts) que :

> En faisant jouer *Les Perses* [...], [il] montrait qu'il faut aspirer sans cesse à vaincre ses adversaires.

Les Perses, une leçon de guerre ou, à tout le moins, d'*agôn* ?

Sans aller aussi loin, il faut cependant constater combien l'*agôn*, le combat, joue dans la tragédie eschyléenne, comme dans la culture grecque, un rôle central. Certes il y a bien des formes distinctes de rivalité, au point qu'on puisse parfois douter de l'univocité du concept même d'*agôn*, depuis le duel sportif et judiciaire jusqu'à la guerre proprement (ou salement...) dite (le « *polemos* »), en passant par le débat « polémique ». Il y a ainsi :

– un *agôn* athlétique, qui cherche la victoire dans les Jeux et les compétitions ritualisées, si importantes, du monde grec ;

– un *agôn* judiciaire, qui a pour enjeu la justice au terme d'un débat contradictoire comme dans l'*Orestie* d'Eschyle ;

– un *agôn* philosophique, qui a pour enjeu la vérité (qu'on pense au dialogue entre la Reine et le chœur pour mettre au jour la bonne interprétation de son rêve) ;

– un *agôn* théâtral, qui a une finalité esthétique, morale, religieuse, comme dans le cadre des concours tragiques lors des Grandes Dionysies, où *Les Perses* obtint d'ailleurs le prix de la victoire ;

– un *agôn* militaire et historique, qui a pour visée la domination politique, comme celui qui se joue entre Xerxès et les Grecs en Europe.

1. Raphaël Dreyfus, *Les Tragiques grecs, Eschyle, Sophocle*, *op. cit.*, p. 10.

2. Marc Durand, *Agôn dans les tragédies d'Eschyle*, Paris, L'Harmattan, « Ouverture philosophique », 2005, p. 25

Et si l'on ne retient finalement que ce dernier type d'*agôn*, on obtient le « schéma agonistique » des *Perses*, tel que l'a précieusement établi Marc Durand, et qui constitue un autre plan possible de la pièce, à tout le moins de sa première partie (*parodos*, prologue, premier épisode, premier *stasimon*) :

V. 16-6. Catalogue des chefs et des peuples composant l'armée perse. Description d'un des deux adversaires.
V. 65-91. Description du terrible Xerxès et de son moins terrible armada.
V. 143-149. Le coryphée s'interroge : « Est-ce l'arme de jet, l'arc qui triomphe ? Est-ce la lance à la coiffe de feu dont la force a vaincu ? ». L'opposition un peu simple, pour ne pas dire simpliste de la lance et de l'arc, peut résumer sur le terrain l'*agôn* Grecs/Perses.
V. 181-200. Première partie du rêve de la reine : deux femmes de même sang (la Grèce et la Perse) sont rivales. Xerxès tente de les plier sous le même joug. L'une est docile (la Perse), l'autre rétive (la Grèce). Xerxès est mis à mal par la seconde.
V. 205-210. Le milan (grec) s'attaque à l'aigle (perse) et le vainc.
V. 302-330. Catalogue des chefs perses tombés au combat. (300 vaisseaux grecs contre 1 000 vaisseaux perses. V. 337-344).
V. 353-471. Le récit du messager. L'*agôn* terrible de Salamine et sa désastreuse issue pour les Perses. Les Grecs sont victorieux. Il y a bien une Métis au fondement de la déroute des Perses[1] (v. 353-361 : *dolon*).

Le récit de la guerre et du combat (*agôn*) de Salamine

Les Perses est donc aussi, et peut-être d'abord, avant d'être un grand chant de lamentations sur la guerre et ses morts, le récit d'un *agôn*, d'une rivalité entre Grecs et Perses, qui culmine dans le rappel par le messager, témoin oculaire dans la fiction comme Eschyle le fut partiellement dans la réalité à 45 ans, du triple événement de la bataille de Salamine, de l'épisode de Psyttalie et de la retraite désastreuse de Xerxès jusqu'au Strymon.

Si *Les Perses* est une fiction, celle-ci porte sur un fait réel, une action qui fut historiquement de première importance, et à la différence d'Hérodote et de Plutarque, nos principales sources d'information antique sur cette séquence des guerres médiques, Eschyle « y était », il « en était », ce qui ne veut évidemment pas dire qu'il a tout vu (au contraire, les combattants ne sont pas toujours une bonne source d'informations objectives), mais qu'il l'a vécue. Tout récit historique est ambivalent, plus ou moins partial, plus

1. Marc Durand, *Agôn dans les tragédies d'Eschyle*, *op. cit.*, p. 29-30.

ou moins impartial, en tant qu'il prétend sincèrement restituer ce qui a réellement eu lieu. La vérité historique a les caractères que les Grecs attribuaient au divin, et au phénomène de l'*apatè*, la tromperie, la fausseté qui caractérisent les apparitions fantomatiques, vraies en tant qu'apparitions mais fausses en tant qu'insubstantielles :

> Le monde divin est fondamentalement ambigu. L'ambiguïté nuance les dieux les plus positifs : Apollon est le brillant (*Phoibos*), mais Plutarque note que pour certains il est aussi l'obscur (*Skotios*), et que si, pour les uns, les Muses et la mémoire se tiennent à ses côtés, pour les autres, ce sont Oubli (*Lethè*) et Silence (*Siopè*) [...]. Dans le phénomène d'*Apatè*, il y a l'idée fondamentale d'une présence dans l'absence et d'une absence dans la présence : la *psuchè* de Patrocle lui est en tout point semblable, mais quand Achille veut la saisir, il ne happe que du vide [1].

On peut ainsi comparer le récit d'Eschyle, fiction d'un témoin oculaire, à ce qu'écrivirent les historiens antiques, récits de ceux qui, n'étant pas témoins, ont néanmoins « enquêté » (« enquête » est le sens premier du mot grec *historia*). Le problème esthétique, car *Les Perses* est aussi un texte littéraire qui cherche à « plaire et à émouvoir », comme l'écrivait le poète latin Horace dans son *Art poétique* [2], ne sera abordé qu'en conclusion. Mais certes le récit de la bataille est « sublimé » chez Eschyle comme une geste épique :

Premièrement, le temps de la bataille est considérable : elle dure depuis le matin jusqu'au soir : depuis le moment où « le jour aux blêmes coursiers envahit la terre entière de son plein éclat » (v. 386) jusqu'à ce qu'« à la fin, l'œil noir de la nuit s'en vînt tout effacer » (v. 427).

Secondement, c'est le désordre et le chaos qui caractérise l'affrontement :

> Mais quand fut rassemblée, dans cette passe étroite, la foule des vaisseaux, bien loin de s'assister, ils s'éventraient l'un l'autre avec leurs éperons de bronze [...] Les carènes se renversaient ; encore si l'on voyait la mer parmi toutes ses épaves [...] Les vaisseaux fuyaient en désordre, à toutes rames [...]. (v. 413-423)

Troisièmement, le nombre des morts est effroyable :

> Tout ce carnage d'hommes, des morts partout, sur les rivages, les récifs [...] Et leurs sanglots comme une unique plainte envahissait la mer [...] Jamais en un seul jour aura péri une aussi grande foule d'hommes. (v. 420-432)

1. Marcel Détienne, *Les Maîtres de vérité dans la Grèce archaïque*, Paris, Le Livre de poche, « Références », 2006, p. 144-145.

2. Voir v. 99.-100 : « Car ce n'est pas assez que les poèmes soient beaux ; ils doivent encore être pathétiques (*dulcia sunto*) et conduire à leur gré les sentiments de l'auditeur (*animum auditoris agunto*) ».

Il faut ici comparer le récit d'Eschyle avec celui d'Hérodote :

> Les Barbares périrent noyés pour la plupart, comme ils ne savaient pas nager. C'est au moment où céda leur première ligne que la flotte des Barbares subit ses plus lourdes pertes, car les combattants de la deuxième ligne, qui tâchaient de passer en avant pour se signaler à leur tour aux yeux du roi, se heurtaient aux navires des leurs qui voulaient fuir [1].

Plusieurs choses sont ici à signaler.

D'abord Eschyle n'accorde aucune importance à la personnalité des chefs grecs, alors que Plutarque, ainsi qu'Hérodote, soulignent le rôle primordial joué à la fois par Thémistocle et Aristide. Tout se passe comme si la victoire de Salamine et de Psyttalie étaient des victoires collectives. Au contraire, Plutarque y voit une émulation et une rivalité pour une fois dépassée dans « une union sacrée » contre les Perses entre les deux grands chefs athéniens :

> VIII. Aristide déclara : « Thémistocle, si nous sommes raisonnables, nous renoncerons à notre dissentiment frivole et puéril, afin de commencer une salutaire et noble émulation, en rivalisant d'efforts pour le salut de la Grèce » [2].

D'ailleurs, si beaucoup de la gloire de Salamine doit revenir à Thémistocle, celle de Psyttalie, où les malheurs des barbares ont, comme le dit Eschyle, « redoublé », revient à Aristide :

> X. Mais Aristide, voyant la petite île de Psyttalée, qui est dans le détroit en avant de Salamine, remplie d'ennemis, fit monter les plus ardents et les plus audacieux de ses concitoyens sur des embarcations légères, et accosta Psyttalée. Il engagea contre les Barbares un combat où il les fit tous périr, sauf les personnages en vue qui furent capturés [...] Car la mêlée la plus âpre et l'action la plus énergique du combat naval eurent lieu dans ces parages ; aussi Aristide éleva-t-il un trophée à Psyttalée [3].

Mais mettre sur le même plan Salamine et Psyttalie, voire donner plus d'importance à Psyttalie, où le piège se referme, qu'à Salamine, c'est indirectement pour les contemporains rendre un hommage appuyé à Aristide contre Thémistocle. Faut-il y voir un aveu politique en 472, quand l'aura de Thémistocle, jugé précisément trop proche des Perses et de Xerxès, se trouble (il sera d'ailleurs « ostracisé », chassé démocratiquement d'Athènes, en 471) ?

1. Hérodote, Thucydide, *Œuvres complètes*, Paris, Gallimard, « Bibliothèque de la Pléiade », 1964.
2. Plutarque, *Vies parallèles*, *Vie d'Aristide*, Paris, Classiques Garnier, 1950.
3. Plutarque, *Vies parallèles*, *Vie d'Aristide*, *op. cit.*

Secondement, même si Eschyle rappelle la ruse que Thémistocle mit en place pour conduire les Perses à se battre dans la rade de Salamine, cette ruse est davantage vue comme l'effet d'une puissance démonique que comme l'intention trompeuse et l'habileté d'un stratège humain. On rappellera combien la *métis* de Thémistocle à Salamine était pourtant particulièrement célèbre dans la culture grecque[1] et comment Thucydide caractérisait le « flair » politique de Thémistocle, sa *prometheia* ou *pronoia* :

> De se faire relativement à l'avenir la plus juste idée sur les perspectives les plus étendues et de prévoir au mieux les avantages et les inconvénients dissimulés dans l'invisible[2].

Ici, rien de tel : l'invention de Thémistocle est mise en valeur, mais Thémistocle lui-même est aussi et surtout absent, comme si un destin « anonyme » avait tout ordonné. La *métis* de Thémistocle avait d'ailleurs, potentiellement, quelque chose du sacrilège : il n'hésitait pas à utiliser la superstition des Grecs pour parvenir à ses fins, voire, disait-on, à truquer les oracles :

> X. Thémistocle, désespérant d'amener la foule à ses vues par des raisonnements humains, recourut aux artifices de la tragédie : imprécations, signes merveilleux et oracle [...]. Thémistocle fit encore servir l'oracle à sa manœuvre[3] [...].

Plus précisément, c'est Thémistocle qui envoya l'un de ses hommes, son esclave perse Sicinnos, avertir Xerxès que les Grecs allaient fuir, pour que Xerxès les attaquât, car Thémistocle tenait absolument à une bataille que redoutaient ses alliés grecs.

> XII. Thémistocle ne pouvant supporter que les Grecs, sacrifiant la position favorable du détroit, se séparent pour retourner chacun dans sa ville, sut combiner, après mûre réflexion, la négociation de Sicinnos[4].

Mais surtout, c'est Thémistocle qui sut déclencher la bataille « au bon moment », selon le *kairos*, qu'Aristote appelait « le bien selon le temps » :

> XIV. Thémistocle sut discerner aussi bien le moment que le lieu favorable.

1. Voir Marcel Détienne et Jean-Pierre Vernant, *Les Ruses de l'intelligence, la métis des Grecs*, Paris, Flammarion, « Champs essais », 2008, p. 301-303. Les auteurs rappellent combien l'éducation « sophistique » de Thémistocle est ici à prendre en considération, notamment le rôle de Mnésiphile, que la tradition donne pour le maître de l'homme politique athénien, et qui fut peut-être, à Salamine, le conseiller de Thémistocle.

2. Voir Marcel Détienne et Jean-Pierre Vernant, *Les Ruses de l'intelligence, la métis des Grecs*, *op. cit.*, p. 31.

3. Plutarque, *Vies parallèles*, *Vie d'Aristide*, *op. cit.*

4. *Idem.*

Pour Plutarque, il a notamment su utiliser les « vents étésiens » qui soufflent dans la rade de Salamine, sans doute pour que, premièrement, le roulis empêchât les archers perses d'agir (il est difficile de « viser » juste et d'utiliser des armes de jet quand l'Arès « Alterneur » balance un peu trop les navires), et qu'il gênât de surcroît la manœuvre de la flotte perse, qui était considérable selon Eschyle (plus de 1 000 bateaux !) :

> Il prit garde de n'engager l'action contre la flotte des barbares qu'à l'heure où souffle régulièrement de la mer un vent très fort qui soulève les vagues dans le détroit.

On remarquera cependant que c'est bien plutôt les Perses qui, chez Eschyle, se préparent matinalement à l'attaque, même si ce sont les Grecs qui prennent immédiatement l'initiative et cherchent à provoquer la « panique » chez leurs assaillants :

> Mais quand le jour aux blêmes coursiers envahit la terre entière de son plein éclat, chez les Grecs d'abord, une clameur éclatante, pareille à un chant s'éleva [...] La crainte alors gagna tous les barbares désemparés ; ce n'était certes pas pour fuir que les Grecs entonnaient ce péan solennel [...]. (v. 388-392)

Les victoires de Salamine et de Psyttalie apparaissent donc comme des victoires collectives du monde grec, face à des généraux perses nommés et individualisés. Eschyle ne cite pas plus Ameinas de Pallène – qui eut pour Hérodote la gloire d'avoir commencé la bataille, et auquel il est peut-être fait allusion au v. 409 : « un vaisseau grec, le premier [...] » –, ou Eumène d'Anagyronte, qui fut ce jour-là héroïque, qu'il ne cite Thémistocle ou Aristide. C'est un triomphe des Grecs, et surtout des Athéniens. Eschyle ne rend pas d'ailleurs vraiment justice aux marins d'Égine qui jouèrent ce jour-là un rôle capital :

> Si les Athéniens dans la mêlée détruisaient tous les navires ou de résister ou de fuir, les Éginètes s'attaquaient à ceux qui sortaient de la passe, et les navires qui échappaient aux Athéniens les trouvaient devant eux[1].

Troisièmement, on remarquera aussi qu'Eschyle ne mentionne rien qui puisse entacher cette gloire athénienne, ni la présence de certains Grecs ralliés dans le camp perse, ni même des comportements plus discutables, comme des sacrifices humains à Dionysos *Omestes*[2], qui auraient eu lieu

1. Hérodote, Thucydide, *Œuvres complètes*, *op. cit.*

2. Avant la bataille de Salamine, il y eut selon Plutarque des sacrifices humains, celui de trois prisonniers perses : « (XIII) C'étaient, disait-on, les enfants de Sandace, la sœur du roi. À leur vue,

avant la bataille et qui, vrais ou faux, témoignent sans doute de l'incroyable tension qui régnait dans le camp grec, comme d'un lourd climat religieux : Xerxès avait détruit des temples. Le messager perse admire l'ennemi grec et ne cherche jamais à diminuer son succès. *Fair play* ? Manière de diminuer la responsabilité d'une défaite en exaltant la force paradoxale de l'ennemi, et le soutien inamissible, indéfectible, de son « daimon » ? C'est indirectement, en tout cas, la grandeur d'Athènes qui est amplifiée par la parole du vaincu.

Au contraire, la liste ou le « catalogue » des généraux perses partis (et pour certains laissés morts) à Salamine (v. 16-64) est profondément ambivalente : elle souligne peut-être combien la mort n'est jamais anonyme, puisqu'elle nous affecte individuellement ; mais elle montre aussi que les Perses ne sont pas des citoyens fondus dans une Cité, intégrés substantiellement à un « corps » politique, mais des éléments épars, comme les cadavres dispersés par les flots sur les récifs. Quoique certains noms semblent avoir été forgés par Eschyle, d'autres sont historiquement avérés. On s'étonnera cependant que le général de Xerxès, Mardonios, ne soit pas du tout signalé. Pour Hérodote, ce n'est pas Xerxès, mais son général et cousin Mardonios qui a voulu attaquer la Grèce, « par goût des aventures et son désir d'être un jour le gouverneur de la Grèce ». Ne serait-ce pas lui, d'ailleurs, le fournisseur de ces mauvais conseils que stigmatise la reine Atossa pour expliquer les fautes de son fils ? Rappelons que Mardonios sera vaincu à Platées avec l'armée perse restée en Europe, en 479 av. J.-C.

Quatrièmement, c'est la personnalité de Xerxès, chez Eschyle et les historiens grecs, qui est à examiner. Xerxès semble relever, à un double titre chez Eschyle, d'une figure de l'*hybris* : il a agi d'une part impétueusement d'un point de vue politique (à la différence de son père, plus mesuré,

---

Euphantride le devin, constatant qu'en même temps une flamme haute et éclatante surgissait du bûcher et qu'un éternuement fatidique se faisait entendre à droite, prit la main de Thémistocle et lui ordonna de sacrifier ces jeunes gens en les vouant tous trois à Dionysos *Omestes*. À ce prix, les Grecs auraient le salut et la victoire. Thémistocle fut atterré de cet oracle, qui lui parut imposant et terrible. Mais la plupart des soldats, comme c'est l'habitude dans les grandes luttes et dans les circonstances critiques, attendaient le salut plutôt de la folie que du bon sens. Ils se mirent à invoquer le dieu d'une voix ; amenant les prisonniers à l'autel, forcèrent Thémistocle à les immoler, comme le devin l'ordonnait » (Plutarque, *op. cit.*). Et on trouve la même chose dans la *Vie d'Aristide* : « (IX) Parmi ceux qui furent capturés, étaient trois fils de la sœur du roi, Sandace. Il les envoya sur le champ à Thémistocle ; et, d'après la tradition, sur l'ordre du devin Euphrantide, ils furent sacrifiés à Dionysos *Omestes* ». Dionysos *Omestes* signifie « mangeur de chair crue », épiclèse de Dionysos quand on lui faisait des sacrifices humains.

plus sage) et il n'a pas, d'autre part, respecté l'ordre cosmique établi par les dieux ; il s'est même pensé comme « supérieur » aux dieux (le substantif « *hybris* » est formé sur la racine indo-européenne qui a donné l'« *hyper* » grec ou le « *super* » latin, que l'on retrouve dans le « superbe », l'orgueilleux du français classique, celui qui cherche toujours à être « au-dessus »). De surcroît, le rôle de Xerxès dans la bataille est pour Eschyle celui d'un spectateur qui est comme au théâtre mais qui, par son regard, pousse les Perses au combat, suscite en eux une émulation personnelle et héroïque, mais qui loin d'être positive, ne fait en somme qu'augmenter le désordre du combat naval : chacun veut trop se mettre en avant, en valeur, au détriment de la discipline collective. Enfin, la retraite de Xerxès paraît aussi naturelle, compréhensible au vu de l'importance de la défaite, qu'elle fut au final désastreuse, avec la famine, la soif, et le dégel du Strymon sous les pieds des soldats qui cherchaient, dans l'angoisse, à le franchir. Sur ces quatre points (la faute politique, la faute religieuse, l'attitude dans la bataille, les raisons et l'insuccès de la retraite perse), il faut nuancer ce que disent ou suggèrent *Les Perses*.

Sur le premier point, il faut évidemment nuancer l'opposition entre le sage Darius et l'impétueux Xerxès. Le déclenchement des guerres médiques est complexe (à commencer par l'attitude d'Athènes en Ionie, après la prise de Milet), de même que les raisons de l'expédition de Xerxès, sans doute envisagée par Darius lui-même (et il ne faut pas ignorer ici l'attitude, à la chute du dernier tyran d'Athènes Hippias en 510, des Pisistratides, les descendants de Pisistrate, le premier tyran d'Athènes qui avait d'ailleurs donné, s'il ne l'a initiée lui-même, toute leur importance aux Grandes Dionysies, tant au concours tragique qu'au concours de dithyrambes.). On ne peut réduire une telle entreprise militaire à un simple désir de vengeance (faire oublier l'humiliation de Marathon), et faire comme si le monde grec lui-même n'était pas divisé devant la grandeur perse, entre influence, fascination et peur. Eschyle procède ici à des simplifications psychologiques. Mais le désir chez Xerxès de rivaliser, selon la logique de l'*agôn* nobiliaire, avec la gloire militaire de son père, est une explication aussi schématique que l'opposition (en forme de slogan) de « l'arc perse », qui tue lâchement à distance, à la « lance grecque », qui suppose bravement le corps à corps. Il y a quelque raccourci, à la limite de la communication de guerre, à faire porter toute la responsabilité du conflit à un seul homme, en oubliant la complexité d'autres facteurs, pourtant déjà bien vue par les contemporains (Hérodote).

On soulignera cependant que la mention indirecte de Marathon au vers 236, « Leur armée est telle qu'elle a déjà fait bien du mal aux Mèdes », est finalement discrète. C'est moins le désir de vengeance qui décide Xerxès que la recherche de gloire et de puissance. Il y a pourtant une opposition emblématique entre Marathon et Salamine : Marathon fut en 490 la victoire des seuls hoplites athéniens, c'est-à-dire des citoyens assez fortunés pour se battre sur terre et en armure, quand Salamine, en 480, fut une victoire de marins, c'est-à-dire une victoire où les citoyens athéniens les plus pauvres (« les thètes ») avaient pris leur part. De manière générale, c'étaient ces citoyens sans terre, composant la majorité du corps social, qui avaient le plus d'intérêt au développement de la puissance navale au Pirée, le nouveau port d'Athènes, voulu par Thémistocle pour remplacer Phalère. Révolutions militaires et révolutions politiques sont étroitement, on le sait[1], co-déterminées. Le symbole de Salamine, comme celui de Marathon (la victoire des Grecs sur les Barbares), sera ainsi surdéterminé à l'époque classique par des considérations de politique « intérieure » et par la lutte du parti aristocratique (« prospartiate ») contre le parti populaire. Lorsqu'on lit le texte d'Eschyle, on ne peut totalement ignorer cet horizon de sens, même s'il est difficile de l'interpréter correctement. Marathon semble être chez lui surtout la preuve, en 472, que compte davantage à la guerre *la qualité* d'une troupe que la *quantité* de celle-ci, c'est-à-dire le « nombre de bataillons » (pour citer Turenne) engagés.

Secondement, au regard de la dimension religieuse, la personnalité de Xerxès est pour le moins complexe, voire contradictoire, dans les textes grecs. Xerxès a ainsi un double visage chez Hérodote, mi-impie, mi-superstitieux.

Il y a d'abord le texte célèbre où culmine l'*hybris* de Xerxès, lors du passage de l'Hellespont :

> Pendant ce temps, on jetait les ponts qui devaient par-dessus l'Hellespont relier l'Asie et l'Europe [...]. À partir d'Abydos, deux ponts furent établis en direction de cette pointe par les équipes chargées de ce service, l'un par les Phéniciens, avec des câbles de filasse, l'autre par les Égyptiens, avec des câbles de papyrus (il y a sept stades d'Abydos à l'autre rive) ; mais les ponts jetés sur le détroit, une violente tempête s'éleva, qui les rompit et les balaya. À cette nouvelle, Xerxès indigné ordonna d'infliger à l'Hellespont trois cents coups de fouet et de jeter dans ses eaux une paire d'entraves. J'ai entendu dire aussi qu'il avait envoyé d'autres gens encore pour marquer l'Hellespont

1. Voir à ce propos notre présentation de Clausewitz, et les travaux de Hanson (sur le monde grec) et de Parker (pour l'époque moderne) auxquels il est fait référence.

au fer rouge. En tout cas, il enjoignit à ses gens de dire, en frappant de verges l'Hellespont, ces mots pleins de l'orgueil insensé d'un Barbare : « Onde amère, notre maître te châtie, parce que tu l'as offensé quand il ne t'a jamais fait du tort. Le roi Xerxès te franchira, que tu le veuilles ou non ; et c'est justice que personne ne t'offre de sacrifices, car tu n'es qu'un courant d'eau trouble et saumâtre ». Ainsi fit-il châtier la mer, et couper la tête aux ingénieurs qui avaient dirigé les travaux [1].

Mais, dans le même temps, Xerxès est aussi capable de se montrer très religieux :

Maintenant, traversons la mer, après avoir adressé nos prières aux dieux qui ont la Grèce en partage. [...] Aux premiers rayons du soleil Xerxès, avec une coupe d'or, versa des libations dans la mer et pria le soleil, pour que rien ne lui advînt qui put l'arrêter dans sa conquête avant d'avoir atteint les limites de l'Europe. Sa prière achevée, il jeta la coupe dans l'Hellespont, avec un cratère d'or et une épée perse qu'on appelle chez eux *akinakès*. Je ne saurais préciser s'il s'agissait là d'offrandes au soleil ou si le roi s'était repenti d'avoir fait fustiger l'Hellespont et voulait réparer sa faute par cet hommage [2].

En réalité, l'*hybris* religieuse de Xerxès est complexe, et il faudrait ajouter ici comme élément à charge, la destruction d'un certain nombre de sanctuaires abandonnés, après que les citoyens athéniens ont adopté la stratégie de Thémistocle d'attendre l'ennemi à Salamine, sur mer, après évacuation, plutôt que de lutter désespérément, sur terre, devant une Cité condamnée. Mais même ces destructions sont ambiguës, tant Xerxès demande immédiatement aux Athéniens qui « collaborent » avec lui de rendre, comme il se doit, hommage aux dieux :

[Sur l'Acropole] Ils massacrèrent les suppliants, ils les exterminèrent jusqu'aux derniers [...]. Il fit venir les Athéniens exilés qui l'accompagnaient et leur ordonna d'aller sacrifier sur l'Acropole selon leurs rites ; peut-être un songe lui avait-il dicté cette décision, peut-être était-ce simplement le remords d'avoir fait incendier le temple [...] Il se trouva que l'olivier fut brûlé dans l'incendie du temple par les Barbares ; mais le lendemain de l'incendie, quand les Athéniens chargés par le roi d'offrir un sacrifice montèrent au sanctuaire, ils virent qu'une pousse haute d'une coudée avait jailli du tronc [3].

Défaut, ou tout au contraire, excès de religion, de superstition ? Il faut d'abord rappeler une certaine sensibilité latine et grecque. Si un prêtre est parfois un « pontife », un « *pontifex* », un « faiseur de pont » chez les Romains,

1. Hérodote, Thucydide, *Œuvres complètes*, *op. cit.*, VII, 33-35.
2. Hérodote, Thucydide, *Œuvres complètes*, *op. cit.*, VII, 53-54.
3. Hérodote, Thucydide, *Œuvres complètes*, *op. cit.*

ce n'est pas qu'il faille établir un lien entre les mortels et les immortels ; mais, tout simplement, il est tellement dangereux de changer l'ordre naturel voulu par les dieux, qui ont décidé de séparer les deux « rives » d'une « rivière », qu'y « faire un pont » semble témoigner d'une défiance, ou d'une critique, à l'endroit d'un divin jaloux de sa précellence. Mieux vaut être sur ses gardes et neutraliser la colère de Jupiter, à voir ainsi l'homme corriger, comme un architecte, un ordre naturel où il n'était qu'invité à trouver sa place. Si faire un pont est déjà en soi plein de péril, que dire s'il s'agit d'ignorer la limite naturelle du Bosphore, entre l'Europe et l'Asie, de faire comme si Europe et Asie n'étaient qu'un seul continent, lors même que ce sont deux territoires « rivaux », situés littéralement sur deux « rives » opposées ? On comprend dès lors que Xerxès, en « liant » par un pont de bateaux, de cordes de lin, ce que les dieux avaient clairement séparé par la mer, ait pu choquer. Les dieux ont voulu un cosmos, un ordre, où chaque chose trouve sa mesure ou son lot (*moïra*), et les hommes désorganiseraient cet ordre, amenderaient la nature ? De quel droit ? En croyant faire la guerre aux hommes, Xerxès faisait la guerre aux dieux, forme suprême de l'*hybris*.

Mais il n'y a peut-être en l'espèce qu'un problème de compréhension interculturelle. Salomon Reinach, au début du XXe siècle, pensait ainsi que les Grecs avaient mal interprété un rituel religieux perse, qu'eux-mêmes d'ailleurs auraient jugé, s'ils l'avaient compris, bien archaïque : lorsqu'on désire s'allier à une puissance naturelle, à un élément cosmique, on plonge en son sein des entraves, des bijoux, des liens, qui représentent et réalisent aussi bien le lien indéfectible et bénéfique que l'on désire ainsi instaurer avec le cosmos. Xerxès n'aurait pas agi par Hybris ; il n'a pas puni l'Hellespont ; il aurait pratiqué tout au contraire un rituel religieux :

> Xerxès a voulu se concilier l'Hellespont par des opérations magiques, en particulier par l'offre de chaînes, qui symbolisaient son alliance avec la mer. De même, les Grecs n'ont pas compris que Polycrate, tyran de Samos, en jetant son anneau dans la mer, ne faisait qu'accomplir le rite du mariage avec la mer[1].

On voit exemplairement sur cet exemple célèbre combien il est parfois difficile de comprendre l'autre. La guerre se nourrit de malentendus, et celui-ci est peut-être le plus spectaculaire : non seulement Xerxès n'était pas irreligieux, mais c'est sans doute sa religiosité profonde, mais archaïque,

1. Salomon Reinach, *Comptes rendus des séances de l'Académie des Inscriptions et Belles-Lettres*, année 1905, séance du 14 avril.

qui la fait passer pour impie aux yeux des Grecs. Quant au saccage ou au pillage des temples, comme à l'enlèvement des *Tyrannoctones* d' Antênor, la célèbre statue de bronze qui embellissait l'agora, au-delà de représailles « compréhensibles » après certains agissements athéniens en Ionie, sans doute était-il moins grave qu'on ne le pense, dès lors qu'on accepte que la divinité ne se trouve pas tant enfermée dans des idoles ou dans des monuments, que dans la nature. Ce respect religieux des éléments naturels, Eschyle s'en fait lui-même l'écho dans l'horreur, visiblement éprouvée par le messager barbare, de voir les corps perses souiller, rendre littéralement « impure », ou profaner la mer[1] (v. 559-577), ou dans « l'eau claire de source » que mentionne, au vers 202, la Reine Atossa dans son sacrifice. La mer est pour les Perses « l'Amiantos », l'incorruptible.

En somme, même chez Hérodote qui souligne souvent sa cruauté, Xerxès reste ambivalent et complexe, notamment dans les discussions qu'il a avec son oncle Artabane, hostile à l'aventure européenne[2], et plus complexe qu'il n'est en tout cas dans le final larmoyant des *Perses*, dans ce qu'y dit son Père Darius ou sa mère Atossa.

En troisième lieu, il s'agit d'examiner l'attitude de Xerxès pendant la bataille. Eschyle nous le décrit comme un spectateur au théâtre, surplombant la bataille et comptant les bons et les mauvais points :

> LE MESSAGER — Pour voir l'armée entière, il s'était établi Sur un tertre élevé, tout auprès du rivage. Il déchire sa robe, et pousse un cri perçant [...]. (v. 466-468)

Hérodote et Plutarque complètent d'ailleurs la description d'Eschyle :

> Lorsque Xerxès, de sa place au pied de la colline qu'on nomme Aigalée, en face de Salamine, voyait quelque exploit accompli par l'un des siens, il demandait le nom de son auteur, et ses secrétaires consignaient le nom du capitaine du navire[3]. (VIII, 83-86)

1. « Sur ces vaisseaux ailés, bleu-noir, Sur ces vaisseaux ils sont partis, Sur ces vaisseaux ils ont péri [...] Ils tourbillonnent désormais [...] Le flot cruellement les carde, pâture du peuple sans voix, né de la mer inaltérée. »

2. Xerxès pleure ainsi devant ses soldats qui traversent l'Hellespont parce « la pitié m'a saisi lorsque j'ai pensé au temps si court de la vie des hommes, puisque de cette multitude sous nos yeux, pas un homme ne sera en vie dans cent ans ». À quoi Artabane, son oncle, répond : « si le Ciel nous laisse goûter un instant la douceur de la vie, c'est par là qu'il montre bien sa jalousie » (VII, 46). S'ensuit une discussion avec Artabane, qui lui avait déconseillé d'envahir la Grèce pour les dangers que recelaient et la terre et la mer. Comment abriter une flotte aussi importante dans un port, et la défendre des tempêtes ? Comment ne pas condamner une armée aussi importante à la famine ? Pour Artabane, c'est la grandeur même de l'armée perse qui fait problème et qui la fragilise. « Si tu augmentes l'effectif de ta flotte, les deux dangers que sont la terre et la mer en deviennent encore plus menaçants » (VII, 49).

3. Hérodote, Thucydide, *Œuvres complètes*, *op. cit.*

Pendant longtemps, la « scène » marquera les Athéniens, d'autant plus que se trouvait dans le Parthénon le trône abandonné par Xerxès ce jour-là, supposément dans « une fuite désordonnée », pour reprendre la formule d'Eschyle (v. 470) :

> Xerxès trônait dans un lieu élevé [au-dessus du temple d'Héraclès, ou au-dessus du lieu-dit Les Cornes]. Il y avait fait placer un trône d'or et poster de nombreux scribes, dont la besogne était de prendre par écrit le détail de l'action[1].

Xerxès est, disions-nous, comme au théâtre, ne côtoyant ni ne secondant ses hommes, à distance et loin du danger ; mais la guerre est un étrange théâtre, car le regard y est actif : le simple fait d'être observé change le comportement des soldats. Xerxès scrute ses hommes, mais il est ainsi une source certaine de désordre, car les Perses veulent tous briller aux yeux de leur Roi, comme le rapporte Hérodote :

> Tous rivalisaient d'ardeur et redoutaient Xerxès, et chacun se croyait spécialement observé par le roi.

Mais chacun désirant être un héros, et prenant de son côté des initiatives personnelles, le désordre de la bataille ne fait que croître, au point que plusieurs témoignages confirment que des bateaux perses ont pu mutuellement s'éperonner et jouter. Face à l'ordre grec, à la discipline collective et « isonomique » (« la même loi pour tous »), on devine la confusion perse, produite par un désir mal réfréné de briller individuellement, de l'emporter comme un héros épique sur ses propres compagnons. Il y a là une opposition de valeurs : la guerre n'est pas un « théâtre » où il s'agit se faire « remarquer », elle est une affaire sérieuse, collective, « politique ».

Quatrièmement, la retraite de Xerxès chez Eschyle (la troisième catastrophe après Salamine et Psyttalie qui clôt l'ensemble du désastre perse), est à confronter avec les sources historiques antiques. Cette retraite a semble-t-il été fort difficile, si l'on en croit le récit d'Hérodote[2]. Mais

1. Plutarque, *Vies parallèles*, *Vie de Thémistocle*, *op. cit.*

2. Retraite de Xerxès (VIII, 113-120) : « Xerxès laissa Mardonios en Thessalie et marcha vers l'Hellespont au plus vite. Il parvint en 45 jours aux ponts sur le détroit, avec une armée réduite pour ainsi dire à rien. Sur le chemin, qu'ils fussent chez des amis ou des ennemis, les soldats s'emparaient de toutes les récoltes pour se nourrir ; s'ils n'en trouvaient pas, ils mangeaient l'herbe des champs, dépouillaient les arbres cultivés ou sauvages de leur écorce et de leurs feuilles dont ils se repaissaient, et ils ne laissaient rien derrière eux, tant la faim les pressait. De plus, une épidémie se déclara dans l'armée, qui, avec la dysenterie, fit périr beaucoup d'hommes au cours de la route [...] Les Perses continuèrent leurs courses et, quittant la Thrace, arrivèrent au point de passage du détroit et se hâtèrent

cette retraite, difficile, a longtemps posé un problème stratégique. Pourquoi Xerxès a-t-il fui, alors qu'il disposait malgré tout d'une armée encore considérable (qu'il laissa à Mardonios, le vaincu de Platées), et qu'en dépit de sa victoire, Athènes était fragilisée par l'occupation de son territoire (et donc de ses chantiers navals). Chez Eschyle, la « fuite désordonnée » (v. 470) de Xerxès a quelque chose de « panique » et quoiqu'il faille ici prendre évidemment en compte les conventions théâtrales, l'arrivée de Xerxès à Suse suit de bien près (donc de manière bien improbable) l'arrivée du messager perse qui a parcouru en personne (il est lui-même un « témoin oculaire ») l'espace entre l'Europe et l'Asie d'une manière fantastiquement (et fictivement) rapide. Il y a une étrange précipitation dans la fuite et dans l'arrivée « théâtrale » de Xerxès, sur un char qui doit être sans grand lustre[1], avec ses vêtements déchirés, lamentables. Non seulement la guerre transforme toutes les conditions, et les riches tuniques des rois d'Asie en haillons pitoyables, mais on note également que Xerxès a pris la fuite comme une bête apeurée, chassée, ce qui est déjà plus noble que la comparaison eschyléenne peu flatteuse, mais cyniquement réaliste, des Perses à des poissons pêchés : « Comme des thons ou des poissons pris au filet » (v. 424).

Or cette arrivée « panique », pitoyable, est à retoucher. Rien ne prouve que Xerxès ait pris la fuite de manière imprudente, irréfléchie, capricieuse, et lâche. Loin d'être la suite d'un mouvement panique, sa retraite fut le résultat d'un débat stratégique particulièrement complexe, dont Hérodote et Plutarque ont gardé la trace[2]. Mais c'est pourtant le contraire qu'Eschyle

---

de gagner Abydos, en passant l'Hellespont sur leurs navires, car ils ne trouvèrent plus leurs ponts de bateaux que la tempête avait rompus. Arrêtés quelque temps en cet endroit où ils se trouvaient mieux ravitaillés que pendant leur retraite, ils se bourrèrent de nourriture sans retenue, et cet excès joint au changement d'eau fit périr encore un bon nombre de survivants. » Mais Hérodote donne aussi une autre version, selon lui peu crédible du retour de Xerxès à Sardes : « Il s'embarquait lui-même sur un vaisseau phénicien pour regagner l'Asie ». Mais rien, chez Eschyle, ne semble laisser supposer un retour maritime.

1. Comme l'écrit Hérodote : « Xerxès avait laissé le char sacré de Zeus en Péonie, mais il ne le retrouva pas à son retour [...]. »

2. Selon Hérodote, Xerxès prend conseil après la bataille (VIII, 97-103) auprès de son général Mardonios : « Lorsque Xerxès eut mesuré sa défaite [...] il eut peur d'être enfermé en Europe et d'y trouver sa perte... ». Mais ce problème de la retraite de Xerxès est complexe. Thémistocle voulait couper le « pont » du Bosphore pour interdire la fuite de l'armée perse. Mais comme le rapporte Plutarque dans *La Vie d'Aristide* : « Aristide lui conseilla [à Thémistocle] de chercher plutôt les voies les plus rapides pour chasser le Mède de Grèce, de peur qu'étant cerné et dans l'impossibilité de fuir, il ne fût contraint de se défendre, avec toutes les forces dont il disposait. (IX) ». Thémistocle aurait suivi ce

veut nous suggérer, réintégrant ainsi la retraite de Xerxès dans le cadre d'une forme de malédiction sacrée ou de destin « démonique », qui s'acharne sur le Strymon et poursuit jusqu'au bout le châtiment du coupable. La guerre est moins une question de calculs, d'optimisation des ressources et des chances, qu'une affaire sacrée conduite par la justice divine.

Mais un poète n'est pas un historien : il ne nous dit pas ce qu'a été la guerre, il ne prétend même pas le savoir, mais il nous en dit quelque chose car, comme le disait Barthes, il « en sait long sur les hommes[1] ».

conseil : « Dans ses conditions, Thémistocle renvoya en secret l'eunuque Arsace, un des prisonniers, avec ordre d'expliquer au Grand Roi que les Grecs étant décidés à conduire leur flotte contre les ponts, le stratège lui-même les en avait détournés pour sauver ce Prince. Sur cet avis, Xerxès épouvanté se hâta de gagner l'Hellespont ; mais il laissait derrière lui Mardonios, à la tête de ses meilleures troupes [...] » On soulignera une fois encore la ruse, ou *métis*, de Thémistocle, qui en même temps chasse Xerxès par une fausse confidence (ce qui lui vaut la reconnaissance des Grecs), et se ménage pour l'avenir, en cas de « disgrâce » à Athènes, un éventuel allié (car il mérite *aussi* la reconnaissance de Xerxès). Chez Eschyle, la guerre semble bien éloignée de tous ces petits « calculs » cyniques : elle n'a qu'une dimension épique.

1. *Leçon*, p. 18 : « La littérature ne dit pas qu'elle sait quelque chose, mais qu'elle sait de quelque chose, ou mieux : qu'elle en sait quelque chose – qu'elle en sait long sur les hommes ».

Les thèmes autour de la guerre

Les Perses d'Eschyle permet de poser le problème de la guerre autour de plusieurs grands thèmes : la force et la relation à l'autre (1), la souffrance et l'angoisse (2), la justice et la ruse dans le temps et l'espace (3).

La Force et la relation à l'autre dans la guerre

La guerre est toujours une expérience de la force et de la puissance, où il s'agit de mettre autrui, d'une manière ou d'une autre, en son pouvoir, ou d'en devenir le maître. En grec, l'idée de force (le mot *kratos* que l'on retrouve par exemple dans « démo-*cratie* », le pouvoir du peuple) est problématiquement[1] liée à celle de « dureté » (« *kratus* », de la même famille indo-européenne que l'anglais *hard* ou l'allemand *hart*). La force a une dureté, qu'il faut pouvoir « supporter », ou toute « maîtrise » (*krateo*) impose à autrui quelque chose de pénible à endurer (*kartereo*), comme il faut bien prendre sur soi maladie ou famine, c'est-à-dire y « résister ».

Comme Simone Weil l'a bien mis au jour, la force est dans l'*Iliade* ce qui transforme autrui en chose, ce qui le « durcit » et le « réifie » : la force a une « propriété de pétrification ». Voici comment Simone Weil commente le beau et célèbre vers homérique : « Arès est équitable, et ils tuent ceux qui tuent[2] ».

> Si tous sont destinés à souffrir la violence, c'est là une vérité à laquelle l'empire des circonstances ferme les esprits des hommes. Le fort n'est jamais absolument fort, ni le faible absolument faible, mais l'un et l'autre l'ignorent. Ils ne se croient pas de la même espèce ; ni le faible ne se regarde comme le semblable du fort, ni il n'est regardé

1. Voir Émile Benveniste, *Le Vocabulaire des institutions indo-européennes*, Paris, Minuit, 1969, p. 80-82 : « L'ensemble lexical constitué autour de *Kratos* n'est pas une famille homogène. Il se partage en deux groupes distincts : [...] Le premier est articulé par la notion physique ou morale de prévalence, d'avantage au combat ou à l'assemblée : *kratos*. Il se développe en une série de termes à référence morale ou politique (*egkrates*, *akrates*, qui est ou qui n'est pas « maître de soi ») ou le pouvoir comme puissance territoriale et politique (« *kratein* », « être maître, avoir l'autorité »). Le second procède de la notion physique de « dur », contraire de « mou » : *kratus*, *kartunein* « durcir », *kratai* – « dur » [...]. Nous ne croyons pas possible de ramener à l'unité ces deux groupes lexicaux : ils doivent venir de deux radicaux distincts, quoique très voisins de forme, sinon même semblables, en indo-européen. »

2. Homère, *Iliade*, VIII, 309. Voir aussi l'évangile de Matthieu, 26,52 : « Alors Jésus lui dit : Remets ton épée à sa place ; car tous ceux qui prendront l'épée périront par l'épée. »

> comme tel. Celui qui possède la force marche dans un milieu non résistant, sans que rien, dans la matière humaine autour de lui, soit de nature à susciter entre l'élan et l'acte ce bref intervalle où se loge la pensée. Où la pensée n'a pas de place, la justice ni la prudence n'en ont [...].

Xerxès est celui qui utilise la force. Mais il a aussi trop confiance dans la force. Il est si fort, qu'il ne voit plus la résistance que les autres pourraient lui opposer. Il est si fort, qu'il va trop loin, trop fort, « au-delà de la force dont il dispose », qu'il n'a plus conscience que la force dont il dispose est en réalité limitée :

> C'est ainsi que ceux à qui la force est prêtée par le sort périssent pour trop y compter. Il ne se peut pas qu'ils ne périssent. Car ils ne considèrent pas leur propre force comme une quantité limitée, ni leur rapport avec autrui comme un équilibre entre forces inégales. Les autres hommes n'imposant pas à leurs mouvements ce temps d'arrêt d'où seuls procèdent nos égards envers nos semblables, ils en concluent que le destin leur a donné toute licence, et aucune à leurs inférieurs. Dès lors ils vont au-delà de la force dont ils disposent. Ils vont inévitablement au-delà, ignorant qu'elle est limitée [...].

Et dès lors la force ne peut plus que se retourner contre lui, car la force devient terriblement faible lorsqu'elle rencontre plus puissante qu'elle :

> Ce châtiment d'une rigueur géométrique qui punit automatiquement l'abus de la force, fut l'objet premier de la méditation chez les Grecs. Il constitue l'âme de l'épopée ; sous le nom de Némésis, il est le ressort des tragédies d'Eschyle [1] [...].

L'expérience de la force est l'expérience de ce retournement de celle-ci en faiblesse, car elle n'est force que pour l'emporter *relativement* face à une autre, mais cette prévalence toute relative s'absolutise nécessairement dans le sentiment qu'a le « fort » de sa force : il croit que rien ne pourra jamais lui résister, car tout a jusqu'à présent plié devant lui. Chez Eschyle, c'est bien parce que Xerxès a trop cru en sa force qu'il revient si « faible » dans le final des *Perses*. Il est de l'essence de la force de vouloir aller « au-delà » de ce qu'elle peut, et donc de devenir la faiblesse qui nous perd (*hybris*).

Mais comme le remarque Simone Weil, il y a une seconde malédiction dans ce « poème de la force » que constitue *L'Iliade* : la force nous déshumanise. Celle-ci déshumanise celui qui l'emploie, « autant comme »

1. Simone Weil, « *L'Iliade*, ou le poème de la force », Marseille, *Les Cahiers du Sud*, 1940, p. 54-56.

(disait l'ancien français) celui qui la subit. Il faut en effet une grande « force d'âme », c'est-à-dire précisément la force d'être supérieur à celle que l'on mobilise, pour ne pas soi-même s'oublier en se durcissant dans la violence soit qu'on inflige, soit qu'on endure. C'est l'expérience de la guerre qui « pétrifie » les hommes : le soldat, qui craint la mort, c'est-à-dire qui éprouve l'impossibilité de se projeter dans l'avenir ou l'impuissance de vivre au futur, ne s'identifie plus qu'à sa réalité présente, qu'au pouvoir momentané qu'il a de briser autrui :

> Il faut pour respecter la vie en autrui quand on a dû se mutiler soi-même de toute aspiration à vivre, un effort de générosité à briser le cœur [...]. Le soldat vainqueur est comme un fléau de la nature ; possédé par la guerre, il est autant que l'esclave, bien que d'une manière tout autre, devenu une chose, et les paroles sont sans pouvoir sur lui comme sur la matière. L'un et l'autre, au contact de la force, en subissent l'effet infaillible, qui est de rendre ceux qu'elle touche ou muet, ou sourd[1].

Dans *Les Perses*, les morts de Salamine ne sont plus que des choses, des « poissons dans des filets ». Les noms glorieux du catalogue des généraux perses (v. 16-64) n'appellent plus qu'« un je-ne-sais-quoi qui n'a de nom dans aucune langue », comme le disait Bossuet dans une formule célèbre : des cadavres en voie de décomposition.

Mais on soulignera aussi combien devant le phénomène de la force qui se change en faiblesse ou devant cette malédiction de la force qui frappe et déshumanise le vainqueur comme le vaincu, les hommes sont fondamentalement égaux. Barbares ou Grecs chez Eschyle, comme Troyens ou Achéens chez Homère, vivent tous la même horreur, et « l'extraordinaire équité qui inspire l'Iliade », dont parle Simone Weil, a peut-être son pendant dans celle des *Perses*. L'ennemi partage le même malheur que nous.

Ceci explique peut-être que les Athéniens aient pu, sans cruauté (du latin *cruor*, le sang dont on a le « goût ») ni complaisance patriotique, voir rappeler au théâtre les souffrances récentes de leur adversaire ; peut-être même ont-ils pu y éprouver une forme de sympathie :

> Il est probable que la tragédie sut trouver en eux le chemin de la compassion. On peut l'expliquer par le fait que le héros des Perses n'était pas Xerxès, non plus que l'ombre de Darius, mais le chœur, ce héros collectif que sont les Perses[2].

1. Simone Weil, art. cit., p. 70-71.
2. Nicole Loraux, *La Voix endeuillée*, *op. cit.*, p. 131.

L'ennemi n'est pas en effet le radicalement autre ; il n'est pas « un autre que moi », mais un « autre-moi ». Il suffit de penser à l'ambivalence du terme latin *hostis* (qui a donné notre « hostilité ») et qui pouvait signifier aussi bien « l'hôte » aux époques les plus anciennes, celui que nous accueillons ou qui nous reçoit dans une relation d'« hospitalité » réciproque entre individus, en deçà ou au-delà des relations interclaniques. En Grèce, l'étranger (le *xenos*) est ainsi sous la protection de Zeus *Xenios*, qui veille au respect de la *xenia*, c'est-à-dire des pactes[1].

Se joue dans l'emploi de la force, qui toujours « va trop loin » et qui toujours « pétrifie », la reconnaissance généreuse de l'humanité de l'ennemi, c'est-à-dire la reconnaissance de ma propre humanité menacée par l'excès même de la victoire. Comme l'explique Nicole Loraux :

> Je fais donc l'hypothèse que la réception d'une tragédie comme les Perses relevait d'un subtil dosage de patriotisme et de compassion, de plaisir et de peine [...] Dès lors il devenait possible de donner une dimension scénique à l'impératif d'honorer son ennemi, voire de procéder, sans dommage pour l'identité des spectateurs, à l'acclimatation de l'autre comme même[2].

Cela ne signifie évidemment pas la négation de tout rapport d'hostilité, le refus des schématisations guerrières, comme « la lance grecque » opposé à « l'arc perse » : il faut toujours se défier prudemment des Barbares. Mais si l'usage de la violence, le simple fait de saisir une lance et de la pointer vers autrui, engage des forces cosmiques[3], elle suppose aussi un appel constant à l'humanité de l'homme.

1. Émile Benveniste, *Le Vocabulaire des institutions indo-européennes*, *op. cit.*, p. 94-95 : « L'hospitalité [...] est fondée sur l'idée qu'un homme est lié à un autre (*hostis* a toujours une valeur réciproque) par l'obligation de compenser une certaine prestation dont il a été bénéficiaire. La même institution existe dans le monde grec sous un autre nom : *xenos* indique des relations du même type entre des hommes liés par un pacte qui implique des obligations précises s'étendant aussi aux descendants [...]. Par un changement dont nous ne connaissons pas les conditions précises, le mot « *hostis* » a pris une acception « hostile », et désormais ne s'applique plus qu'à l'ennemi ».

2. Nicole Loraux, *La Voix endeuillée*, *op. cit.*, p. 78.

3. Voir, sur l'usage de la lance, Louis Gernet, *Droit et Institutions en Grèce antique*, 1968, p. 78 : « La lance que l'on "porte contre" l'ennemi ne figure pas seulement l'instrument matériel d'un meurtre compensatoire, elle est un objet religieux comparable au javelot que lance le fétial romain sur le territoire ennemi lors de l'ouverture d'une guerre ; mais comparable aussi à l'attribut distinctif de ce Zeus *Areios* dont l'épithète est apparentée à Arès et qui est également associé à une ordalie mythique d'Olympie où périt, sous la lance de Pélops, le roi *Oenamos* porteur de lance. L'ensemble du rite [...] n'est pas un "signal des hostilités" au sens d'une pure représentation ; il est quelque chose d'actif ; il est une action magico-religieuse ».

LES SOUFFRANCES ET L'ANGOISSE DE LA GUERRE

Les Perses est une pièce où les souffrances de la guerre, l'angoisse que celle-ci éveille en nous, sont omniprésentes.

Certes, les craintes qu'expriment le chœur des « Fidèles » et la Reine Atossa, ne sont jamais que le revers de la joie athénienne et, plus subtilement peut-être, une manière indirecte de rassurer le public grec sur l'affaiblissement de l'empire achéménide, quand cette diminution de puissance n'était pas encore si évidente en 472[1]. Comme l'écrit Eschyle :

> XERXÈS — Peine pour nous, c'est joie pour l'ennemi (v. 1034).

Et il y devait y avoir un vrai sentiment de triomphe dans le théâtre de Dionysos à voir énumérer, sous les espèces d'un catalogue épique, les places grecques en Thrace et en mer Égée gagnées par Darius et perdues par Xerxès : Lesbos, Samos, Chios, Paros, Naxos, Mykonos, Ténos, Andros, Lemnos, Rhodes, Cnide, Paphos, Soles, Salamine, etc. (v. 879-895).

Mais tout cela n'interdit pas une communion du public athénien à l'incertitude angoissée du chœur perse, car l'expérience de la crainte est au cœur du théâtre eschyléen comme un trait caractéristique de la condition humaine dans sa relation au divin.

On ne peut guère que reprendre ici les analyses classiques de Jacqueline de Romilly dans *La Crainte et l'Angoisse dans le théâtre d'Eschyle*.

Premièrement, la crainte est chez Eschyle un phénomène physique en rapport avec l'appréhension d'une justice divine qui ne peut manquer de frapper un coupable ; et elle est moins attente du châtiment que la punition elle-même qui commence par et dans cette attente terrifiée :

> La crainte eschyléenne est, en général, brutale, physique, mystérieuse, involontaire. Elle ne prend point son origine dans une réflexion. Elle n'a rien d'intellectuel ni de calculateur. [...] La terreur est partie intégrante de la peine, et non une réflexion sur son éventualité[2].

1. Comme l'écrit fermement Mazon dans *Eschyle, Tragédies* : « On peut même se demander s'il n'y a pas dans cette insistance à montrer l'ennemi humilié un certain besoin de se rassurer soi-même. L'empire de Xerxès n'était pas détruit. Les Perses songeaient à la revanche. La bataille de l'Eurymédon, quelques années plus tard, mettra, seule, fin à ces projets », édition et traduction de P. Mazon, p. 59.

2. Jacqueline de Romilly, *La Crainte et l'Angoisse dans le théâtre d'Eschyle*, Paris, les Belles Lettres, « Collection d'études anciennes », 1958, p. 79.

Mais cette angoisse est ambivalente : elle est à la fois la reconnaissance d'une règle de justice, d'un ordre divin qui doit imposer ses lois – le coupable ne peut pas rester impuni- et, en même temps, elle est accompagnée par le sentiment que cette règle est sans autre raison que l'arbitraire divin, le « daimon » si capricieux, si imprévisible, que ne cessent d'invoquer, de flatter ou de chercher à se concilier, tous les personnages des *Perses :*

> L'homme eschyléen comprend que la justice doit frapper, mais d'abord il sent, dans l'épouvante, qu'elle va le faire. Située par conséquent à la rencontre de deux tendances presque opposées, la crainte eschyléenne, telle que l'éprouvent les vieillards, reconnaît à la fois une règle et un arbitraire. Elle entrevoit une justification au malheur et se considère pourtant comme née du bon plaisir divin [1].

Mais il y a au final deux formes de crainte, la bonne et la mauvaise.

Premièrement, une crainte lâche qui ne relève que de la peur du pouvoir, et c'est éventuellement la crainte que peuvent éprouver les Perses devant leur maître Xerxès (Hérodote multiplie les traits de cruauté du tout-puissant tyran devant lequel on s'agenouille comme devant un dieu). C'est surtout la peur que Xerxès a cherché sans succès à susciter chez les Grecs :

> La mauvaise crainte, c'est celle qu'inspirent les mauvais maîtres. Comme ils ne sont pas justes, la crainte dont on les entoure ne s'accompagne pas de respect.

Mais il y a une seconde peur, une crainte respectueuse des dieux, qui est d'abord une réponse à l'*hybris*. C'est cette crainte de la faute, de l'*hamartia*, du faux pas tragique, qui empêche parfois l'homme de mal agir et d'appeler sur lui le châtiment divin :

> C'est là une crainte apparentée à la prudence, et une assez modeste morale. Mais elle indique au moins que la crainte peut devenir bonne quand elle intervient à l'avance, comme une règle de conduite. Mais pour qu'elle soit tout à fait bonne, il ne faut pas seulement qu'elle tende à se prémunir contre les surprises du hasard. Il faut qu'elle intervienne pour empêcher toute faute, toute injustice ; et pour cela, il faut qu'elle croie au châtiment de l'injustice [2] [...].

La crainte est ainsi déjà en soi un châtiment, la réponse immanente à l'*hybris*, et en même temps un avertissement de fuir l'*hybris*, une invitation à respecter la justice divine. Mais le cœur de l'angoisse eschyléenne, « ce qui se hérisse dans notre cœur », comme le dit le Coryphée (« Le tourment

1. Jacqueline de Romilly, *La Crainte et l'Angoisse dans le théâtre d'Eschyle*, *op. cit.*, p. 79.
2. Jacqueline de Romilly, *La Crainte et l'Angoisse dans le théâtre d'Eschyle*, *op. cit.*, p. 110.

point le cœur de mon cœur », v. 10-11), c'est que les règles de justice qu'il faut respecter ne sont finalement que le produit d'une puissance divine ou démonique arbitraire.

C'est pourquoi il faut un troisième moment : que la crainte elle-même devienne l'expérience d'une *révélation*, le lieu de manifestation d'une vérité, celle que la justice divine est vraiment juste et donc vraiment divine :

> Mais ce qui donne sa portée au drame ainsi vécu par les Perses est la découverte progressive de son sens, c'est-à-dire la découverte progressive du rôle qu'y joue la justice divine [1].

L'apparition du roi Darius, et sa présence oraculaire, ne relève donc en rien d'une recherche théâtrale du « spectaculaire » ou du « fabuleux », en dépit du recours à des incantations rituelles bourrées de « barbarismes » ou de formules « exotiques ». Ses prophéties, comme le modèle de vie et de mesure qu'il exemplifie face à la démesure de son fils, constituent au contraire la mise au jour du sens profond de l'angoisse qui affecte les Perses :

> Le ton du roi est prophétique et il a la majesté de l'au-delà. Mais surtout ses paroles achèvent la mutation intérieure qui fait que, contre les Perses, le vrai protagoniste n'est ni Thémistocle, ni Athènes, ni les Grecs, mais la volonté divine. Au cœur de la pièce, celle-ci est révélée. Et cette révélation contribue pour une large part à donner aux longues plaintes, qui remplissent la fin de la pièce, leur poids tragique [2].

L'effroi qui, de prime abord, semblait sans raison, angoisse qui s'angoissait de rien, ou qui s'angoissait de l'incertain, devient la peur de quelque chose, et de quelque chose d'inflexible : un ordre divin devant lequel tout coupable fait l'expérience de son impuissance, fût-il le plus puissant des « mortels » ; et la crainte accède ainsi à sa vérité lorsqu'elle révèle ce que l'homme aurait dû craindre depuis toujours.

Mais si la crainte et l'angoisse deviennent ainsi le signe que l'homme appartient à un ordre divin qui le dépasse, et qu'il redoute, que faire de l'expression de la souffrance ? Autant l'expression de l'angoisse, dans *Les Perses*, semble noble, et relève manifestement du respect dû à la justice divine, autant l'expression de la douleur tourne parfois à des onomatopées potentiellement grotesques [3].

1. Jacqueline de Romilly, *La Tragédie grecque*, *op. cit.*, p. 56.
2. Jacqueline de Romilly, *La Tragédie grecque*, *op. cit.*, p. 57-58.
3. Nicole Loraux, *La Voix endeuillée*, *op. cit.*, p. 64 : « Mais c'est chez Eschyle, dans *Les Perses*, cette longue lamentation en idiome barbare tel qu'un Grec l'imagine, qu'on peut suivre au plus près les variations sonores de la plainte et le travail accompli par la tragédie sur le registre du deuil. Un petit

Cependant comme l'angoisse révèle à l'homme une justice divine qui s'étend en droit à l'ordre cosmique, qui est donc un *au-delà* de la *Polis* ou du cadre communautaire de la Cité (puisque cette justice vaut pour les Grecs autant que pour les Perses), la souffrance a quelque chose de physique, de corporel, de spontané comme un cri de la chair, qui relève possiblement de l'infra-politique, de ce que l'homme vit non pas en tant que citoyen, mais comme être sensible et vulnérable.

Comme l'écrit Nicole Loraux :

> Soit maintenant l'échange entre Xerxès et le chœur. Je m'étendrai volontiers sur *Gâ d'aiazei tan eggaian/heban* (v. 922-923 : « la terre pousse un *aiaî* sur la jeunesse qui l'habitait ») [...]. Mais il me tarde d'arriver au ia (ie), cette exclamation rituelle dont le chœur fait le mauvais chant du thrène mariandynien, qu'il caractérise comme son de mauvais augure et qu'il associe au cri en larmes (*poludakrun iakhan*). Enfin, comme *Les Perses* s'achèvent sur un long *kommos* où Xerxès est, pour ainsi dire, chorège de la plainte, les choses se précipitent et les cris se redoublent. Ce ne sont plus, du côté de Xerxès, qu'injonction à pleurer (*diaîne, diaîne*), à quoi répond le aiaî aiaî du chœur. Ces variations, de la sémantique à la phonologie, nous ont apparemment éloignés du discours civique, de sa clarté d'expression, de sa maîtrise des acceptions[1].

L'angoisse comme la souffrance dans la guerre révéleraient ainsi à l'homme, de manière tragique, qu'il y a un au-delà et un en deçà de l'ordre « politique ». Pour le dire autrement : la guerre révèle ce qui en l'homme n'est pas politique, lors même que, dans la guerre, c'est paradoxalement la survie de la *polis* qui est l'enjeu.

> Allez, fils des Grecs ! Délivrez votre patrie, délivrez vos fils et vos femmes, les autels des dieux de vos pères, les tombeaux de vos aïeux ! C'est pour eux tous qu'il faut se battre. (v. 400-404)

---

nombre de mots suffit, puisque à *aiaî* et *ania*, il suffit d'ajouter *aîa*, nom de la Terre (250, *ô Persis aîa*), *daïos*, qui qualifie tout ennemi comme déchireur – dans la gestualité du deuil, c'est toutefois aussi la peau que l'on déchire – et *diainomai*, « mouiller de larmes, pleurer », et l'on obtient la toute première réaction du chœur à l'annonce désastre par le messager : *Ani' ania kaka neokota, Kai daï, aiaî diainesthe, Per-Sai, tod'akhos kluontes* (v. 256-258). Une traduction donnerait « douleurs, douleurs, malheurs inouïs et hostiles, *aiaî*, versez des larmes, Perses, à apprendre ce fléau ». Mais, de cette traduction, on n'apprendra guère plus que ce l'on avait déjà entendu dans la sonorité des mots »

1. Nicole Loraux, *La Voix endeuillée*, *op. cit.*, p. 65.

THÉMIS ET MÉTIS DANS LE TEMPS ET L'ESPACE

On remarquera enfin que l'invasion de Xerxès apparaît comme une rupture de l'ordre juste. Il ne s'agit pas ici d'une rivalité de type agonique, d'une compétition ou d'une émulation entre le monde grec et le monde barbare, mais d'une cassure dans le cosmos : l'Europe n'est pas l'Asie, et personne ne peut corriger ce que les dieux ont voulu. Darius le dit solennellement :

> DARIUS — Il a fermé le grand Bosphore [...] Ha, un puissant daïmon, pour aveugler ainsi son jugement ! (v. 723-725)

Ou encore :

> DARIUS — Il ne faut plus mener d'expédition en Grèce [...] Là-bas, la terre même est pour eux une alliée. (v. 790-792)

Il y a une justice supérieure à l'ordre humain, qui suppose de considérer les choses avec deux yeux, et non pas selon l'unilatéralité de notre désir de puissance ou de richesse. Il faut voir les choses comme elles doivent être vues, en prenant en considération l'ensemble, en prenant de la distance dans le temps et l'espace, et non pas examiner isolément les situations selon notre perspective limitée. Chez Homère, les cyclopes, qui n'ont qu'un seul œil, sont ainsi *athémistes*, ils manquent de *thémis*, la justice des dieux, le droit familial, qui implique toujours une idée d'ordre, quand la *dikè*, la justice des hommes, le droit interfamilial, cherche, par la force des institutions et des conventions, à réguler les rapports de force[1]. Il est inutile de poser le problème des guerres médiques dans les termes des réflexions modernes ou contemporaines de la guerre juste, ou justifiable, car il ne s'agit pas en l'espèce de neutraliser ou de canaliser la violence *(bia)*, entre les hommes, mais de punir une violence faite aux dieux.

La guerre de Xerxès est ainsi injuste car elle n'est pas dans « l'ordre ». Il n'a pas pris la mesure des temps ni la mesure des espaces.

1. Émile Benveniste, *Le Vocabulaire des institutions indo-européennes*, *op. cit.*, I, p. 99-110 : « À la base de Thémis, il y a une racine "poser, placer, établir" [...] *Dikè* renvoie à une racine qui signifie "montrer" ou "dire". *Dikè* renvoie à l'idée "d'institution", voire de "convention". *Dikè* signifie "usage, manière d'être [...] Mais la notion éthique de justice, telle que nous l'entendons, n'est pas incluse dans *dikè*. Elle s'est peu à peu dégagée des circonstances où la *dikè* est invoquée pour mettre fin à des abus. Cette formule de justice devient l'expression de la justice même, quand la *dikè* intervient pour mettre fin au pouvoir de la *bia*, de la force. »

C'est ce que souligne Jacqueline de Romilly dans *Le Temps dans la tragédie grecque* :

> Ainsi s'explique la place prise par le passé. Au début de la pièce, le chœur et Atossa tour à tour commentent les fautes dont s'est accompagné le départ des troupes pour la Grèce : le rappel du passé et la crainte pour l'avenir alternent aisni en évocations passionnées. Mais, au centre de la pièce, entre la nouvelle du désastre et le retour du roi vaincu, ce besoin de remonter au passé pour mieux comprendre le présent se matérialise soudain sous la forme d'une apparition, et le fantôme du vieux roi revient exprès de chez les morts pour expliquer et tirer la leçon.

Darius joue là encore un rôle, non pas anecdotique, mais fondamental de décentrement – décentrement dans le temps qui permet d'y voir plus clair, de prendre une vue plus juste des choses :

> Dans les explications qu'il apporte, il insiste assurément sur la jeune imprudence de Xerxès ; mais il rappelle aussi un oracle, dont il connaissait l'existence à l'avance, et dont il espérait que la réalisation n'arriverait pas aussi rapidement ; il retrace ainsi brièvement une histoire qui remonte aux débuts de la souveraineté mède, cinq générations avant la sienne (v. 765 *sq.*) : autrement dit, il introduit là un commentaire sur un lointain passé. Et, étroitement lié à ce rappel du temps passé, on trouve la prédiction relative au futur : Darius, en effet, révèle que le désastre n'a pas encore atteint son terme [...]. Huit générations sont donc ramassées en un tout, que lie le clair rapport entre la faute et le châtiment[1].

Darius est ainsi le détour par le passé qu'il faut prendre, qui seul permet d'appréhender *justement*, c'est-à-dire avec justice et justesse, l'avenir, et de ne plus faire des fautes que l'on doit nécessairement payer. Le passé est l'œil qui nous manque pour voir l'avenir correctement, un peu comme les Cyclopes sont injustes, *athémistes*, et violents, parce qu'ils sont condamnés à une vision monoculaire.

Certes, on pourra toujours voir dans cette mention du passé une mise à distance qui serait l'équivalent, dans une pièce historique – la seule pièce historique que nous ayons conservée – de la « distanciation » induite naturellement dans les autres tragédies grecques par le caractère « légendaire » des mythes d'Œdipe ou d'Oreste. C'est peut-être d'ailleurs cet éloignement dans le temps qui permet au poète de créer un effet de « fiction » là où n'étaient mentionnés pour les spectateurs que des événements très contemporains :

1. Jacqueline de Romilly, *Le Temps dans la tragédie grecque*, Paris, Vrin, « Sciences de l'homme », 1971, p. 95-96.

> En se plaçant chez les Perses et dans leur perspective, le poète tragique remplace l'habituel éloignement des faits légendaires dans un temps révolu, par une autre distance, spatiale cette fois, un écart culturel qui permet d'assimiler les monarques perses et leur cour au monde des héros d'autrefois. Évoqués par le chœur, racontés par le messager, déchiffrés par l'ombre de Darius, les événements « historiques » ne sont présentés sur la scène que dans un climat de légende ; l'éclairage que projette sur eux la tragédie n'est pas celui qui convient à des réalités historiques ; c'est la lumière qui réfracte jusque vers le théâtre d'Athènes un très lointain ailleurs [1] [...].

Mais Xerxès n'a surtout pas pris la mesure des temps, non plus qu'il n'a bien estimé les espaces. Le temps et l'espace ne sont pas des réalités quantitatives, mais qualitatives : ils ont leurs limites et leurs articulations propres. L'Asie n'est pas l'Europe, même si l'on peut techniquement passer de l'une à l'autre, et nier ainsi leur différence, ou les homogénéiser. De même, Xerxès n'est pas un individu isolé : il est le produit de générations qui pèsent sur lui, le fruit d'une lignée, d'une histoire, ce que Darius, son père, lui rappelle par sa seule présence sur « scène » : le passé, même mort, est toujours là, il hante. On ne peut pas faire comme si l'espace n'était que des chemins ou des mers à franchir, et le temps une variable neutre. Le temps et l'espace inscrivent le pouvoir de l'homme dans de certaines limites.

L'épisode du « Strymon sacré » (v. 480-514), du désastre ultime au cours de la retraite perse, est à ce titre fort symbolique : un fleuve n'est pas qu'un fleuve. Il peut, par son dégel, engloutir une armée. Il faut le passer au bon moment, au bon endroit, et ne pas voir en lui qu'un simple passage. Le fleuve est une puissance divine :

> LE MESSAGER — Un dieu, lançant un hiver intempestif, fige le cours du Strymon sacré.
>
> (v. 496-497)

Celui qui a cette qualité qui s'appelle la « ruse », la *métis*, prendra pour une telle traversée la mesure des difficultés (*métis* a d'ailleurs la même racine étymologique que « mesure »), saura déterminer le *kairos*, « le bien selon le temps », dont parlait Aristote, montrera de l'habileté à choisir son détour, se montrera éventuellement léger pour ne pas peser sur la glace, renoncera même prudemment à traverser [2]. Xerxès est par excellence dans la culture

1. Jean-Pierre Vernant et Pierre Vidal-Naquet, *Mythe et tragédie en Grèce ancienne*, *op. cit.*, II, p. 87.

2. Voir Marcel Détienne et Jean-Pierre Vernant, *Les Ruses de l'intelligence, la métis des Grecs*, *op. cit.*

grecque celui qui veut « passer » (le Bosphore par exemple) là où précisément il n'y a pas de passage. Mais au lieu de se « ménager » un passage comme l'homme à *métis*, qui joue avec adresse et virtuosité des articulations du réel, Xerxès prétend passer en désarticulant le réel, en niant celui-ci. L'homme rusé utilise ce qu'offre le monde à son profit, il « se sert » du monde, là où Xerxès demande au monde de le « servir », comme les Perses sur lesquels il règne. Il ne prend pas la bonne mesure, qualitative, du temps et de l'espace, il ne « découpe » pas ces derniers comme il faut, et même sa fuite a quelque chose de précipité, de désaccordé, et n'est pas tout à fait « dans le temps ». Xerxès manque en somme de justice religieuse et politique (*Thémis*), et il manque de justesse tactique et stratégique (*Métis*) : il mène une guerre injuste.

On trouvera certes qu'Eschyle, s'il mentionne la « ruse » des Grecs à Salamine (*dolon*, v. 362), la tromperie, le piège, accorde assez peu d'importance à tout ce qui constitue la *métis*, la qualité intellectuelle ou psychologique de l'homme rusé. Même si le combat est engagé à « un instant fatidique » (v. 407), le choix de cet instant ne semble pas particulièrement adroit, là même où s'y manifestait, pour une certaine tradition, toute la sagacité de Thémistocle. À Salamine, semblent avoir davantage compté la qualité, le courage et le patriotisme de l'armée grecque, et surtout sont intervenues des forces démoniques, religieuses, cosmiques, qui condamnaient l'expédition de Xerxès. La ruse n'est que la face humaine qui permet à la « jalousie des dieux » de s'exercer :

> LE MESSAGER — Xerxès l'écoute, et sans s'aviser de la ruse, ni de la jalousie des dieux. (v. 361-362)

Conclusion

Nietzsche écrivait : « La tragédie est un tonique[1] ».

Espérons que ce tonique ne nous pousse pas tant à la guerre, comme Aristophane le faisait dire comiquement à Eschyle dans les *Grenouilles*, qu'à réfléchir sur la guerre, sur la force, sur notre relation à l'autre, sur l'angoisse, sur la souffrance, sur la justice, sur notre propre sagesse dans le monde, c'est-à-dire dans un temps et dans un espace que nous ne contrôlons pas toujours.

L'homme tragique agit dans un monde dont il ignore « les tenants et les aboutissants » : il croit se défendre en situation de légitime défense, et il tue sans le savoir son père. Il croit épouser une reine puissante, et c'est sa mère qu'il prend pour femme (on aura reconnu l'histoire d'Œdipe.). L'homme tragique n'est pas « coupable » (s'il est coupable) de ce *qu'il a eu l'intention de faire*, mais de *ce qu'il a fait*, de la réalité objective de son acte, des conséquences les plus éloignées qui en sont sorties. Il croit conquérir l'Europe, mais le monde offre une résistance inattendue car celui-ci est marqué par la contingence et l'imprévisible, par ce que Clausewitz appelait « la friction » : son armée est détruite.

Mais au-delà du tragique de la condition humaine, il y a la beauté de la tragédie. Pour plagier une formule de *La Critique de la faculté de juger* de Kant, *Les Perses* n'est pas la représentation (*mimèsis*) d'une belle guerre, mais la belle représentation d'une guerre tragique.

On peut certes ultimement s'interroger sur la nature paradoxale de cette beauté, beauté de l'horreur, de la souffrance et des larmes :

> Il n'est absolument pas possible, honnêtement, de déduire le tragique de l'essence de l'art telle qu'elle est conçue d'ordinaire sous la seule catégorie de l'apparence et de la beauté : que la joie puisse naître de l'anéantissement de l'individu, cela n'est compréhensible qu'à partir de l'esprit de la musique[2].

Et peut-être faut-il ici faire retour au théâtre d'Athènes, théâtre de Dionysos, mais aussi à la relation étroite que le dieu a dans la tragédie avec celui de la musique, Apollon. Ce dernier est le dieu du « connais-toi toi-même » et du « rien de trop », de la connaissance de soi et de la mesure,

1. Friedrich Nietzsche, *La Volonté de puissance*, § 851.
2. Friedrich Nietzsche, *Naissance de la tragédie*, ch. 14.

celui qui impose donc des limites et veille sur les distances à ne pas abolir entre les êtres. Or, écrit Nietzsche, « dans sa profonde aspiration à la justice, Eschyle trahit son ascendance paternelle qui est dans Apollon ». Mais la tragédie est aussi « le masque de Dionysos », et Dionysos, le dieu du vin, symbolise ici la « joie du devenir », l'ivresse double de créer et de détruire, une puissance indéterminée de production et de négation, l'éternelle fécondité de la vie.

> Apollon est médecin ; l'apollinien est un *pharmakon*, remède qui empoisonne car il dissocie la surface de ses racines [...]. Le dionysiaque recèle une ambivalence essentielle et indépassable : « douceur fusion voluptueuse avec la nature » et cruauté » (démembrement mythique du Dieu, et pour la subjectivité humaine, abyssale perte d'identité), ou encore joie et souffrance, unité contradictoire pour la logique apollinienne de plaisir et de peine, ou encore unité d'un déchaînement crucifiant et d'une extase apaisante [1] [...].

Pour Nietzsche, en effet, la tragédie grecque est la rencontre de deux principes : d'une part un principe de mesure, Apollon, la volonté d'introduire de la clarté et de la beauté dans le monde, le désir de recouvrir la nature d'une belle apparence, le souci enfin de distinguer les choses et de leur donner une forme définitive ; d'une autre part, un principe de démesure, le dionysiaque, la force surabondante qui vient de temps à autre « pulvériser » « les petits cercles », les petites « vaguelettes » dit encore Nietzsche, que la volonté apollinienne de mesure et de limite ne cesse de tracer autour des êtres.

> Car Apollon ne devient celui qu'il est que face à l'intrusion du dieu barbare venu d'Asie en tempête et à sa lutte avec lui. Il ignore qu'il est son propre frère et le couple parental lui-même en une personne ; il ne reconnaît pas ses parents sublimes dans l'étranger inquiétant à la fois hôte et ennemi (hostis). D'abord Apollon est seulement beau, Dionysos le rendra sublime [...] L'apollinien est mise en scène ou en image, élucidation du dionysiaque. Comme le dit Nietzsche : « ce que nous nommons tragique est justement cette élucidation du dionysiaque » [2].

La tragédie donne à voir une guerre entre deux principes qui trouvent finalement à s'harmoniser, mais tout, dans le monde (comme nous l'apprend aussi Eschyle), ne peut pas trouver son harmonie.

1. Michel Haar, *Nietzsche et la métaphysique*, « La joie tragique », Paris, Gallimard, « Tel », 1993, p 235.
2. Michel Haar, *Nietzsche et la métaphysique*, *op. cit.*, p. 234.

TROISIÈME PARTIE

De la guerre, de Carl von Clausewitz

Christophe Cervellon

Introduction générale

La Guerre : questions de « stratégie » et questions de « tactique »

Le traité *De la guerre* (1832) de Clausewitz est l'un de ses livres célèbres que l'on croit connaître sans les avoir lus, parce qu'il semble possible de les résumer par quelques grandes maximes ou idées générales :

– la guerre comme « continuation de la politique par d'autres moyens » ;

– la définition d'une part de « la tactique » et d'autre part de « la stratégie » (définition aussi claire que l'opposition entre la logique des moyens et celle des fins) ;

– la nécessité de ne pas confondre « les fins *dans* la guerre », qui sont celles du chef d'armée, et « les fins *de* la guerre », qui sont celles du chef d'État ;

– la thèse de « l'ascension aux extrêmes » qui commande logiquement l'usage de la violence ;

– le thème de « l'anéantissement » de l'ennemi (qui, disons-le tout de suite pour neutraliser des malentendus qui furent tragiques, ne signifie pas nécessairement son anéantissement physique, mais l'anéantissement de ses forces armées, voire de ses seules intentions hostiles, car il s'agit de « tuer le courage des hommes, et non les hommes »...) ;

– la différence conceptuelle sinon empirique entre la « guerre absolue », telle qu'elle doit être pensée selon sa cohérence intrinsèque, et la « guerre réelle », telle qu'elle est finalement vécue dans l'histoire humaine ;

– la notion de « friction », aujourd'hui rendue par celle de « brouillard de la guerre », qui soumet la forme abstraite de la guerre comme « lutte à mort » aux conditions concrètes, toujours contingentes, toujours imprévisibles, de l'engagement : « La friction est le seul concept qui corresponde à peu près à ce qui distingue la guerre réelle de la guerre sur le papier » [1] ;

1. Nous avons choisi de suivre dans l'introduction et cette présentation la traduction de D. Naville aux Éditions de Minuit en 1955, puisqu'elle est la plus reçue et la plus citée. Nous suivrons cependant dans notre commentaire du livre I mis au programme la traduction de N. Waquet, chez Payot & Rivages, édition abrégée recommandée pour les concours, mais qui ne contient pas l'intégralité du *Traité*.

– La division entre deux espèces de guerre, « avec décision » recherchée (où il s'agit d'abattre l'adversaire, « de le mettre KO », et où seule importe la dernière confrontation), ou « sans décision recherchée » (quand il ne s'agit que de compter les points, les « jetons », les avantages relatifs des uns et des autres dans le but d'une « négociation », dans un « jeu » où l'équilibre global des forces entre les belligérants est maintenu quoique modifié « à la marge ») ;

– la fonction de la « bataille principale » dans « la guerre moderne », c'est-à-dire dans les guerres révolutionnaires et napoléoniennes « avec décision », si différentes dans leur esprit et leurs modalités des guerres d'Ancien Régime [1] ;

– la théorie des « centres de gravité », des centres vitaux de l'ennemi (capitale ou armées principales), qu'il faut savoir identifier précisément pour ne pas se tromper d'objectifs stratégiques et emporter *réellement* la décision [2] ;

– la prise en compte des facteurs moraux, nationaux, idéologiques dans le « rapport des forces », irréductibles au simple « nombre » des combattants, à la simple grosseur physique des « bataillons », ou au pur « rapport des armes » ;

– la supériorité stratégique, en dernier ressort, de la « forme défensive » sur l'attaque ;

– la nécessité d'identifier le « point culminant de l'offensive », quand les avantages tactiques de l'attaque rendent soudainement l'agresseur plus vulnérable, parce que l'armée emportée trop loin de ses bases peut se trouver perdue dans le territoire conquis qui se referme hostilement sur elle [3] :

1. Clausewitz avait pu étudier *in vivo* lors de la bataille d'Iéna et d'Auerstedt l'anéantissement stupéfiant de l'armée prussienne au cours d'une seule bataille (où il fut d'ailleurs fait prisonnier). Les troupes napoléoniennes détruisirent et humilièrent le 14 octobre 1806 l'instrument avec lequel Frédéric II le Grand (1712-1786), l'autre grand modèle de Clausewitz avec Napoléon, avait battu les Autrichiens à Leuthen, à 38 000 contre 80 000 (1757). Voir Frédéric Encel, *L'Art de la guerre par l'exemple, L'Art de la guerre par l'exemple. Stratégies et batailles*, Paris, Flammarion, 2000.

2. On sait depuis longtemps que Xerxès a pu prendre Athènes et être pourtant défait quelques jours plus tard à Salamine, tombant dans le piège de Thémistocle, comme Napoléon a pris Moscou avant la retraite de Russie… Voir le récit par Hérodote de la bataille de Salamine, *Histoire*, VIII, 40-120, où l'annonce de la prise d'Athènes et celle de la défaite de Salamine se suivent de si près chez les Perses, que le caractère tragique de la défaite s'y trouve comme accentuée (99). Voir *infra*, la présentation des *Perses* d'Eschyle.

3. Ce point culminant de l'offensive expliquerait certes l'échec de la campagne napoléonienne en Russie de 1812, mais aussi bien l'obsession qu'ont les Perses de pouvoir rentrer en Asie, après le

> La force de l'attaque s'épuise peu à peu [...] Ainsi tout dépend d'un délicat jugement instinctif, qui reconnaît intuitivement le point culminant. Au-delà de ce point, la marée se retourne, et le contrecoup survient. La violence de ce contrecoup dépasse en général le choc initial.

Et il est vrai que certaines mises au point de Clausewitz semblent indiscutablement éclairantes, comme la célèbre distinction entre la tactique et la stratégie au livre II « Théorie de la guerre », chap. 1 « division de l'art de la guerre » :

> La conduite de la guerre est donc l'ordonnance et la conduite du combat. Si le combat consistait en une seule action, toute division supplémentaire n'aurait aucun sens. Mais le combat consiste en un plus ou moins grand nombre d'actions distinctes qui forment un tout et que l'on appelle « engagements » [...]. C'est cela qui a donné naissance à cette activité tout à fait différente qui consiste à *ordonner* et *diriger* ces engagements distincts, puis à les *coordonner* entre eux en vue de la guerre. L'une a été appelée la tactique, l'autre la stratégie [...].
> D'après notre classification, la tactique est donc la théorie relative à l'usage des forces armées dans l'engagement. La stratégie est la théorie relative à l'usage des engagements au service de la guerre [...]. La tactique a trait à la forme du combat particulier, la stratégie à son utilisation. Toutes deux ne s'occupent des conditions des marches, des cantonnements, des quartiers, qu'à travers l'engagement, et ces objets seront tactiques ou stratégiques selon qu'ils se rapporteront soit à la forme, soit à la signification de l'engagement.

Alors que certains de ces contemporains distinguaient les domaines de la tactique et de la stratégie comme le « théâtre » des opérations qui se voient, d'une part, et le domaine des manœuvres qui échappent à la vue, d'une autre part, Clausewitz distingue fondamentalement la tactique de la stratégie selon la dialectique des moyens et des fins : la tactique est le moyen de la stratégie, comme elle est la mise en place des moyens qui permettent au chef de guerre d'atteindre les objectifs qu'il a stratégiquement choisis. Et même si certaines actions peuvent avoir un sens à la fois tactique et stratégique, on voit précisément, sur cette division cardinale de l'art de la guerre, le goût, ou l'obsession, pour la clarté théorique qu'avait

---

désastre de Salamine. Voir Hérodote, *Histoires*, VIII, 115, pour le contexte du retour calamiteux de Xerxès qu'évoque Eschyle. Voir aussi Plutarque, *Vies parallèles*, « Thémistocle », qui raconte au contraire comment les Grecs n'obtinrent en réalité que par la ruse que Xerxès décidât d'opérer sa retraite « en toute hâte » après Salamine, car la défaite navale n'avait pas été si déterminante, si désastreuse, que ne le présente Eschyle (XVI).

cet officier pédagogue, qui combattit en Russie (1812) et en France (1815), avant de diriger l'École de Guerre de Berlin.

Et pourtant, l'œuvre de Carl von Clausewitz (1780-1831) a été, certainement plus que beaucoup d'autres, et à la ressemblance peut-être du *Prince* de Machiavel, objet d'interprétations radicalement contradictoires. Les généraux allemands n'ont-ils pas revendiqué *Vom Kriege* pour justifier en 1914 « les offensives à outrance », lors même que le livre VI (« la défense ») et même le chapitre 5 sur « le point culminant de l'attaque », et le célèbre chapitre 22 sur « le point culminant de la victoire » du livre VII (point culminant qui peut si vite, à être outrepassé, amorcer la défaite), mettaient clairement au jour la supériorité stratégique de la défense sur l'offensive, à l'encontre du mot célèbre de Frédéric le Grand : « vaincre, c'est avancer » ? Pour Sir Basil Liddell Hartt, on ne peut d'ailleurs tirer de la philosophie de Clausewitz « rien de plus qu'une chanson de marche, une Marseillaise prussienne qui échauffait le sang et intoxiquait l'esprit »[1] …

C'est surtout autour de la très fameuse « Formule » du § 24, du chapitre 1, du livre I que l'on pourrait aisément multiplier les conflits d'interprétations. Rappelons le passage, sans doute le plus célèbre du livre :

La guerre est une simple continuation de la politique par d'autres moyens.

> Nous voyons donc que la guerre n'est pas seulement un acte politique, mais un véritable instrument politique, une poursuite des relations politiques, une réalisation de celles-ci par d'autres moyens. Ce qui reste toujours particulier à la guerre relève purement du caractère particulier des moyens qu'elle met en œuvre. L'art de la guerre en général, et du commandant dans chaque cas d'espèce, peut exiger que les tendances et les intentions de la politique ne soient pas incompatibles avec ces moyens, exigence non négligeable, assurément. Mais aussi puissamment qu'elle réagisse en certains cas sur les intentions politiques, cela doit toujours être considéré comme une modification de celles-ci ; car l'intention politique est la fin, tandis que la guerre est le moyen, et l'on ne peut concevoir le moyen indépendamment de la fin.

La « formule » semble claire : la fin *de* la guerre est fixée par la politique, quand les fins *dans* la guerre sont établies par la stratégie et la tactique. La tactique concerne les moyens du combat, la stratégie les fins à atteindre par le combat, le politique le sens dernier de cette action humaine qu'est la

1. Sir Basil Liddell Hartt, *Stratégie*, Paris, Perrin, 1998, p. 415.

guerre, « duel » entre deux belligérants qui peut prendre des formes diverses, depuis une « observation armée » jusqu'à celle d'une « guerre d'anéantissement » :

> En matière de tactique, les moyens sont constitués par les forces armées entraînées qui mèneront le combat. La fin est la victoire [...]. Pour la stratégie, la victoire, c'est-à-dire le succès tactique, n'est à l'origine qu'un moyen, et les facteurs qui devraient conduire directement à la paix son objet final[1].

Mais s'agissait-il vraiment par cette formule de subordonner la guerre à la politique, comme semble le dire très clairement Clausewitz : « car l'intention politique est la fin, tandis que la guerre est le moyen, et l'on ne peut concevoir le moyen indépendamment de la fin » ?

Cette « Formule », « la guerre comme prolongement de la politique par d'autres moyens », interdisait-elle ou au contraire invitait-elle à penser la politique comme substantiellement tournée vers des fins guerrières, au point de faire de l'armée (en l'espèce prussienne ou allemande) l'intelligence même, unifiée, agissante, de l'État bien compris (la conduite de la guerre étant d'autant plus puissante que la politique de l'État serait elle-même plus puissante, ou plus consciente de ses buts de guerre) ? La guerre n'est-elle pas en effet cela même que la politique ne doit jamais cesser de préparer, sous peine de n'opposer, pour reprendre une formule appréciée de Clausewitz, que « la dague du courtisan à la lourde épée du guerrier », lorsque celui-ci se présente pour se saisir de nos biens ? Ou faut-il comprendre, tout au rebours de cette lecture nationaliste allemande[2], que la guerre n'est que la faillite de la politique, que le signe de son échec, le retour de la violence et des simples rapports de force que la politique a précisément pour vocation de neutraliser et de dépasser par la réflexion et le dialogue[3] ?

1. Carl von Clausewitz, II, « Théorie de la guerre ».

2. Exemplairement celle de W. M. Shering. Celui-ci, qui avait pu consulter des archives aujourd'hui détruites, avait vu chez Clausewitz, au niveau de l'action individuelle, l'apologie d'une forme de volontarisme, et au niveau des buts de guerre, une identification entre la fin politique et l'objectif militaire, par l'anéantissement de l'armée et donc de l'État ennemis.

3. Voir Éric Weil, *Essais et Conférences*, Paris, Vrin, 1991 : « La guerre est une totalité. C'est la première constatation à faire : une totalité *sui generis* et qui doit être saisie comme telle. Mais elle est une totalité au sein d'une totalité plus vaste, celle de la vie nationale et internationale, celle de l'Histoire. Et elle ne se comprend qu'à partir de son lien à l'intérieur de cette totalité englobante, par la polarité qui la constitue en l'opposant et en la liant à l'autre pôle de la vie des communautés et des États, à la politique ».

Certes, ce qui rend difficile la lecture de Clausewitz, c'est l'imbrication de tous les concepts qu'il manie et articule toujours dialectiquement :

> Quand deux concepts forment une opposition logique vraie, à savoir quand l'un est complément de l'autre, chacun d'eux est alors fondamentalement impliqué par l'autre. Même quand la puissance limitée de notre esprit ne suffit pas à les saisir tous deux d'un seul regard ni à les reconnaître par simple opposition la totalité de l'un dans la totalité de l'autre, du moins l'un jettera toujours sur l'autre une lumière vigoureuse et sur bien des points suffisants. Ainsi croyons-nous les premiers chapitres sur la défense jettent-ils une lumière suffisante sur tous les points de l'attaque qu'ils envisagent [1].

Parler de la guerre, c'est ainsi parler de la paix, qui est toujours chez Clausewitz la « fin » de la guerre, tout de même que parler de l'attaque, c'est parler de la défense, puisqu'il y a toujours dans la défense une dimension de « contre-attaque », par le simple fait d'user l'adversaire en lui résistant ou, en se dérobant, de fragiliser ses lignes de communication. Mais outre cette intelligence « dialectique » du réel, où les termes conceptuels doivent toujours être compris selon une « polarité » (le positif étant le complémentaire indépassable du négatif), le texte que nous possédons est d'autant plus difficile à lire qu'il nous est parvenu inachevé. Seul le livre I, et même le seul premier chapitre de ce premier livre, avait d'ailleurs aux yeux de Clausewitz un aspect définitif :

> Le premier chapitre du livre I est le seul que je considère comme achevé. Il aura du moins l'avantage d'indiquer l'orientation que j'aurais voulu imprimer à l'ensemble. La théorie de la grande guerre que l'on appelle stratégie présente des difficultés extrêmes, et il faut bien dire que fort peu de gens se font une idée cohérente et nette des différents problèmes ramenés à leur sens le plus strict [2].

En réalité, comme l'a magistralement montré Aron [3], Clausewitz a fait vers 1827 une découverte capitale, à la lumière de laquelle l'auteur croyait devoir totalement ou largement réécrire l'immense *Traité* posthume de 1832. Clausewitz avait l'intention très claire de tout réorganiser à partir de ce qui est pour nous la « Formule » du § 24, chap. 1, livre I :

1. Carl von Clausewitz, *De la guerre*, VII, 1, p. 607, traduction par Denise Naville, Paris, Minuit, 1955.

2. « Troisième note », sans date.

3. Raymond Aron, *Penser la guerre, Clausewitz, 1. L'âge européen*, Paris, Gallimard, « Bibliothèque des Sciences humaines », 1976, qui est par ailleurs son livre le plus abouti, le plus « universitaire », comme Aron l'indique lui-même dans *Le Spectateur engagé*, Paris, de Fallois, 2004. Nous renvoyons évidemment le lecteur à cet ouvrage de référence.

> Il faudra souligner expressément et exactement l'opinion tout aussi nécessaire en pratique d'après laquelle la guerre n'est rien d'autre que la poursuite de la politique d'État par d'autres moyens. Ce point de vue, partout exprimé, introduira beaucoup plus d'unité dans nos investigations, et tout sera bien plus facile à démêler. Bien que ce point de vue ne trouve sa principale application qu'au livre VIII [le plan de guerre], il faudra l'exposer complètement dès le premier livre, en faisant servir au remaniement des six premiers [1].

Ainsi, la découverte, que « la guerre n'est que la politique continuée par d'autres moyens » aurait dû conduire Clausewitz tardivement, comme il l'avoue lui-même, à tout revoir, à tout réordonner, peut-être même à tout repenser, quatre années avant que le choléra ne lui interdise finalement toute révision (1831).

On ne saurait donc trop insister sur la juste compréhension de la célèbre « formule » de Clausewitz [« la guerre n'est que la politique continuée par d'autres moyens »], car loin de n'être qu'une banalité ou une généralité creuse, galvaudée pour avoir été trop souvent citée, en des sens divers sinon contraires, par tous les camps, c'est elle qui constitue le principe herméneutique fondamental (ou la clé d'interprétation) de *De la guerre*. C'est donc elle qui, logiquement, doit guider la lecture du texte mis au programme, puisque cette « formule » est le « centre de gravité » du livre I, comme elle aurait dû aura être « le principe et la fin » du *Traité* posthume de 1832, avec ses sept autres livres. Autrement dit : stratégiquement, c'est la compréhension de cette formule qui constitue la fin de notre commentaire, même si, d'un point de vue tactique, il nous faudra passer par bien des manœuvres intermédiaires, ou bien des marches forcées à l'articulation du tactique et du stratégique, pour mettre au jour ce que promet le chapitre 1 du livre I : manifester « la nature de la guerre » !

Guerres divines, guerres humaines et guerres politiques

Mais il faut d'abord situer *globalement* cette thèse du caractère politique, c'est-à-dire principiellement et essentiellement politique, de la guerre.

On peut voir dans la guerre soit une fatalité qui tomberait sur les hommes comme un destin tragique, soit une machination humaine qui

1. « Note du 10 juillet 1827 ».

cherchérait à faire précisément oublier ses origines trop humaines. D'un côté la guerre peut être réinscrite dans un ordre cosmique, ou providentiel, qui dépasse nos faibles forces, qui s'inscrit dans une finalité supérieure, et pour le dire brutalement, religieuse ; d'un autre côté, la guerre ne serait que le fruit de la malveillance de quelques profiteurs, qui ont le talent de ne pas (trop) se montrer, et d'abuser moralement ou économiquement de l'indifférence, d'abord, puis de la résignation, ensuite, des foules.

Joseph de Maistre (1753-1821), contemporain exact de Clausewitz, qui a connu lui aussi les guerres révolutionnaires et napoléoniennes, considère dans la septième de ces célèbres *Soirées de Saint-Pétersbourg* que « la guerre est divine » : la guerre est divine, premièrement, « en elle-même, puisque c'est une loi du monde » ; secondement, elle est divine « par ses conséquences d'un ordre surnaturel, tant générales que particulières » ; enfin, la guerre est divine « par l'indéfinissable force qui en détermine le succès ».

La guerre apparaît chez Maistre comme le grand châtiment du péché originel qui pèse sur des hommes coupables, mais qui, ne voulant pas expier, expient malgré tout et involontairement, sous le secret ressort de leurs penchants radicalement mauvais, en s'entre-tuant dans d'épouvantables carnages. L'expiation du péché originel, en lui-même inintelligible, est paradoxalement la seule manière de rendre intelligible la guerre, dans ses causes (c'est le péché originel qui se déchaîne sur les champs de bataille) et ses raisons : c'est pour châtiment d'un tel péché originel que les hommes, pourtant étrangement sensibles aux malheurs des autres, se déchirent comme des animaux, et pire que ne le feraient des animaux[1].

Mais la guerre est divine aussi car ses résultats décident du sort des empires et des civilisations. Maistre lie la guerre et la justice divine ; il voit dans les batailles la main du Dieu vengeur qui bouleverse les royaumes et stupéfient les mortels qui y découvrent leur écrasante faiblesse, exactement comme sont liées la guerre et la justice divine dans *Les Perses* d'Eschyle.

1. Voir Jean de La Bruyère, *Les Caractères*, XII : « Que si l'on vous disait que tous les chats d'un grand pays se sont assemblés par milliers dans une plaine, et qu'après avoir miaulé tout leur soûl, ils se sont jetés avec fureur les uns sur les autres, et ont joué ensemble de la dent et de la griffe ; que de cette mêlée il est demeuré de part et d'autre neuf à dix mille chats sur la place, qui ont infecté l'air à dix lieues de là par leur puanteur, ne diriez-vous pas : "Voilà le plus abominable sabbat dont on ait jamais ouï parler ?" Et si les loups en faisaient de même : "Quels hurlements, quelle boucherie !" Et si les uns ou les autres vous disaient qu'ils aiment la gloire, concluriez-vous de ce discours qu'ils la mettent à se trouver à ce beau rendez-vous à détruire ainsi, et à anéantir leur propre espèce ; ou près l'avoir conclu ne ririez-vous pas de tout votre cœur de l'ingénuité de ces pauvres bêtes ? »

Sans ignorer ce qui distingue *toto coelo*, « par tout l'espace du ciel », la providence chrétienne de la conception tragique des Grecs, le vainqueur est chez Maistre comme chez Eschyle voulu par une puissance surnaturelle pour châtier le vaincu, en l'espèce Xerxès dans *Les Perses*, d'avoir brûlé l'Acropole et le cap Sounion, les grands centres religieux d'Athènes (même si Eschyle oublie de dire qu'il s'agissait pour Xerxès de représailles contre le même type de sacrilèges commis auparavant par les Grecs…). C'est dans la guerre qu'obscurément Dieu agit, et qu'il fait spectaculairement régner l'ordre de sa sagesse, par les effets imprévus et « déconcertants » qu'il tire des causes les plus modestes[1]. Seule la force divine, force « indéfinissable », semble pouvoir « déterminer le succès » dans des conflits où la décision semble en réalité ne tenir à rien, au hasard, à la chance, à la simple croyance d'avoir gagné ou d'avoir perdu… N'est-il pas vrai que la même situation (se trouver entre deux lignes ennemies) peut en effet être vécue comme un triomphe (avoir « coupé » et désorganisé l'adversaire) ou un désastre (être pris en tenaille) ? Il suffit de croire à la défaite pour être défait, croire que l'on va mourir pour connaître la peur « panique » de la mort, qui paralyse, affole et provoque l'indiscipline, la débandade, la déroute. Parce que la guerre se déploie dans le milieu de la contingence, de l'imprévisible, d'un équilibre si instable qu'il semble à tout moment pouvoir vaciller dans un sens ou dans l'autre, l'homme ne pallie le sentiment de son impuissance, le sentiment d'être démuni et fragile, qu'en recourant à la superstition. Nulle part ailleurs la présence de Dieu, ou des dieux, n'y est plus ressentie.

Mais loin d'une telle lecture religieuse (que l'on retrouvera donc chez Eschyle), la guerre ne se résume-t-elle pas à de vulgaires manigances, au plus bas commerce des passions et des intérêts (lors même qu'elle est toujours, chez Clausewitz, le produit du grand « commerce » qu'entretiennent les hommes, la conséquence évidemment indésirable des relations qui les lient les uns aux autres mais qui n'est encore qu'« une négociation continuée par d'autres moyens ») ? Certes la guerre semble un phénomène

1. On soulignera l'ambiance religieuse de la bataille de Salamine, telle qu'elle est surtout racontée par Plutarque dans ses *Vies parallèles*. Plutarque cite d'ailleurs *Les Perses* d'Eschyle qui, sur la bataille, est « un homme bien informé et sûr de son fait » : « le combat en étant à cette phase une grande lumière brilla dit-on du côté d'Eleusis, en même temps qu'une clameur, comme si beaucoup d'hommes assemblés faisaient la procession de l'Iacchos mystique. De cette masse de chanteurs invisibles s'éleva peu à peu une nuée qui parut raser la terre, puis faire un retour sur elle-même et enfin tomber sur les trières. D'autres crurent voir des ombres et des apparitions d'hommes armés ». Quand le destin de la Grèce se joue, on n'imagine pas que les dieux grecs, offensés, ne s'y mêlent pas un peu.

anonyme, et surtout depuis 1914, elle évoque un univers où l'individualité, même héroïque, est broyée sous le déchaînement des armes industrielles, sous « l'orage d'acier » dont parle Jünger. Mais la guerre, où triomphe l'intelligence technique, n'a rien d'un phénomène naturel, pas plus qu'un bombardement d'acier ne ressemble, précisément, à une tempête hivernale. Dans la guerre, rien n'est « naturel », tout est culturel, artificiel, voulu par des hommes pour tuer ou neutraliser d'autres hommes au nom d'intérêts strictement humains. Aucune fatalité tragique, divine ou naturelle, simplement une affaire de quelques hommes qui veulent en découdre avec d'autres ; on néglige toutefois cette triste vérité, comme on oublie en achetant un objet manufacturé tout le travail qu'a nécessairement demandé cet objet dans une usine, c'est-à-dire une unité de production où les rapports sociaux peuvent être conflictuels, voire inhumains. L'anonymat de la guerre, la démesure tragique de certains conflits, le sentiment des grands intérêts qui dépassent chacun, dissimulent les ressorts « économiques » ou « affectifs » qui déclenchent concrètement les conflits, comme la douceur de la consommation détourne notre attention de la structure productive et de son éventuelle violence.

Le commerce conduit-il à la guerre, comme le pensait Lénine dans *L'Impérialisme, stade suprême du capitalisme* (1916), ou au contraire « le doux commerce » est-il une promesse de paix, comme l'affirmait Montesquieu, puisqu'il habitue insensiblement les hommes à vivre ensemble ? La Première Guerre mondiale, celle du *Feu* de Barbusse, a-t-elle été celle des « marchands de canon », comme le prétendaient les communistes ? A-t-elle manifesté jusqu'à l'absurde les excès d'une concurrence libérale qui confond par nature agressivité économique et agressivité politique ? Ou, au contraire, la Première Guerre mondiale est-elle née d'un défaut dans l'intégration commerciale de l'Europe, d'un manque de libéralisme et du refus de la concurrence économique par les anciennes classes possédantes, absurdement protectionnistes[1] ? Mais, au fond, peu importe pour nous un tel débat dès lors que la responsabilité de la guerre est toujours portée ultimement, à tort ou à raison, par des hommes, qu'ils s'appellent Xerxès

1. C'est la thèse de Schumpeter dans *Impérialisme et classes sociales* (1927) qui, loin de voir dans la Première Guerre mondiale la conséquence et la continuation d'une guerre économique entre grands pays capitalistes, y voit le dernier conflit « féodal européen », la dernière guerre du moyen âge voulu par les anciennes classes possédantes allemandes, essentiellement agricoles, et par la bourgeoisie française, protectionniste et archaïquement attachée la question frontalière de l'Alsace-Lorraine. Pour Lénine, au contraire, les guerres prendraient fin avec le capitalisme.

ou François-Joseph. Comme le dit Gramsci (1891-1937) en 1917, dans une perspective communiste où l'initiative humaine, l'action politique ou la *praxis*, est le « déterminant » historique ultime et prime finalement les structures économiques et les logiques sociales :

> Pourquoi les guerres éclatent-elles d'une certaine manière et pas d'une autre ? Pourquoi à un certain moment et pas à un autre ? Pourquoi tel milieu bourgeois est-il responsable d'une guerre et pas un autre ? Il n'est pas très facile de répondre à ces questions. Mais cela ne signifie pas que ce soit impossible [...]. Les socialistes soutiennent que les guerres sont un des piliers du système des privilèges. Or comme la bourgeoisie est aujourd'hui la classe privilégiée, et comme le capitalisme est aujourd'hui la forme qu'a prise le système des privilèges, les socialistes soutiennent que la guerre est aujourd'hui une *fatalité* bourgeoise. Mais il ne faut pas comprendre *fatalité* dans le sens naturaliste et mathématique du mot, comme s'il s'agissait d'une loi absolue. S'il en allait ainsi, la guerre serait une réalité quotidienne et les nations capitalistes devraient être en conflit permanent entre elles. Il faut entendre *fatalité* dans le sens idéaliste du mot, comme *interprétation* d'une nécessité, comme *jugement* des hommes. Les conflits existent de tout temps, mais ils ne sont pas toujours à l'œuvre. Et pour que ce soit le cas, il faut que quelqu'un juge que le moment de l'action est arrivé, le moment propice à l'obtention d'un nouveau privilège, ou au contraire qu'il faut empêcher qu'un privilège acquis passe aux mains des autres ; c'est alors que la guerre éclate [...]. Car il y en a qui travaillent *toujours*, *constamment*, pour déclencher la guerre. Parce qu'il y a des professionnels de la guerre, parce qu'il y a ceux qui profitent de la guerre, quand bien même la collectivité, les collectivités nationales n'en récolteraient que morts et ruines [...]. Les semeurs de panique ont toujours existé. Les professionnels de la guerre ont toujours existé [...].

« Certains », ces « professionnels de la guerre », ont un intérêt à faire naître la discorde, à susciter les conflits, et les grandes logiques sociales, économiques, historiques, ne doivent pas faire oublier les responsabilités individuelles, les intérêts et les passions mauvaises, « la fourbe », « la langue traîtresse », « la pernicieuse adresse », qui demeurent irréductibles[1]. Il n'y a pas, comme dans la tragédie grecque qui écrase l'individu sous le destin, de culpabilité sans intentionnalité ou faute délibérée, ou de responsabilité sans responsables qu'on ne puisse ultimement nommer. La guerre est voulue par des hommes qui veulent faire croire à sa fatalité, c'est-à-dire qu'elle n'a rien d'une nécessité tragique, *Atè* ou Némésis,

1. Antonio Gramsci, Martin Rueff (trad.), *Pourquoi je hais l'indifférence*, Paris, Payot & Rivages, « Rivages poche », 2012, p. 178-181. Gramsci illustre d'ailleurs l'existence de ces « *professionnels de la guerre* », qui jettent la zizanie à dessein dans les groupes humains pour en tirer les plus grands bénéfices économiques ou symboliques, par une fable du poète latin Phèdre, reprise par Jean de La Fontaine, *Fables*, III, 6 : « L'Aigle, la Laie, et la Chatte ».

devant laquelle nous ne serions condamnés qu'à une résignation impuissante.

Clausewitz n'est ni de Maistre, ni Gramsci, en tant que ces penseurs illustrent deux attitudes opposées, quoiqu'également répandues, face au phénomène, à la fois inhumain et tristement humain, de la guerre. Pour Clausewitz, ni divine, ni bassement humaine, la guerre ne s'explique aucunement par des causes surnaturelles, mais elle ne se réduit pas non plus aux manœuvres des « cabinets » ou aux petites ambitions d'états-majors. La guerre est « politique », et par « politique », il faut comprendre en l'espèce quelque chose de bien précis : « l'intelligence de l'État personnifié ». En aucun cas, le terme « politique » ne doit être ici reçu dans « son acception conventionnelle de ruse cauteleuse, circonspecte, voire déloyale » (I, 26). Au-delà des bassesses individuelles et en deçà des tragédies cosmiques, ne méritant « ni cet excès d'honneur ni cette indignité », la guerre est l'expression d'intérêts collectifs assez puissants pour justifier un engagement à mort :

> La guerre d'une communauté, de nations entières et notamment de nations civilisées, surgit toujours d'une situation politique et ne résulte que d'un motif politique. Voilà pourquoi la guerre est un acte politique [...]. Plus les motifs de guerre sont grandioses et puissants, plus ils affectent l'existence même de la nation [...], plus le but militaire et les visées politiques coïncident. (I, 23)

La politique, c'est-à-dire (répétons-le !) « l'intelligence de l'État personnifié », est ainsi le champ propre de problématisation de la guerre, et ce choix, comme nous le verrons, est décisif.

La guerre : théorie de la pratique et pratique de la théorie

On ne peut enfin comprendre Clausewitz si l'on oublie qu'il a connu et tragiquement éprouvé les guerres napoléoniennes. Il n'a pas simplement vécu l'écrasement brutal de l'armée prussienne, et donc de la Prusse, à Iéna (1806), il a participé du côté tsariste à la campagne de Russie (1812), alors que les Prussiens, dont certains membres de sa propre famille, secondaient militairement Napoléon.

D'un côté, Iéna, et la découverte brutale que la guerre avait changé de nature après 1789, qu'elle était devenue une guerre d'anéantissement de l'armée et des forces ennemies, une guerre impliquant systématiquement des masses humaines considérables, mobilisées au moyen de la conscription par des motifs idéologiques, politiques, nationalistes (et non plus seulement des mercenaires ou des soldats professionnels, comme sous Louis XIV) ; d'un autre côté, la campagne de Russie, et l'exemplification du rôle essentiel de la stratégie comme intégration, au sens quasi mathématique du terme, par le chef de guerre de tous les éléments qui peuvent intervenir dans la décision finale (territoires, nombre d'hommes, moments opportuns des attaques, volonté de ne pas négocier la paix, forces morales des belligérants, etc.) :

> La guerre ne consiste pas en une quantité infinie de petits événements analogues en dépit de leur diversité [...], mais en un certain nombre d'événements singuliers de grande envergure et décisifs qu'il faut aborder séparément[1]. (Livre II, 4)

D'un côté, l'intelligence de la structure transhistorique de la guerre ; d'un autre côté, l'intelligence de la décision singulière qui fait événement, ou de l'événement humain qui introduit la décision. La Russie ne donnait-elle pas ainsi une nouvelle fois l'exemple que la « stratégie de l'attente » de Koutouzov face à Bonaparte pouvait affaiblir la force de frappe du plus brillant chef de guerre, comme Fabius *Cunctator* (le temporisateur) face à Hannibal, à condition d'accepter les lourds sacrifices que ce type de stratégie induit inévitablement, comme la perte de villes importantes ou l'abandon provisoire de territoires voire de populations à l'ennemi[2] ?

Par son expérience directe de soldat, Clausewitz a ainsi pris conscience de deux phénomènes distincts : premièrement, d'une mutation profonde de la guerre avec Napoléon, mutation pour ainsi dire de structure, de nature, et secondement, persistance dans l'histoire de certains schèmes d'action (de « méthodes » générales globalement applicables), ou d'un

1. Pour Alexis Philonenko, il s'agit ici de la « thèse fondamentale » de Clausewitz. Voir « Tolstoï et Clausewitz » in *Essai sur la philosophie de la guerre*, Paris, Vrin, « Problèmes et controverses », 2000 (2e éd.), p. 239.

2. On rappellera par exemple pour mieux comprendre *Les Perses* d'Eschyle la décision de Thémistocle d'abandonner Athènes aux troupes de Xerxès et de Mardonios, qui purent ainsi entièrement brûler le sanctuaire de l'Acropole (480 av. J.-C.). Les Athéniens réfugiés volontairement à Salamine savaient qu'Athènes serait dévastée : il aurait pu s'ensuivre une démoralisation générale qui, comme on sait, n'eût pas lieu, car c'étaient l'oracle de Delphes lui-même et le grand serpent gardien de l'Acropole qui semblaient les y inviter « Les Athéniens firent alors partir leur famille... Les Athéniens n'en furent que plus pressés de quitter leur ville, parce qu'ils pensèrent que la déesse avait elle aussi abandonné leur Acropole » (Hérodote, *Histoires*, livre VIII, 41).

certain type de « coup d'œil » qui permet de simplifier, parfois audacieusement, les calculs les plus complexes :

> Nous voyons donc que dès l'origine l'élément absolu, en quelque sorte mathématique de la guerre, ne trouve aucune base certaine sur laquelle fonder les calculs relatifs à l'art de la guerre : il s'y mêle d'emblée un jeu de possibilités et de probabilités, de bonne et de mauvaise fortune, gros ou mince, dont est tissée la trame, et qui fait de la guerre l'activité humaine qui ressemble le plus à un jeu de carte [...]. (I, 21)

À la guerre, on ne saurait ainsi sous-estimer le rôle du talent, le « génie militaire », qui dans des conditions données, et embrouillées, trouve spontanément ce qu'il faut faire :

> Le défaut de visibilité qu'entraîne cet éclairage affaibli doit être compensé par le talent de divination, ou abandonné à la chance. En l'absence d'une sagesse objective, il faut donc là encore se fier au talent, voire à la faveur du hasard. (Livre II, 2)

Changement de nature de la guerre (historicité) et constantes transhistoriques de l'intelligence stratégique qui, comprenant la nature même de la guerre, cherche habilement, avec talent, avec une vraie et grande ruse (la *Métis* grecque que l'on retrouvera chez Eschyle), la décision à une époque où les « petites ruses », quant à elles, les petits stratagèmes de petits chefs dans de petits cabinets ministériels, ne sont plus de mise :

> Il semble que c'est avec raison que la stratégie a emprunté son nom au stratagème, et qu'en dépit de toutes les transformations réelles et apparentes que la guerre a subies depuis les Grecs, ce terme est resté celui qui correspond à sa nature la plus profonde [...] Toute surprise implique un certain degré de ruse, si faible soit-il. Mais quel que soit notre penchant à voir les chefs de guerre se surpasser en astuces, en habileté et feintes, il faut reconnaître que ces qualités se manifestent peu dans l'histoire [...]La conclusion que nous en tirons, c'est qu'un général a surtout besoin d'une vue juste et pénétrante, qualité plus nécessaire et plus utile que la ruse [...]. (Livre III, 10)

L'analyse de la guerre est donc au croisement de la structure et de l'événement, des mutations historiques et des grandes constantes, ou pour le dire plus précisément, au croisement de l'histoire militaire (par l'exemple et la comparaison), que pratiquait *Scharnhorst*, le mentor de Clausewitz, et de la systématisation quasi géométrique des différentes formes d'affrontement de son contemporain Jomini, qui ne voyait chez Clausewitz qu'un « savant labyrinthe ».

Certes, si nul ne saurait contester l'importance de l'histoire militaire, il n'est pas ici inutile de rappeler pourtant ce que savaient tous les contemporains cultivés de Clausewitz : pour comprendre par exemple comment en « 53 ans » Rome a pu passer d'une ville qui tremble pour sa survie après la bataille de Cannes (216 av. J.-C.) devant les Carthaginois, à la maîtresse du Monde après Pydna (169 av. J.-C.) et l'écrasement des armées grecques de Persée, Polybe ne s'intéresse pas seulement à comprendre le génie d'Hannibal (livre IV) mais aussi à restituer dans son célèbre livre VI de son *Histoire* la supériorité chez les Romains de ce que Jomini[1] appellera la « logistique », leurs manières remarquables d'organiser leur camp, leur marche, leur communication, si différentes de celles des Puniques ou des Grecs (VI, 40-42).

Plus encore, comprendre l'armée romaine, c'est comprendre surtout pour Polybe pourquoi, moralement, et non simplement par sa logistique, sa discipline ou son nombre, Rome l'a emporté, et si rapidement, sur toutes les autres puissances de l'époque :

> C'est dans le domaine des conceptions religieuses que la supériorité de la cité romaine est la plus grande. Ce qui chez les autres peuples constitue un défaut que l'on blâme, assure chez les Romains la cohésion de la collectivité. (VIII, 56)

Expliquer la guerre suppose donc de ne pas en rester à de simples informations tactiques. Certes, il est bon de connaître « l'attaque à la macédonienne », de « biais », qui valut à Alexandre la victoire écrasante d'Arbèles (à 1 contre 10…) et la destruction de l'empire perse (331 av. J.-C.) ; il n'est pas inutile de connaître la manœuvre « à l'oblique », caractéristique de Frédéric le Grand à Leuthen contre les Autrichiens (à 1 contre 2), ou de méditer sur le « choc » et le « feu », la tactique de « la lance » grecque et celle de « l'arc » perse pour reprendre l'opposition chère à Eschyle dans *Les Perses* : vaut-il mieux chercher à enfoncer les lignes ennemies selon une offensive groupée, brutale, rapide, ou au contraire affoler l'armée adverse par ses archers ou ses bombardes, chercher à y provoquer une « démoralisation », une « perte de repères », et finalement une peur « panique » par un harcèlement continuel de projectiles ?… Faute de tirer des leçons des batailles du passé, on se condamne à refaire *mutatis mutandis* les mêmes erreurs : l'enseignement de Crécy (1346) ne servit de rien à Azincourt (1415), où la chevalerie française, chargeant frontalement – tactique du « choc » –, fut à nouveau détruite par les flèches anglaises – « le feu » – (mais c'est bien la « lance grecque » qui a battu « l'arc » perse…) Toutefois, si la bataille de

1. Voir Antoine-Henri Jomini, *Précis de l'art de la guerre*, 1837.

Cannes reste le modèle du piège qui consiste à aspirer l'ennemi en reculant au centre, pour le prendre soudainement en tenailles et l'écraser par encerclement, que faire de l'enseignement tactique que Polybe extrait, très précisément, du génie d'Hannibal :

> Il est préférable à la guerre de n'avoir qu'une infanterie moitié moins nombreuse que celle de l'adversaire avec d'autre part une cavalerie très supérieure, plutôt que de livrer bataille avec des forces équivalentes dans toutes les armes. (IV, 117)

Car les leçons de l'histoire tactique sont aussi très datées, caractéristiques d'une certaine époque, difficilement transposables de siècle à siècle. Or Clausewitz [1] a évidemment conscience des bouleversements historiques de l'art de la guerre : le matériel, les techniques, les nouvelles structures économiques et sociales, changent la nature de l'affrontement, et faute d'intégrer ces changements, le chef de guerre est inévitablement condamné à la défaite… Comme il l'affirme dans une formule célèbre : « La guerre est un caméléon, car dans chaque cas concret, elle change de nature » [2].

Staline disait de Clausewitz, ignorant certainement qu'il ne faisait en réalité que continuer ses leçons, que le théoricien allemand proposait l'art de la guerre correspondant à l'époque des « manufactures » et des ateliers, quand il fallait désormais, après Stalingrad, un art de la guerre adapté aux usines modernes et au « machinisme »… Et certes, les structures militaires et sociales ne cessent d'interagir : l'isonomie grecque, c'est-à-dire l'égalité devant la loi de tous les citoyens dans la Cité, peut-elle être pensée indépendamment de la réforme hoplitique, qui soumet solidairement tous les combattants, riches ou pauvres à la même discipline ? Le développement, voulu par le démocrate Thémistocle, de la flotte athénienne victorieuse à Salamine, que chante Eschyle dans *Les Perses*, n'est-elle pas à la fois la cause et la conséquence du régime démocratique, car si les citoyens les plus pauvres ne peuvent souvent s'acheter l'armure d'un hoplite, même les Athéniens les plus indigents peuvent être marins, et donc jouir du prestige

1. Clausewitz est en cela bien différent d'un Machiavel, bizarrement nostalgique dans son *Art de la guerre* (en bon humaniste, cependant) de la tactique gréco-romaine, quand la poudre avait déjà tout transformé dans la conduite des batailles (à commencer par l'architecture des forteresses, renonçant progressivement à « la défense verticale » contre un assaut humain, pour « la trace italienne » adaptée aux premiers usages de l'artillerie) ! *L'art de la guerre* de Machiavel est, par son anachronisme et son manque de conscience historique, une curiosité qui révèle les limites de l'Humanisme, comme pur et simple retour aux Anciens…

2. Voir Raymond Aron, « La guerre est un caméléon », *Contrepoint*, n° 15, 1974, p. 9-30.

politique et patriotique du soldat ? Les révolutions militaires vont de conserve avec les mutations politiques[1].

Comme le montrent abondamment les livres VI et VII de *De la guerre*, Clausewitz est par excellence celui qui a intégré que l'histoire militaire donne tactiquement des leçons de tout, et qu'il faut toujours réinscrire les moyens tactiques, techniques, matériels, étroitement dépendants d'un contexte historique, dans la totalité stratégique et politique du moment. Ainsi au livre VIII, « le plan de guerre », qui est le livre paradoxalement le plus proche du livre I, le texte réécrit et seul entièrement validé par Clausewitz, celui-ci distingue les guerres anciennes, telles qu'elles pouvaient encore être menées par Frédéric le Grand, du modèle logique de la « guerre absolue » que Bonaparte a presque réalisé. « Sous la forme absolue [...], il n'y a qu'un seul résultat, le résultat final. Jusqu'à ce qu'il soit atteint, rien n'est décidé, rien n'est perdu. » Il s'agit donc d'abattre l'adversaire, de le rendre impuissant, de détruire radicalement ses forces armées, comme Napoléon a pu le faire à Iéna-Auerstedt. Mais la « réalité » des guerres européennes avant la révolution était bien différente :

> À cette idée de la connexion des résultats dans la guerre, qui peut être considérée comme un extrême, s'oppose un autre extrême, d'après lequel la guerre se compose de résultats particuliers indépendants où, comme dans les différents coups de jeu, le résultat précédent n'a pas d'influence sur les suivants. Dans ce cas, par conséquent, tout dépend de la somme définitive des résultats, et l'on peut enregistrer de chaque côté chaque résultat séparément, comme un compteur de jeu. (VIII, 3)

Or, selon que l'on se situe dans tel ou tel type de guerre, l'intelligence stratégique et aussi bien tactique change du tout au tout : on ne fait pas la guerre de la même façon dans le cadre de l'équilibre européen des monarchies traditionnelles et dans le cadre des guerres françaises postrévolutionnaires, qui ignorent sciemment le « concert » de nations toutes également

1. Voir les deux grands classiques de l'imbrication des révolutions militaires et sociales sont pour le monde grec : Victor Davis Hanson, *Le Modèle occidental de la guerre : la bataille d'infanterie dans la Grèce classique*, Paris, Taillandier, « Texto », 2007. Pour le monde moderne : Geoffrey Parker, *La Révolution militaire : la guerre et l'essor de l'occident 1500-1800*, Paris, Gallimard, « Folio Histoire », 2013. Ces deux ouvrages classiques montrent comment le concept grec de politique est né d'une réforme disciplinaire des armées (Hanson), de même que la puissance nouvelle de l'armement avec la poudre, et les nouvelles forteresses y adaptées, a induit après la Renaissance une restructuration profonde, voire la naissance, des États administratifs modernes capables de gérer des armées considérablement plus nombreuses et plus complexes que les faibles contingents médiévaux.

intéressées à contenir celle qui chercherait unilatéralement à bouleverser un équilibre qui sécurise les petits comme les grands États :

> Un examen attentif de l'histoire moderne montre où réside la différence entre les deux cas. À l'époque des guerres de Silésie [de Frédéric le Grand], la guerre était encore une pure affaire de Cabinet, à laquelle le peuple ne participait que comme un instrument aveugle ; au début du XIXe siècle, les peuples pesaient des deux côtés dans la balance. Les généraux opposés à Frédéric le Grand étaient des hommes commissionnés ; c'est pour cela que leur caractéristique prédominante était la prudence ; l'adversaire des Autrichiens et des Prussiens [Napoléon] était pour parler net le Dieu de la Guerre lui-même.

Mais si Napoléon est « le Dieu de la guerre », avec la fascination mêlée d'horreur sacrée que traduit cette formule chez un officier prussien qui l'a combattu 15 ans, ce n'est pas simplement en raison de son génie incontestable, car devant les exigences multiples de la bataille que le chef de guerre doit nécessairement intégrer, « Bonaparte a raison de dire que ce serait un problème d'algèbre devant lequel même un Newton resterait interdit » (VIII, 3). C'est surtout que les conditions même de la guerre ont changé, que certains éléments qui jadis n'avaient pas à être pris en compte, sont désormais incontournables. La guerre s'inscrit dans un environnement idéologique, culturel, politique, et même lorsqu'elle tend à prendre « un caractère absolu », c'est-à-dire lorsqu'elle se rapproche d'un « duel pur » (I, 2) qui a pour but de terrasser le vis-à-vis, on ne peut ignorer que la réalité concrète de la guerre se situe toujours dans un milieu historique et technique particulier, un espace de « friction », un milieu de contingences et d'imprévus, qui dérègle les beaux rouages théoriques du concept univoque de guerre :

> Nous devrons reconnaître que la guerre surgit et prend sa forme non en fonction de l'ajustement final de toutes les circonstances innombrables qu'elle affecte, mais en fonction de certaines d'entre elles qui prédominent ; ce qui revient à dire qu'elle repose sur un jeu de probabilités, de possibilités, de bonnes et de mauvaises fortunes, où la déduction logique rigoureuse se perd très souvent et devient un instrument inutile. *Il s'ensuit donc que la guerre peut être quelque chose qui sera tantôt plus et tantôt moins la guerre.*

Que l'on compare l'essence de la guerre au « duel » (I, 2), dans sa forme absolue, ou que l'on réinscrive les guerres « réelles » dans le cadre général de l'existence sociale et plus précisément du « commerce », mais d'un commerce réglé par le sang, pour reprendre le célèbre chapitre 3 du livre II[1], la conduite la guerre, forme absolue du duel ou forme dégradée

1. Livre II, « Théorie de la guerre », chap. 3, Art de la guerre ou science de la guerre : « La guerre est une forme des rapports humains. Nous disons donc que la guerre n'appartient pas au domaine des

du commerce, et surtout la conduite tactique de l'engagement, s'ajustent inévitablement aux conditions concrètes et historiques des cultures humaines.

Il faut s'adapter, ou périr, et c'est bien ce que suggère « le léger coup d'œil sur l'histoire » du livre VIII (3) : ce que l'histoire enseigne, c'est que la guerre est un phénomène qui en dépit de son univocité ou équivocité conceptuelle (duel absolu ou forme singulière de commerce) change d'aspects, depuis d'Alexandre jusqu'à Frédéric, en pensant par les Romains. Et s'il faut connaître ces différents aspects (on peut toujours en tirer quelque chose pour aujourd'hui), il ne faut jamais oublier que ces aspects évoluent. Ainsi, comme le dit clairement Clausewitz au livre VIII (3) :

> L'objet que se propose quiconque entreprend une guerre et les moyens qu'il met en œuvre sont entièrement déterminés par les détails particuliers de sa position. Ils dépendront aussi, pour cette même raison, du caractère de l'époque et de ses circonstances générales.

Encore faut-il évidemment ajouter que : « ces objets sont toujours enfin soumis aux conclusions générales qui doivent être déduites de la nature de la guerre ».

La théorie doit prendre en considérations les circonstances concrètes de l'engagement, elle est « une observation, non une doctrine » (II, 2), car elle ne serait sinon qu'une théorie impraticable ; mais ces contingences ne vident pas de tout sens une approche résolument théorique de la conduite stratégique, sinon tactique, de la guerre, car la pratique sans théorie est aveugle :

> La théorie doit admettre tout cela [c'est-à-dire les circonstances toujours concrètes de l'engagement], mais son devoir est de donner la première place à la forme absolue de la guerre comme à un point de référence [nous soulignons].

---

arts et des sciences, mais à celui de l'existence sociale. Elle est un conflit de grands intérêts réglés par le sang, et c'est seulement en cela qu'elle diffère des autres conflits. Il vaudrait mieux la comparer plutôt qu'à un art quelconque, au commerce, qui est aussi un conflit d'intérêts et d'activités humaines. Elle ressemble encore plus à la politique, qui peut être considérée à son tour, du moins en partie, comme une sorte de commerce sur une grande échelle. De plus, la politique est la matrice dans laquelle la guerre se développe ; ses linéaments déjà formés rudimentairement s'y cachent comme les propriétés des créatures vivantes dans leurs embryons ». Comme le dit Benoît Durieux, la guerre n'est finalement chez Clausewitz qu'« une négociation par d'autres moyens » (*op. cit.*, p. 27) ou, pour citer Clausewitz lui-même : « l'art de la guerre devient politique à son niveau le plus élevé, mais une politique qui livre bataille au lieu de rédiger des notes » (VIII).

Ce n'est qu'en croisant la logique idéale de la guerre en soi, d'une part, et le souci de resituer l'action militaire dans l'espace réel de « friction », de « contretemps », d'obstacles imprévus ou de visibilité limitée, qui constitue le milieu inévitable et brouillé de tout conflit, d'une autre part, qu'il est possible de transformer un savoir en pouvoir :

> C'est une investigation analytique de l'objet qui aboutit à sa connaissance exacte, et appliquée à l'expérience, en l'occurrence à l'histoire de la guerre, entraîne la familiarité avec cet objet. Plus elle atteint ce but, plus elle passe de la forme objective d'un savoir à la forme subjective d'un pouvoir, et plus son efficacité se révélera, même si la nature de la chose n'admet pas d'autre décision que celle du talent ; c'est par celui-ci qu'elle deviendra efficace. (II, 2)

La guerre est ainsi comme un langage : il faut en connaître la grammaire (la théorie), mais ne jamais oublier que, comme tout langage, elle se décline en autant d'actes de parole qui dépendent des singularités d'une situation, d'un contexte précis d'interlocution (où il s'agit de dire quelque chose de précis, à quelqu'un de déterminé, et dans un certain cadre). Et, comme tout langage, la guerre n'est qu'un moyen, un instrument au service de fins ou de significations qu'elle vise et qui la dépassent, car la guerre pour la guerre n'est plus la guerre, mais de la simple fureur, comme le mot qui ne serait plus qu'une substance sonore vidée de tout contenu sémantique, ne serait plus que du bruit :

> La guerre n'est-elle pas simplement une autre manière d'écrire et de parler pour exprimer leur pensée ? Il est vrai qu'elle a sa propre grammaire, mais non sa propre logique. (VIII, 6, B)

La guerre reste ainsi la forme ultime de l'expression humaine, non pas au sens où elle en serait une modalité supérieure, mais où elle doit ménager une dernière chance de communication entre les belligérants. Aussi bien y va-t-il d'une distinction cardinale entre la violence, la forme pure de la guerre, qui est la négation de toute raison et de tout dialogue, et la guerre réelle qui doit préserver les chances d'une raison commune, d'une structure symbolique partagée, voire d'un après-guerre raisonnable[1]. La

1. Après tout, c'est aussi la grandeur de la tragédie grecque d'avoir pleuré sur les malheurs des Perses, « l'ennemi héréditaire », non pas simplement parce que, comme l'affirmait Nietzsche, les Grecs étaient magnanimes (ils étaient capables d'aimer ceux qui les avaient fait souffrir et donc les avaient fait grandir, lors même que nous détestons déjà par faiblesse et par ressentiment ceux qui pourraient nous faire mal et que nous jugeons plus grands que nous), mais parce qu'ils étaient capables de se mettre à la place de leurs ennemis pour vivre et exprimer leurs douleurs : si la guerre est une tragédie de la

guerre est une tragédie de la politique, son manifeste échec, mais elle doit rester malgré tout une politique, c'est-à-dire la tentative de surmonter la contradiction violente de points de vue opposés, en préservant la possibilité d'une communauté humaine.

communication, le signe que la négociation est tombée dans une impasse, la tragédie parvient à faire communiquer les hommes au-delà de leurs haines dans le sentiment d'une détresse humaine universalisable. *A contrario*, on notera que les représentations artistiques de l'époque de Salamine féminisent parfois, et donc ridiculisent, l'ennemi asiatique, comme l'amphore attique à figure rouge de Myson où Thésée, le roi fondateur d'Athènes, capture Antiope, la reine des Amazones, qui est singulièrement revêtue de vêtements perses. Après Salamine, les Grecs mettent visiblement en scène une conscience nouvelle de leur « particularisme » ethnique, exemplairement sur les frontons est et ouest du Temple d'Aphaia, sur l'île d'Egine, toute proche de Salamine. Voir Richard Neer, *Art and Archeology of the Greek World*, Londres, Thames and Hudson, p. 214-217, sur la féminisation des Perses et des Troyens, identifiées aux Perses, dans l'art athénien.

Le plan du livre I : « La nature de la guerre »

SITUATION DU LIVRE I DANS LE TRAITÉ *DE LA GUERRE* : PLAN GLOBAL

Le traité *De la guerre* comporte huit livres :

– Le premier livre « Sur la nature de la guerre » est consacré à l'analyse conceptuelle de la guerre. C'est le livre que nous commentons.

– Le second livre, « Sur la théorie de la guerre », constitue une réflexion méthodologique sur la théorie de la guerre dans son rapport à la pratique des chefs militaires. On y trouve des développements fascinants sur la « critique historique », ou sur l'enseignement que l'on peut extraire des succès et des fautes tactiques du passé. Au nom de quoi, finalement, un « critique » peut-il se permettre de corriger un Napoléon ou relever les fautes du Maréchal de Saxe ? C'est tout le problème de l'articulation entre le « normatif » – ce qui doit être ou ce qui aurait dû être – et le « descriptif » – ce qui est ou ce qui a été – dans un « art de la guerre » qui ne connaît finalement pour règle unique que le succès ou l'échec. Sur quels « principes » juger en effet des combats révolus, refaire des batailles qui ont déjà livré leurs leçons ? Napoléon, dans *Le Mémorial de Sainte-Hélène* a bien souvent commenté Waterloo, expliquant notamment comment les fautes tactiques, parfois grossières, de ses ennemis avaient paradoxalement conduit à leur victoire[1]. Mais que vaut ce genre de jugements après coup, même

1. Voir Emmanuel Las Cases (comte de), *Le Mémorial de Sainte-Hélène*, Paris, Gallimard, « Bibliothèque de la Pléiade », t. II, 1935, p. 162-175, et les « neuf observations » de Napoléon sur la bataille. Comme l'explique Napoléon à propos de Wellington : « Ainsi, par le fait, ô étrange bizarrerie des événements humains ! le mauvais choix de son champ de bataille, qui rendait toute retraite impossible, a été la cause de son succès [...]. Du 15 au 18 juin, le duc de Wellington a constamment manœuvré comme l'a désiré son ennemi ; il n'a rien fait de ce que celui-ci [Napoléon] craignait qu'il fît ». Napoléon est donc catégorique : tactiquement, Wellington a été battu à Waterloo. Et Napoléon imagine même ce qu'auraient dû être les suites de son propre succès : « Qu'on se figure la contenance du peuple de Londres au moment où il aurait appris la catastrophe de son armée, et que l'on avait prodigué le plus pur de son sang pour soutenir la cause des rois contre celle des peuples, des privilégiés contre l'égalité [...] ». Mais Waterloo n'a finalement été qu'une suite de contretemps et de retards, de trahisons et d'incompétences. Victorieux tactiquement sur le champ de bataille, qu'aurait d'ailleurs pu faire Napoléon, d'un point de vue stratégique ou politique, de sa victoire ? Voir Frédéric Encel, *L'Art de la guerre par l'exemple*, *op. cit.*, p. 267. Clausewitz n'a certes pas participé à la bataille de Waterloo, et il a même étrangement conseillé aux troupes prussiennes une retraite stratégique (retraite incompréhensible si l'on oublie que, comme après Salamine pour Xerxès, il était difficile *sur le moment* de prendre la mesure politique de l'impuissance militaire de Napoléon). Mais la bataille de Waterloo est paradigmatique de l'opposition entre la représentation théorique de la bataille et la réalité de l'affrontement :

formulés à froid par le plus brillant tacticien ? Quel principe peut-on revendiquer pour guider la réécriture de l'Histoire, une fois les contingences de l'engagement neutralisées par l'ordre des temps, dès lors que la bataille réelle, qui ne se répétera malheureusement pas pour le vaincu, a déjà donné son verdict ?

– Le livre III, « De la stratégie en général », étudie la meilleure utilisation des forces disponibles dans le temps et dans l'espace. Clausewitz y examine attentivement le rôle de la « ruse » (ch. 10). Mais il ne réfère pas cette dernière à « l'intelligence de l'action » dans un monde marqué par la contingence et le hasard, comme la *métis* des Grecs, mais plutôt à l'utilisation optimale de l'information accessible sur le camp adverse pour créer un effet de « surprise ». La surprise est caractéristique d'ailleurs des avantages attendus de l'offensive ; mais même la défense peut recourir à l'effet de surprise car « l'aspiration générale à une supériorité relative engendre à lui seul une autre aspiration tout aussi générale : surprendre l'ennemi [...]. La surprise est à la base de toute entreprise, sans exception ». Encore ne faut-il pas chercher la surprise pour la surprise, en profitant de l'aubaine d'une information asymétrique, car « si nous surprenons l'adversaire par une démarche erronée, nous récolterons de durs revers [...]. Le dernier mot revient alors à celui qui sera tombé le plus juste ». Surprendre, oui, mais « en tombant juste », et c'est d'ailleurs cette faculté de « tomber juste », et non pas le désir de « surprendre pour surprendre », que les Grecs appelaient précisément *métis*.

– Le livre IV analyse « l'engagement », et la psychologie du chef confronté aux incertitudes de la bataille, mais aussi à la nécessité de savoir bien employer stratégiquement la victoire acquise. Il ne suffit pas de vaincre, il faut faire quelque chose de sa victoire. Une victoire qui ne sert à rien n'est qu'une demi-victoire, « une victoire à la Pyrrhus », comme la prise de Moscou par Bonaparte en 1812 (qui ne put obtenir des Russes la paix qu'il

---

entre le projet du « brillant » général, « qui a tout prévu », et la réalité du terrain qui est toujours imprévisible, il y a toute la distance de l'idée à la chose, de la théorie à la pratique, de la représentation du réel au réel lui-même, avec sa contingence et sa rugosité, ce que Clausewitz appelle sa « friction », qui ne peut manquer de dérégler les plus beaux « plans » tracés sur papier. Xerxès rencontre ainsi sur son chemin vers l'Europe des tempêtes imprévues, une nature rebelle à ses vues, des vents déchaînés à l'Artémision qui détruisent 400 navires perses (Hérodote, *Histoire*, VII, 188-192). Le plus grand génie militaire ne saurait maîtriser ou abolir le hasard, il ne peut, au mieux, que le prendre en considération, ou s'y soumettre. Voir Alexis Philonenko, *Essai sur la philosophie de la guerre*, Paris, Vrin, « Problèmes et controverses », 2000.

désirait) ; mais une victoire napoléonienne difficile comme Marengo (1800), qui permet cependant d'atteindre des objectifs stratégiques précis (comme la cessation des hostilités avec l'Autriche), est une victoire totale. La bataille, gagnée ou perdue, s'inscrit nécessairement dans une totalité stratégique, qui ne se limite pas au champ de Mars. C'est l'usage de la victoire qui « fait », sinon parfait au final la victoire ou la transforme en défaite.

– Le livre V, sans doute le plus obsolète[1], analyse « les forces militaires ».

– Les livres VI et VII analysent « la défense » et « l'attaque », dans leur « polarité » ou leur « complémentarité ». C'est ici que Clausewitz précise la notion fondamentale de « point culminant de la victoire » (VII, 22) :

> À la guerre, le vainqueur n'est pas toujours en mesure de terrasser l'adversaire. La plupart du temps, il existe un point culminant de la victoire [...]. Tant que l'attaque progresse, on pourrait croire qu'elle détient encore la supériorité. Comme la défense, qui commence à la fin de l'avance victorieuse, est une forme de guerre plus puissante que l'attaque, on pourrait croire que l'assaillant n'a pas à craindre de devenir inopinément le plus faible. Mais c'est pourtant ce qui se produit. Si l'on se réfère à l'histoire, il faut admettre que le plus grand danger de revirement intervient précisément au moment où l'attaque prend fin et se transforme en défense. (p. 304-306[2])

Le général qui doit toujours un peu « deviner » ce qu'il faut faire, au regard de la complexité stupéfiante des données qu'il est tenu d'intégrer sur le théâtre des opérations, ne doit jamais passer outre ce « point subtil » de rebroussement ou cette « fine pointe », quand la victoire commence de se transformer en défaite. C'est ce « sommet », l'*acmé* en grec de l'attaque, qu'il faut « sentir » ou « deviner », de peur de perdre brutalement tout le terrain conquis :

> [Le général] doit estimer la tendance et la valeur des principaux facteurs en fonction de beaucoup d'autres conditions proches ou lointaines ; [...] il doit dans une certaine mesure les *deviner* ; *deviner* si l'armée ennemie, après le premier assaut, va former un noyau plus dur [...] ; *deviner* l'ampleur de l'affaiblissement et de la paralysie causée dans l'état des forces ennemies [...] ; *deviner* si l'adversaire va s'évanouir [...]. Il doit appréhender tout cela et d'autres choses encore avec la subtilité instinctive de son jugement et toucher juste, comme le tireur atteint sa cible [...]. Voilà pourquoi la grande majorité des généraux préfère rester bien en deçà du but plutôt que de l'approcher de trop près, tandis qu'un superbe courage et un esprit très entreprenant iront souvent trop loin et manqueront donc leur objectif. (p. 309)

1. L'édition abrégée de Rivages Poche n'en donne d'ailleurs aucun extrait.
2. Nous donnons désormais la pagination de la traduction de N. Waquet en Rivages poche, 2006.

– Le livre VIII sur « le plan de guerre » revient sur les analyses du livre I. Aussi nous y reporterons-nous pour mieux comprendre comment la guerre est, très précisément, l'instrument paradoxal de la politique. Mais ce dernier livre donne aussi de précieux éclairages sur la manière de viser directement « les centres de gravité » de l'ennemi, plutôt que tenter peu à peu de l'encercler par des lignes concentriques. Plus l'attaque est rapide (comme l'éclair – *Blitz* –…), plus elle est puissante et concentrée, et plus elle a de chance d'aboutir. Ce sont les « deux principes » du dernier chapitre, qui se clôt d'ailleurs sur un plan de guerre pour neutraliser, si le besoin s'en faisait à nouveau sentir après Waterloo, les velléités impérialistes de la France :

> Il ressort deux principes fondamentaux qui englobent l'ensemble du plan de guerre et orientent tout le reste.
> Le premier principe est le suivant : concentrer le poids de la puissance ennemie en des centres de gravité aussi peu nombreux que possibles, en un seul s'il se peut ; limiter le coup porté contre ces centres de gravité en un nombre d'opérations principales le plus restreint voire en une seule ; enfin subordonner autant que faire se peut toutes les actions secondaires. En un mot, le premier principe est celui-ci : agir de la façon la plus concentrée possible. Le second principe est agir aussi vite que possible, sans répit ni détour injustifié. (p. 353)

Ainsi le traité de Clausewitz, dans son inachèvement, embrasse-t-il les aspects les plus divers de la tactique et de la stratégie, mais c'est le livre I qui théorise ce qu'il faut exactement comprendre par la notion de « guerre ».

Plan détaillé du livre I (mis au programme)

Si le traité, dans son intégralité, est composé de huit sections, il y a semblablement huit chapitres dans le premier livre, mais cette homologie semble n'être due qu'au hasard.

– Chapitre 1 : « Qu'est-ce que la guerre ? »

C'est ce chapitre que Clausewitz jugeait réellement abouti. On y part d'une définition fort claire, mais aussi fort schématique et abstraite :

> La guerre est un acte de violence engagé pour contraindre l'adversaire à se soumettre à notre volonté. (p. 20)

Plus précisément, la guerre est idéalement une forme de « duel » :

> La guerre n'est rien d'autre qu'un duel amplifié [...] Son but immédiat est de terrasser l'adversaire et de le rendre ainsi incapable de toute résistance [...]. La violence, c'est-à-dire la violence physique [...] est donc le moyen. Imposer notre volonté à l'ennemi constitue la fin [...]. Tous deux (les duellistes) se poussent ainsi mutuellement jusqu'à une extrémité qui ne connaît d'autre limite que le contrepoids exercé par l'adversaire. C'est ainsi qu'il faut envisager la chose, et c'est un effort vain, absurde même, que d'écarter la nature de l'élément brutal en raison de la répugnance qu'il inspire [...]. Il est donc impossible d'introduire dans la philosophie de la guerre un principe de modération sans commettre une absurdité [...]. Nous réitérons notre thèse : la guerre est un acte de violence, et l'emploi de celle-ci ne connaît pas de limite. Chacun des adversaires impose sa loi à l'autre. Il en résulte une interaction qui, selon la nature même de son concept, doit forcément conduire aux extrêmes. (p. 20-24)

La guerre est ainsi définie philosophiquement comme un « duel » où chacun cherche à abattre son adversaire et non pas simplement à le frapper, et où il faut être prêt à aller jusqu'à l'extrême de la violence pour l'emporter sur autrui. Loin de toute illusion morale, il nous faut immédiatement comprendre que la guerre, si on l'abandonnait à sa pente naturelle et qu'elle accomplît pleinement son idée, ou sa nature, suivrait toujours la « logique du pire ».

> Ainsi les âmes philanthropiques pourraient-elles facilement s'imaginer qu'il existe une manière artificielle de désarmer ou de terrasser l'adversaire sans causer trop de blessures, et que c'est là la véritable tendance de l'art de la guerre. Il faut pourtant dissiper cette erreur, aussi belle soit-elle.

La seule mesure de la guerre est de se battre sans mesure, tant que l'ennemi n'est pas à notre merci. Mais il ne s'agit là que d'une définition « absolue », c'est-à-dire étymologiquement coupée, déliée, disjointe, de toute relation à autre chose qu'elle-même[1], qui ne prend en compte ni la réalité concrète des intérêts qui s'opposent, ni les sujets qui s'affrontent, ni le milieu où ils se rencontrent.

Ce n'est qu'après 28 paragraphes que Clausewitz parvient enfin à une définition véritable, ou essentielle, qui cherche à intégrer, articuler et pondérer toutes les dimensions de la guerre « réelle » selon une « étonnante trinité ». On passe d'un concept univoque, mais trop pauvre et trop théorique, à un complexe de trois notions (violence/probabilité/politique ou bien peuple/chef de guerre/gouvernement) seules capables de prendre la mesure qualitative des formes plus ou moins dégradées d'engagement armé :

1. En latin : *ab-solvere*, résoudre ou dissoudre.

La guerre n'est donc pas seulement un vrai caméléon, changeant de nature dans chaque cas concret.
Lorsqu'on embrasse l'ensemble de ses manifestations et qu'on se rapporte aux tendances qui y règnent, elle est aussi une étonnante trinité. On y retrouve la violence originelle de son élément, la haine et l'hostilité qu'il faut considérer comme un instinct naturel aveugle ; le jeu des probabilités et du hasard qui en font une libre activité de l'âme ; et sa nature subordonnée d'instrument politique, par laquelle elle échoit à l'entendement pur.
La première de ces trois composantes se rapporte davantage au peuple, la deuxième au général et à son armée, la troisième au gouvernement. (p. 46-47)

Nous reviendrons abondamment sur ce chapitre (voir III. Analyse de la nature politique de la guerre), et le passage de « la guerre absolue » comprise comme « duel » à la « guerre réelle » comprise comme « trinité » ; mais soulignons immédiatement que ce qui trouble la pure logique du concept de guerre, comme « ascension aux extrêmes », c'est d'abord le temps[1]. Tout engagement suppose du temps, et le temps est comme irréductible à la conceptualité pure. Le temps où se déroule l'action militaire, tout de même que l'espace de la « friction » que nous verrons plus loin, introduit déjà une irrationalité potentielle, un retard sur la pure logique de l'attaque-défense. Une lutte « réelle » suppose du temps, ne serait-ce qu'un temps de réaction, et celui-ci est conséquemment un modérateur naturel de la violence, puisqu'il interdit au concept de « la guerre absolue », comme affrontement brutal, de s'accomplir brutalement :

La guerre n'éclate pas subitement. Sa propagation n'est pas l'œuvre d'un instant [...] La nature de la guerre s'oppose à une réunion parfaite des forces *à un même moment* [...] La continuité de l'action produirait une succession plus rigoureuse des événements, un lien causal limpide qui rendrait chaque action plus importante, et donc plus dangereuse. Mais nous savons que l'action militaire ne possède jamais ou rarement cette continuité. Dans nombre de guerres, l'action occupe de loin la part de temps la plus mince, et l'inaction tout le reste. Il est impossible qu'il s'agisse là chaque fois d'une anomalie [...] La cessation fréquente de l'acte militaire éloigne encore plus la guerre de l'absolu [...].

Parce que la guerre se déroule dans une durée concrète, elle ne peut déjà plus exemplifier parfaitement son concept : quelque chose résiste, avec le temps de l'action et de la réaction, à la simple logique des idées. La

1. Comme le dit Benoît Durieux, *Relire* De la guerre *de Clausewitz*, Paris, Economica, « Stratégies et doctrines », 2004 : « Le temps est même probablement l'un des thèmes les plus fascinant de la pensée clausewitzienne » (p. 18).

guerre réelle est toujours une guerre qui se déroule dans une temporalité spécifique.

– Chapitre 2 : « Fin et moyen dans la guerre »

Il ne s'agit pas ici de penser « la dialectique des moyens et des fins », celle de la tactique et de la stratégie[1], mais de penser le combat lui-même comme fin de l'engagement :

> Il existe dans la guerre toutes sortes de voies pour parvenir au but, c'est-à-dire à la réalisation de la fin politique, mais [...] l'engagement en est l'unique moyen ; par conséquent, tout est soumis à une loi suprême : celle du règlement par les armes. (p. 66)

Quoiqu'on fasse, c'est l'engagement ou le combat possible, sinon réel, celui qu'on pourrait livrer si on ne le livre pas toujours, ou qu'on tarde à livrer, qui décide de tout à la guerre :

> La destruction de la force armée ennemie est donc le fondement de toute action militaire, l'ultime point d'appui de toutes les combinaisons [...]. Le règlement par les armes est aux opérations de guerre, grandes et petites, ce que le paiement comptant est aux transactions commerciales. Ces relations peuvent être espacées, le versement être rare, il devra pourtant toujours être effectué. (p. 62)

Ce qui « fait » la guerre, c'est la possibilité effective (non pas simplement la possibilité logique ou abstraite) d'un combat où notre existence comme celle de l'ennemi est mise en jeu. La « drôle de guerre », où l'on ne fait que s'observer de manière armée, est authentiquement une guerre, car on peut à tout moment y passer du face-à-face hostile à l'affrontement violent ; et c'est bien cette possibilité réelle, comme tendance au combat et non comme fiction théorique, qui caractérise la guerre en tant que guerre.

– Le chapitre 3 est consacré à l'analyse du « génie martial », et propose un véritable « traité des passions » du guerrier avant et pendant la guerre.

Clausewitz commence par s'interroger sur le « génie » guerrier, capable « en un coup d'œil », et parce qu'il a une grande « présence d'esprit », de « tomber juste » dans ce qu'il faut faire, alors même qu'à la guerre tout semble incertain, douteux, et relever en dernier ressort du sort :

> La guerre est le domaine de l'incertitude. Les trois quarts des éléments sur lesquels se fonde l'action flottent dans le brouillard d'une incertitude plus ou moins épaisse [...].

1. Raymond Aron, *Penser la guerre, Clausewitz*, ch. 4, « Les moyens et les fins », p. 161-194.

> La guerre est le domaine du hasard. Nulle autre activité humaine ne laisse à cet intrus une telle latitude, car aucune n'entretient avec lui un contact aussi constant et aussi diffus. (p. 72)

Ce « coup d'œil », qu'avait exemplairement Napoléon, c'est donc la capacité de débrouiller soudain, de désenchevêtrer d'un coup l'entrelacs de faits, d'informations, d'interrogations qui constituent moralement le champ de bataille :

> Cette idée [du « coup d'œil »...] ne traduit rien d'autre que la rapidité avec laquelle on parvient à une vérité ; vérité que le regard d'un esprit ordinaire ne verra absolument pas, ou alors seulement au terme d'une longue observation et d'une profonde réflexion [...]. La « présence d'esprit » n'est rien d'autre qu'une capacité supérieure à vaincre l'imprévisible. (p. 75-77)

Vision quasi immédiate, rapide, de ce qu'il faut faire : c'est « le coup d'œil ».

Ajustement prompt, rapide, à ce qui surprend et que l'on n'avait pas anticipé : c'est la « présence d'esprit ».

Tout de même que Newton a inventé les méthodes d'intégration et le calcul infinitésimal, il s'agit là aussi de pouvoir « intégrer » dans une décision, dans une « mesure » audacieuse, des éléments hétérogènes, dispersés, souvent ténus et incommensurables :

> Si le général ne saisit pas tout cela avec un esprit qui pressent instinctivement la vérité, il en résultera un enchevêtrement de vues et de considérations d'où son jugement ne pourra même plus se dégager. En ce sens, Bonaparte a dit fort justement que bien des décisions qui incombent au général pourraient constituer des problèmes mathématiques dignes d'un Newton et d'un Euler. (p. 95)

Cette intelligence immédiate de ce qu'il faut faire ne suffirait cependant pas sans le courage, l'audace et la « résolution » de l'accomplir. C'est pourquoi le génie est finalement une harmonie de forces intellectuelles (« coup d'œil ») et morales (« résolution »).

> Si ce dernier [le chef de guerre] veut sortir victorieux de ce contact avec l'imprévu, deux qualités lui sont indispensables : d'abord une intelligence, qui même dans cette obscurité plus intense, garde quelque vestige de cette lumière intérieure qui le guide vers la vérité ; ensuite le courage de suivre cette faible lueur. La première a été désignée au sens figuré par l'expression française *coup d'œil* ; la seconde est la *résolution*. (p. 73)

Mais ce qui prime le courage, ou la résolution, c'est toujours le jugement, ou l'entendement. Loin de toute apologie du volontarisme, ou du culte de l'action pour l'action, le chapitre se termine ainsi par l'éloge de la sagacité et du « sang-froid » :

> Si nous nous demandons alors quelle sorte d'intelligence correspond le plus au génie martial, l'expérience et l'investigation nous diront que c'est davantage celle qui scrute que celle qui crée, celle qui embrasse plutôt que celle qui dissèque, que c'est davantage aux têtes froides qu'aux têtes chaudes que l'on confiera le salut de nos enfants [...]. (p. 97)

Esprit déductif plutôt qu'inventif, ayant non pas tant le sens de l'analyse que celui de la synthèse, et patient davantage encore que passionné : voilà le chef de guerre idéal, qui s'écarte résolument du « modèle romantique » de la génialité...

– Le chapitre 4 étudie « le danger dans la guerre ». Il est fort bref, puisque « le danger dans la guerre relève du phénomène de friction » (p. 100), et que c'est donc en traitant de la « friction », qui s'introduit immanquablement entre nos projets et leurs exécutions, que nous pourrons mesurer le degré de dangerosité que comporte toujours un combat, fussions-nous a priori sécurisés par la supériorité technique et tactique de nos forces.

Disons-le fermement : Le réel surprend précisément notre représentation « théorique » de la réalité ; ce qui a lieu advient parfois sans nous et malgré nous ; l'événement pénible est souvent ce qui n'entrait pas dans nos « vues », mais qu'il nous faudra bien désormais avoir le courage de « regarder en face ». Le réel résiste de manière imprévisible à la réalisation « pratique » de nos meilleurs plans ; c'est l'obstacle qui traverse nos prévisions, cet élément infinitésimal qui peut venir tout dérégler et ralentir :

> Cette friction épouvantable, qu'il est impossible de concentrer sur quelques points comme en mécanique, est donc partout en contact avec le hasard. Elle suscite alors des phénomènes imprévisibles, précisément parce qu'ils appartiennent en grande partie au hasard [...]. Ici le brouillard empêche qu'on détecte l'ennemi à temps [...] ; là, la pluie empêche un bataillon d'arriver [...]. (p. 109)

Ignorer la « friction », revient donc à ignorer ce qui constitue le milieu même de la guerre, c'est-à-dire le monde de la contingence, du hasard, du probable. On se bat toujours à ses risques et périls, et cette « fatalité » est un caractère essentiel de la guerre elle-même [1]. La guerre implique « la friction »,

1. Voir Benoît Durieux, *op. cit.*, p. 22-23, sur les limites de « la numérisation du champ de bataille » qui abolirait, par la technologie, toute idée de « friction », de résistance du réel, devant l'action

non pas évidemment au sens banal de « dispute » ou de « chamaillerie », mais au sens ontologique, ou « mécanique », d'une « résistance » des choses à notre désir de maîtrise, d'un « frottement » qui s'oppose à notre élan.

> L'action militaire est un mouvement dans un milieu résistant. Pas plus qu'il n'est possible d'exécuter dans l'eau avec facilité et précision un mouvement aussi simple et aussi naturel que la marche, il est impossible dans la guerre de se maintenir ne serait-ce qu'à un niveau moyen avec ses forces ordinaires. Voilà pourquoi le vrai théoricien ressemble au maître-nageur qui fait pratiquer sur la terre ferme des mouvements qui paraissent grotesques et exagérés à ceux qui oublient qu'ils doivent être exécutés dans l'eau. (p. 109)

– Le chapitre 6 examine « l'effort physique dans la guerre », qui est lui aussi un élément de la « friction » :

> S'il est ici question de l'effort physique comme d'une chose capitale, c'est parce qu'il appartient, comme le danger, aux causes fondamentales de friction et parce que sa mesure incertaine le rend semblable aux corps élastiques, dont on sait que le frottement est difficile à calculer. (p. 102)

Un général peut-il clairement déterminer quels sacrifices accepteront joyeusement ses hommes, et ceux devant lesquels ils se rebelleront ? Comment connaître les limites à ne surtout pas dépasser ? On pensera ici à la guerre de 1914, et aux offensives sanglantes ordonnées par les états-majors, ainsi qu'au moral de troupes souvent fouettées « à coup de lauriers », pour reprendre une pensée d'Alain[1]. Il s'agit par l'ambition de « motiver » les hommes, si la discipline au combat n'y suffit plus[2]. À la guerre, le

---

militaire, et donnerait enfin aux hommes une maîtrise totale des tenants et des aboutissants du théâtre d'opération.

1. Citant lui-même Joseph de Maistre, dans *Mars ou la Guerre jugée*.

2. On pensera ici au passage célèbre de l'*Anabase* où Xénophon, disciple de Socrate mais aussi soldat et tacticien émérite, raconte comment il est descendu de son cheval pour prendre part aux souffrances de ses hommes, et les encourager à gravir à pied une montagne abrupte, pour échapper plus vite à l'ennemi (Voir F. Encel, *L'Art de la guerre par l'exemple*, *op. cit.*, p. 33.) Le général doit parfois savoir donner l'exemple : ce qui paraît impossible est alors démontré faisable. On rappellera d'ailleurs à ce propos que l'*Anabase* de Xénophon raconte comment 10 000 (en réalité 13 000) mercenaires Grecs, essentiellement spartiates, ont pu quasi survivre un an (vers - 400 av. J.-C.) avec une perte dérisoire de 300 hommes, perdus et isolés en territoire perse, parce qu'ils n'avaient jamais abandonné leur discipline, et n'avaient jamais non plus succombé à la si redoutée « peur panique ». Grande leçon de la valeur inestimable de la discipline, que connaissaient tous les contemporains cultivés de Clausewitz, mais aussi de la capacité que pouvait avoir une armée grecque à défier, sur son propre territoire, la puissance achéménide d'un descendant de Xerxès (Artaxerxès II). Salamine (480 av. J.-C.) n'est décidément plus qu'un souvenir, et loin de trembler devant les Perses, l'aventure désespérée mais

général doit souvent demander l'impossible à ces hommes, mais rien n'est plus dangereux, si comme le prétend la dernière phrase de *De la guerre* : « Celui qui néglige le possible en cherchant l'impossible est un insensé ». Savoir demander à ces hommes ce qui est apparemment impossible, c'est souvent rendre possible par son charisme, son prestige, son énergie, ce qui n'était que difficile : « Seul un esprit vigoureux pourra tendre les forces de son armée au-delà de leur tension normale » (p. 101).

– Le chapitre 6, « Les renseignements dans la guerre », ajoute à « L'effort physique dans la guerre » (ch. 5) et au « Danger dans la guerre » (ch. 4) un dernier élément à intégrer au phénomène général de la « friction ».

Il est difficile à la guerre d'être bien informé sur son ennemi, et le renseignement le meilleur est d'ailleurs déficient par quelque côté :

> Une grande part des renseignements que l'on reçoit en temps de guerre est contradictoire, une part plus grande encore est fausse, et la majorité est de loin passablement douteuse. (p. 104)

En somme, le théâtre de la guerre est toujours « brouillé » : si on ne sait jamais exactement ce qui va se produire, et que les intentions de l'ennemi nous restent malgré tout hermétiques, encore faut-il nous méfier de nous-mêmes (!), comme le disaient les Grecs[1], car nous sommes portés à mal interpréter nos informations :

> En règle générale, chacun est enclin à croire les mauvaises nouvelles plutôt que les bonnes. Tout le monde a tendance à exagérer un peu ce qui va mal [...]. (p. 105)

Plutôt que de s'étonner de ces considérations (ne sommes-nous pas au contraire tentés bien souvent de surestimer nos forces...), on pensera ici, à titre de possible réfutation, à l'incroyable naïveté de Xerxès à Salamine qui, sur la base d'informations fallacieuses, se laissa prendre au piège de Thémistocle[2]. C'est là un contre-exemple spectaculaire des thèses « psycholo-

---

heureuse des « 10. 000 » a montré que l'organisation militaire d'une armée grecque pouvait défier une force *a priori* très supérieure. Elle a aussi montré qu'une retraite, même très longue, n'était pas nécessairement un désastre, mais pouvait constituer un véritable succès tactique, racontée quasi-jour après jour par Xénophon (voir Xénophon, *Anabase*, P. Masqueray (éd. et trad.), Paris, Les Belles Lettres, « Classiques en poche », 2000).

1. « *Memneso apistein* » (Souviens-toi de te méfier).

2. Voir la ruse rapportée par Hérodote, *Histoires*, VIII, 74-78 : Thémistocle envoie Sicinnos, le pédagogue de son fils, avertir Xerxès que les Grecs vont fuir Salamine, ce qui pousse Xerxès à livrer

giques » de Clausewitz, sur la défiance que nous portons toujours aux nouvelles trop favorables (ou, *a contrario*, la preuve irréfutable de l'*hybris* de Xerxès, de la confiance vraiment excessive qu'il pouvait avoir dans ses propres forces).

Reste qu'entre ce que nous concevons, sur la foi des rapports d'autrui, et la réalité même de la situation, il y a « l'un des plus profonds abîmes qui séparent le projet de l'exécution » (p. 106).

La nature énigmatique du danger auquel on s'expose (ch. 4), l'effort maximal que l'on peut légitimement réclamer à des hommes (ch. 5), le renseignement inévitablement flou dont on dispose (ch. 6) : autant d'éléments qui constituent la « friction », c'est-à-dire le milieu même de la guerre qu'analyse brièvement le chapitre 7, avant la conclusion générale (ch. 8).

– Chapitre 7 : « La friction dans la guerre »

Ce chapitre 7, en tant qu'il donne la clé des chapitres 4, 5 et 6, est donc aussi fondamental que le premier chapitre, puisque c'est le phénomène de « friction », de « frottement », de « résistance » du réel à nos plans rationnels, qui expliquent que l'on ne peut jamais se contenter du concept abstrait, ou théorique, de la guerre.

L'expérience de la guerre, en tant que cette *expérience* se distingue formellement de sa pure *conceptualisation*, est celle-là même de la « friction » :

> Tant que l'on n'a pas vécu soi-même la guerre, on ne saisit pas en quoi consistent les difficultés dont il est toujours question, ni vraiment ce que viennent y faire le génie et la puissance intellectuelle extraordinaire que l'on exige du général. Tout semble si simple, toutes les connaissances nécessaires semblent si plates, toutes les combinaisons si insignifiantes qu'en comparaison le problème le plus élémentaire de mathématiques supérieures en impose par une certaine dignité scientifique [...]. Tout est très simple dans la guerre, mais les choses les plus simples sont difficiles. Ces difficultés

une bataille maritime, que Thémistocle était certain d'emporter, mais que redoutaient les autres Grecs. Thémistocle a forcé ses Alliés à livrer une bataille qu'ils ne voulaient pas, en faisant croire aux Perses qu'ils l'emporteraient facilement. Voir aussi le récit de cette ruse par Plutarque, *Vies parallèles*, « Thémistocle » : « Sicinnos était de race perse, prisonnier de guerre, mais dévoué à Thémistocle, qui l'avait donné à ses enfants pour pédagogue. Son maître l'envoya donc à Xerxès avec la mission secrète de lui dire que Thémistocle, le généralissime des Athéniens, prenant le parti du Roi, voulait être le premier à lui annoncer la tentative d'évasion des Grecs ; il l'exhortait donc à ne pas les laisser s'enfuir, et à profiter, au contraire, du désordre où il se débattait, coupés de leur armée de terre, et anéantir leur puissance navale. Xerxès, croyant ce message dicté par la bienfaisance, l'accueillit avec joie [...] ». Salamine est le théâtre d'une incroyable « ruse », cette *métis*, ou « intelligence audacieuse », qui « tourne » les difficultés, ou qui use des êtres et des choses avec le bon « tour de main ». Thémistocle, les Athéniens et leurs alliés, n'ont vaincu qu'en donnant aux Perses des informations fausses sur la stratégie et le moral de la flotte grecque.

s'accumulent et produisent une friction, dont celui qui n'a pas vu la guerre ne peut se faire une idée juste [...]. (p. 107-108)

C'est la « friction » qui détermine en dernier ressort les particularités concrètes de la guerre :

La friction est le seul concept qui corresponde à peu près à ce qui distingue la guerre réelle de la guerre sur le papier [...] La friction est donc ce qui rend difficile ce qui paraît facile. (p. 108-110)

Mais il ne s'agit pas en l'espèce de l'impossibilité de réaliser une simple forme intellectuelle dans une matière rebelle, de constater combien une idée ou une notion théorique, comme celle de la guerre, s'éloigne toujours de sa réalisation empirique. Il s'agit de comprendre, tout au rebours, que le milieu même de la « friction » qui définit les relations humaines, relations intersubjectives toujours complexes, toujours subtiles, toujours infiniment délicates, empêchent paradoxalement, mais heureusement, que la guerre ne réalise sa nature de pure violence ou ne monte facilement « aux extrêmes », comme elle devrait pourtant faire si elle ne suivait que la logique propre de son concept.

C'est en effet parce que le monde réel est celui de la friction, que le concept de guerre examiné au chapitre 1 [la guerre comprise comme un « acte de violence engagé pour contraindre l'adversaire à se soumettre à notre volonté »] ne peut que difficilement s'y accomplir. Heureusement, en somme, que la réalité humaine et naturelle empêche le concept de guerre de réaliser sa vérité, de donner toute sa puissance logique, car nous n'assisterions sinon qu'à une série de guerres d'anéantissement. En effet, selon la stricte définition du chapitre 1 (que nous répétons volontairement en raison de son importance) :

La guerre n'est rien d'autre qu'un duel amplifié [...] Son but immédiat est de terrasser l'adversaire et de le rendre ainsi incapable de toute résistance [...]. La violence, c'est-à-dire la violence physique [...] est donc le moyen. Imposer notre volonté à l'ennemi constitue la fin [...]. Tous deux (les duellistes) se poussent ainsi mutuellement jusqu'à une extrémité qui ne connaît d'autre limite que le contrepoids exercé par l'adversaire. C'est ainsi qu'il faut envisager la chose, et c'est un effort vain, absurde même, que d'écarter la nature de l'élément brutal en raison de la répugnance qu'il inspire [...]. Il est donc impossible d'introduire dans la philosophie de la guerre un principe de modération sans commettre une absurdité [...]. Nous réitérons notre thèse : la guerre est un acte de violence, et l'emploi de celle-ci ne connaît pas de limite. Chacun des adversaires impose sa loi à l'autre. Il en résulte une interaction qui, selon la nature même de son concept, doit forcément conduire aux extrêmes. (p. 220-224).

Mais si la guerre ne se réalise pas ailleurs que dans le milieu de la friction, et que, sans ce milieu de la « friction », il n'y ait même pas possibilité de parler d'une guerre, avec ses dangers (ch. 4), ses efforts héroïques (ch. 5), la perception brouillée du camp ennemi et de ses stratagèmes (ch. 6), la notion même de « guerre » implique, au plan même de la théorie, un lien nécessaire avec le monde de la contingence :

> Ainsi, dans le domaine abstrait du pur concept, la pensée réflexive ne connaît le repos qu'en étant parvenue aux extrêmes. Car elle a précisément affaire à un extrême, à un conflit de forces livrées à elles-mêmes, qui ne suivent pas d'autres lois que leurs lois propres [...]. Mais tout prend un autre aspect si nous passons de l'abstraction à la réalité [...] Le monde réel remplace bien ici celui de l'abstraction, et modère ainsi la tension vers l'extrême. (p. 25-27)

Et ce rapport au monde réel modifie si bien le concept de guerre en soi que le grand général n'est peut-être plus tant celui qui cherche à désarmer l'adversaire et à anéantir sa force de frappe, comme un bon duelliste, que celui qui sait montrer du « tact », cette capacité de toucher juste, et d'y insister ni plus ni moins qu'il ne faut.

> Assurément le meilleur général n'est pas celui qui se fait de la friction l'idée la plus grande et la plus intimidante [...] Mais le général doit la connaître pour la surmonter, et pour ne pas s'attendre à trouver dans ses opérations une précision que cette friction rend précisément impossible. On en aura d'ailleurs jamais une connaissance théorique parfaite, et quand bien même on y parviendrait, il manquerait toujours cette partie du jugement que l'on appelle le *tact*. Dans un domaine rempli de détails multiples et minimes, cette appréciation intuitive de ce qu'il faut faire est bien plus nécessaire que dans les situations de grandes décisions. C'est uniquement grâce à son tact, devenu chez lui une habitude, que l'homme du monde parle, agit et se meut toujours comme il faut. (p. 110)

La guerre n'est-elle pas finalement un duel (c'est-à-dire un possible déchaînement de violence « hors-la-loi » pour anéantir l'ennemi), entre gens du monde (c'est-à-dire entre individus qui savent montrer du « tact » et suivent les « bonnes manières » dans leur rapport aux choses et aux êtres)[1] ? Clausewitz qui a connu et théorisé la violence des guerres napoléoniennes, la recherche de la décision par un combat décisif et brutal pour venir rapidement à bout de l'ennemi, n'est-il pas nostalgique de l'époque

1. Voir François Billacois, *Le Duel dans la société française des XVIe-XVIIe siècles. Essai de psychologie historique*, Paris, Éditions de l'EHESS, 1995. On rappellera d'ailleurs que le mot français « duel » vient de *duellum*, forme archaïque de *bellum*, la guerre en latin. *Domi duellique :* en temps de paix et de guerre.

de Frédéric II, quand le Maréchal de Saxe se glorifiait de savoir mener une campagne entière en évitant de livrer bataille ?

Une telle interprétation serait excessive, et ignorerait le vrai principe de modération, formel et non pas matériel, qu'introduit évidemment la finalité politique (Voir III. Analyse de la nature politique de la guerre). Mais si le chapitre 1 parle surtout du concept pur de guerre, comme « ascension aux extrêmes » dans le cadre violent et simplifié du duel, ou comme la recherche de « l'anéantissement »[1], le chapitre 7 développe essentiellement le milieu concret où la guerre, telle qu'elle est conçue, devient la guerre, telle qu'elle est vécue. Or ce milieu de la guerre vécue est certes celui du danger et de la souffrance, mais aussi paradoxalement celui de la « complexité » et du « tact ».

– Le chapitre 8 conclut le premier livre, en rassemblant les éléments auparavant étudiés dans un concept commun :

> Avec le danger, les efforts physiques, les renseignements et la friction, nous avons identifié les éléments qui composent l'atmosphère de la guerre et qui en font un milieu résistant à toute activité. La résistance qu'ils produisent permet de les réunir dans le concept commun de friction généralisée. (p. 112)

Le milieu de la guerre, « l'atmosphère » de la guerre, est résistant, rebelle, et c'est ce milieu de la « friction généralisée » qui empêche peut-être d'un point de vue matériel (comme la finalité politique le défend d'un point de vue formel) que le concept pur de la guerre ne déroule « en vrai » toutes les tendances qui sont théoriquement contenues dans son extension, tous les possibles logiques qu'il implique, comme « l'ascension aux extrêmes » dans l'usage de la violence ou la volonté démesurée, effrénée, de soumettre autrui.

Mais c'est aussi parce que l'espace de la guerre est l'espace de la « friction », que le premier devoir du guerrier, même en temps de paix, est de « s'aguerrir », de s'y « frotter », et de s'y « polir », pour conquérir d'authentiques vertus militaires.

1. Ce premier chapitre analyse l'idée même de guerre à la façon des Idéologues de la fin du XVIIIe siècle qui cherchaient à mettre au jour, par l'étude généalogique et analytique des notions, leurs conséquences ultimes. On a souvent rapproché Clausewitz de Kant, dont il connaissait un peu la philosophie (et combien les concepts *a priori*, selon lesquels nous pensons, doivent s'incarner dans le temps et l'espace pour avoir du *sens*) ; de Hegel (en raison de son intelligence « dialectique » et quoiqu'il ignorât son grand contemporain de Berlin), et surtout de Montesquieu (pour son intelligence du concret et le souci des principes généraux). Voir Raymond Aron, *Penser la Guerre, Clausewitz*, p. 371. Mais il ne faudrait pas oublier l'influence des philosophes français du Directoire et de l'Empire.

On est ainsi passé de l'analyse théorique de la guerre (« Qu'est-ce que la guerre ? »), à des considérations sur l'entraînement pratique du guerrier. Car il faut s'exercer au métier des armes, « moins pour y habituer le corps que l'esprit » (p. 113).

Analyse de la nature de la guerre réelle : « l'étonnante trinité »

Mais il faut comprendre comment Clausewitz peut passer d'une définition formelle de la guerre comme « duel », qui ne connaît d'autre forme logique que l'ascension aux extrêmes (1), à une définition réelle de la guerre comme « trinité » (2) à la croisée de la politique (2.1), des passions violentes des peuples (2.2) et du « jeu » plus ou moins talentueux du chef de guerre dans un univers aléatoire (2.3) [1].

Il s'agit en somme de passer d'une relation binaire et « mécanique » entre deux termes *homogènes*, de l'ordre de l'addition ou de la multiplication, à une relation « ternaire » entre trois « tendances » *hétérogènes*, de l'ordre de l'intégration :

> Ces trois tendances, qui apparaissent comme autant de systèmes de lois différents, sont profondément enracinées dans la nature du sujet tout en en étant de grandeur variable. Une théorie qui voudrait négliger l'une d'elles ou qui chercherait à établir entre elles un rapport arbitraire, entrerait immédiatement dans une telle contradiction avec la réalité qu'il faudrait pour cette seule raison la considérer comme nulle. (p. 47)

La guerre n'est pas la confrontation de deux entités, mais l'intégration de trois facteurs : la violence et l'instinct naturel aveugle des parties qui s'affrontent ; le jeu des probabilités et la libre activité de l'âme chez les chefs militaires qui conduisent les opérations ; la fonction politique et la délibération rationnelle chez les hommes d'État qui décident du début et de la fin des hostilités.

1. Nous suivons ici, quoique selon une autre présentation, la lecture de Raymond Aron, *Penser la Guerre, Clausewitz*, ch. 4. « Les moyens et les fins » [la guerre subordonnée à la politique du chef de l'État] ; ch. 5. « Le moral et le physique » [la violence et l'importance des passions collectives dans les conflits] ; ch. 6. « Défense et attaque » [l'action risquée du chef de guerre]. Ces trois antithèses, que l'on peut à juste titre nommer « dialectiques », permettent d'analyser « l'étonnante trinité » qui n'apparaît explicitement qu'au livre I, mais qui est déjà implicitement présente pour Aron au livre VIII, ch. 6. A : « Influence de la fin politique sur l'objectif militaire » et ch. 6. B. « la guerre est un instrument de la politique » (Aron, *op. cit.*, p. 157).

Le concept de « guerre idéale »

Le chapitre 1 du livre I part donc d'une définition très simple de la guerre, qui évite volontairement toute complexité pédante : la guerre n'est qu'un « duel amplifié » (p. 19), qui n'a pour but que de « terrasser l'adversaire » (p. 20). Cette logique du duel conduit chaque duelliste à employer tous les moyens de la force et de la violence, tous les moyens de « l'élément brutal » (p. 21) pour s'imposer, c'est-à-dire atteindre l'objectif, ou le *telos*, de la guerre qui est « d'ôter à l'adversaire tout moyen de se défendre » (p. 23) :

> La guerre est un acte de violence, et l'emploi de celle-ci ne connaît pas de limite. (p. 22)

Mais trois choses sont ici à souligner dans l'analyse de ce « concept pur » de guerre. Le concept de la guerre est « une mise en relation » de deux termes, « un duel ». Or une relation a une nature générale (à quel « type » de relation la guerre renvoie-t-elle ?) ; une structure logique (comment fonctionne ce « type » de relation ?) ; une modalité intensive (jusqu'où ce « type » est-il réalisable ?),

– la nature de cette relation est l'« interaction » ;

– la structure logique de cette relation est « téléologique » ;

– la qualité intensive de cette relation, qui résulte de sa nature et de sa structure, est « une montée aux extrêmes ».

La nature de la guerre : l'interaction

La guerre est une « interaction » entre deux adversaires. Elle est une relation à deux termes. Et parce qu'elle est une relation entre deux êtres, parce qu'elle a pour nature « l'interactivité » on ne peut jamais faire abstraction, en considérant de manière unilatérale un élément (l'offenseur, l'agresseur), de l'autre terme (l'offensé, le défendant). Cela explique d'ailleurs pourquoi, pour Clausewitz, c'est paradoxalement l'agressé qui a l'initiative de la guerre : l'attaquant ne devient un attaquant que si, et seulement si, celui qui est attaqué se protège. S'il n'y a pas de défense, s'il n'y a pas la décision de protéger sa vie ou ce que l'on possède, il n'y a pas non plus d'attaque, car celui qui attaque est en réalité déjà chez lui, déjà propriétaire « paisible », « en paix », des biens qu'il convoitait :

> La guerre s'impose au défenseur plus qu'au conquérant, car c'est l'irruption de ce dernier qui a provoqué la défense, et du même coup la guerre. Le conquérant aime

> toujours la paix (comme Bonaparte l'a constamment prétendu) ; bien volontiers, il pénétrerait tranquillement dans notre État [...]. Si nous pensons philosophiquement l'origine de la guerre, le concept propre de celle-ci ne naît pas avec l'attaque parce que celle-ci n'a pas tant pour fin absolue la lutte que la prise de possession. Il naît avec la défense, car celle-ci a la lutte pour fin immédiate, parce que repousser et lutter, manifestement ne font qu'un. (VI)

Étrange paradoxe : c'est le défenseur qui a l'initiative de la guerre, en se protégeant. Mais loin de devoir nous en amuser, il faut voir précisément la portée d'une telle thèse : on ne peut penser la guerre comme un acte d'agression unilatéral. La guerre n'est pas la continuation d'une agressivité naturelle, biologique, que la culture peut limiter, neutraliser ou réorienter[1] ; d'un point de vue logique, la guerre n'existe que parce qu'il y a une volonté de se défendre, et des actes de protection. Si le point de départ de toute pensée de la guerre est la défense, c'est-à-dire une réponse *médiatisée* à l'agression, cela détourne la philosophie de la guerre de n'être qu'une méditation sur les éventuelles pulsions ou sur la violence intrinsèque aux êtres vivants qui les pousseraient, positivement et *immédiatement*, au conflit. Si sans défenseur, il n'y a logiquement pas d'attaquant, cela implique qu'il ne faut pas penser *pourquoi* l'attaquant attaque (et d'ailleurs ces raisons peuvent être bien diverses, et relever de plusieurs « sciences » : biologie, neurologie, éthologie, psychanalyse, économie, sociologie, etc.), mais ce qui se passe lorsque le défenseur se met à défendre, c'est-à-dire lorsqu'à strictement parler, *il y a* une guerre :

> Le concept de la guerre implique toujours que toutes les actions qui s'y manifestent procèdent nécessairement et originellement du combat. (p. 58)

« L'interactivité » est donc au principe même du concept de guerre (la guerre est une relation du type de l'interactivité), car sans la réaction de l'agressé, il n'y aurait pas d'agresseur. Cela implique des conséquences décisives sur la structure logique et les modalités de la relation guerrière (comment fonctionne ce type de relation, et jusqu'où elle peut s'intensifier).

Mais il faut ici distinguer soigneusement les moyens (la logique de l'intensité) et les fins (la logique de l'intentionnalité)

1. Voir Konrad Lorenz, *L'Agression, une histoire naturelle du mal*, Paris, Flammarion, « Champs », 1977, pour une interrogation classique sur le fondement « naturel », « animal » de l'agressivité humaine que la civilisation cherche, en tant qu'elle est précisément une civilisation, à « ritualiser », y compris à la guerre.

La structure téléologique de la guerre : la relation de moyens à fins

Au niveau des fins, d'abord. L'activité guerrière est téléologique, c'est-à-dire qu'elle est essentiellement une articulation des moyens à une fin.

La fin de la guerre est simple :

> […] le but de l'acte militaire est d'ôter à l'ennemi tout moyen de se défendre […]. Par conséquent, quel que soit le nom qu'on lui donne, désarmer ou terrasser l'ennemi doit toujours être l'objectif de l'acte militaire. (p. 23)

Si l'activité militaire est « violente », cette violence est « intentionnelle ». Elle n'est pas un déchaînement aveugle de forces naturelles, comme dans une tempête ou lors d'un cyclone. L'image « des orages d'acier », pour les bombardements de 1914, est trompeuse. Elle n'est pas non plus un processus « violent » au sens d'Aristote, c'est-à-dire un mouvement « contre-nature » qui s'oppose par la force (*vis*) à une tendance spontanée : il est « violent » de tordre un bras dans le sens opposé de son articulation, ou d'empêcher un arbre de pousser en le privant d'air et de soleil. La violence militaire est d'un autre ordre : ce n'est pas la contrainte, qui peut souvent discipliner la nature et lui permettre de s'accomplir par l'effort, mais la force qui anéantit l'obstacle.

Mais pour Clausewitz, cette force est orientée, si elle n'est pas contrôlée : la violence est mise au service d'une « intention hostile », « intention positive » d'attaquer ou « intention négative » de résister :

> Le combat entre les hommes se compose en réalité de deux éléments distincts : le sentiment hostile et l'intention hostile. Nous avons choisi le dernier de ces deux éléments comme caractéristique de notre définition […]. (p. 21)

Peu importe, pour la théorie de « la guerre idéale » qui met au jour la logique exclusivement guerrière de la guerre, les « sentiments hostiles », les passions haineuses, les pulsions inconscientes, que d'autres « sciences » (éthologie, sociologie, psychanalyse, histoire…) peuvent étudier, et qui entrent effectivement en compte dans les « guerres réelles » :

> On voit par là combien il est faux de ramener la guerre entre les nations civilisées uniquement à un acte rationnel de leurs gouvernements et d'imaginer qu'elles se libèrent toujours davantage des passions […]. Si la guerre est un acte de violence, la passion en fait aussi nécessairement partie. (p. 22)

Du seul point de vue logique, n'entre en dernier ressort dans le concept de guerre, ou dans « la guerre idéale », que « l'intention hostile ». C'est elle qui constitue formellement la visée de l'activité guerrière, celle qui commande l'emploi des moyens disponibles pour atteindre l'objectif : « ôter à l'ennemi tout moyen de se défendre ».

Mais comme les deux belligérants ont tous deux des « intentions hostiles », soit « positives » d'attaque, soit « négatives » de défense, l'on peut donc considérer que tous deux recherchent la même chose. Et comme nul ne saurait renoncer à son « intention hostile », sans se mettre à la merci de son adversaire, il y a conséquemment « montée aux extrêmes ». Personne ne veut céder, car céder un peu, ce serait tout céder :

> Il y a donc encore ici interaction. Tant que je n'ai pas écrasé l'adversaire, je dois craindre qu'il ne m'écrase. Je ne suis donc plus mon propre maître, puisqu'il m'impose sa loi comme je lui impose la mienne. (p. 24)

Mais il ne s'agit là que de la finalité interne à la guerre elle-même (la finalité *dans* la guerre), c'est-à-dire soumettre autrui, et non pas de la finalité que la guerre elle-même peut poursuivre (les fins *de* la guerre), comme des fins politiques plus modestes. En effet, la relation téléologique des moyens et des fins forment une totalité organique, les moyens n'existent et ne sont choisis qu'en vue de la fin, et la fin n'est fin que dans la mesure où l'on cherche effectivement à l'atteindre par de certains moyens. Mais une structure téléologique peut s'inscrire dans un ensemble finalisé plus large : ce qui était « fin » dans une première relation devient « moyen » au regard d'une fin supérieure. Si je dois travailler (moyen), c'est pour *réussir* un concours (première fin) ; mais si je veux réussir un concours (la fin est devenue moyen), c'est pour avoir une bonne situation professionnelle (ce qui est ma fin ultime). Au final, si je dois travailler, c'est pour avoir un bon salaire.

Ces remarques de bon sens ne sont pas oiseuses : car la totalité téléologique qui constitue l'activité guerrière va s'inscrire dans une structure intentionnelle plus large, où la guerre elle-même deviendra l'instrument de fins politiques[1]. Et ce qui était apparemment par principe impensable dans « la

1. Cette présentation de la guerre comme « totalité » inscrite elle-même dans une totalité « organique » plus vaste, se trouve littéralement chez Clausewitz, mais selon une image plus biologique que téléologique : « Si l'on réfléchit à la nature de la guerre en se rappelant ce que nous avons dit au chapitre III de ce livre, à savoir que toute guerre doit être avant tout comprise d'après la probabilité de son caractère et de ses traits dominants, tels qu'on peut les déduire des données et des circonstances

guerre idéale », c'est-à-dire une « négociation » ou un « compromis » entre des « intentions hostiles », redeviendra possible, voire souhaitable. Quand la guerre est pensée comme une totalité téléologique close, rien ne semble pouvoir la limiter ; mais quand elle est réinscrite, à titre d'instrument du politique, dans un ensemble plus vaste, tout change : ce qui n'était pas, par principe, négociable devient objet possible de négociation.

Car, dans une structure téléologique, c'est la fin dernière qui prime, qui donne sens à la totalité : si je frappe un homme (moyen) pour le voler (fin), l'action de frapper cet homme n'a pas le même sens que si je frappe le même homme (moyen) pour défendre ma vie dans une situation de légitime défense. La fin visée, « l'intention », change la nature même de l'acte ou sa signification : on ne parle plus de la même chose. Il en va de même pour la guerre : on peut décrire ce qu'est la guerre, exactement comme on peut décrire l'acte de frapper un inconnu. Mais si l'on abstrait la guerre, comme un élément isolé, du complexe finalisé plus large qui l'explique, on ne peut que manquer son *sens*, comme l'acte de frapper un inconnu n'est évidemment pas identique s'il s'agit de le voler ou de se protéger :

> Puisque nous considérons que la guerre procède d'une fin politique, il est donc naturel que ce premier mobile qui lui donna naissance demeure aussi la considération première et suprême [...]. (p. 43)

L'analyse de la guerre idéale est chez Clausewitz comme l'analyse de l'acte de frapper, mais dans une situation interactive. Certes l'acte de guerre exclut, par la logique propre des fins qu'il cherche à atteindre, toute négociation entre intentions hostiles. Il est donc condamné à la montée aux extrêmes. Mais l'acte de guerre, comme l'acte de frapper dans notre exemple, n'a pas de sens, tant qu'on ne lui redonne pas son orientation, sa visée intentionnelle, au point que cette visée intentionnelle peut changer du tout au tout, par intégration de l'élément politique, la nature même de l'acte.

---

politiques, et que la guerre [...] doit être souvent considérée, et nous pourrions sans crainte dire presque toujours à notre époque – comme un tout organique indivisible, où par conséquent chaque activité particulière s'absorbe dans le tout et trouve ainsi son origine dans l'idée de ce tout, il devient alors parfaitement clair et certain que le point de vue le plus élevé de la conduite de la guerre, d'où dérivent ses caractères dominants, ne peut être que la politique » (VIII, 6B).

La modalité de la guerre : « l'ascension aux extrêmes »

Au niveau des moyens, ensuite. Si c'est en effet le défenseur qui a l'initiative de la guerre, puisqu'il n'y a logiquement de guerre qu'à partir du moment où le défenseur se défend, il doit nécessairement l'emporter sur l'attaquant, proposer une défense *plus forte* que l'attaque. Mais comme l'attaque, c'est l'emploi même de la force, il va de soi que tout usage de la force par le défenseur devra rechercher, par principe, une force plus grande, *au niveau des moyens.*

Or le défenseur, en tant que défenseur, a un avantage. C'est même l'avantage de la défense qui interdit de penser une exacte « *polarité* », une équivalence de « *signes* » entre l'attaque et la défense :

> Attaque et défense sont deux choses de nature différente et de force inégale, la polarité ne peut donc s'appliquer. S'il n'existait qu'une seule forme de guerre, à savoir assaillir l'adversaire, sans qu'il y ait par conséquent de défense [si la guerre n'était donc pas une guerre…], ou en d'autres termes, si l'attaque ne se distinguait simplement de la défense que par le motif positif qu'elle possède et dont l'autre est privée, la nature du combat reviendrait encore et toujours au même : dans cette lutte chaque avantage de l'un équivaudrait pour l'autre à un désavantage de même ampleur, et une polarité existerait. Cependant, l'activité militaire se divise en deux formes : l'attaque et la défense, qui sont […] très différents et de forces inégales. […]. La défense, en tant que forme du combat, l'emporte sur l'attaque […]. Selon notre conviction, la supériorité de la défense (justement comprise) est considérable et bien supérieure à ce que l'on imagine à première vue. (p. 36-37)

La défense n'est pas plus une attaque négative, ou la forme négative de l'attaque, que l'attaque n'est une défense positive, ou la forme positive de la défense (selon la formule bien connue : « la meilleure défense, c'est l'attaque » !). Attaque et défense sont des réalités asymétriques, lors même qu'elles utilisent les mêmes moyens violents, car c'est ici l'intention (positive d'attaquer ou négative de résister) qui change tout. Il est plus facile *a priori* de défendre une position que l'on possède, que de l'acquérir (« il vaut mieux tenir que courir », dit-on sagement) ; et c'est précisément pourquoi l'attaquant doit faire l'effort de l'emporter, que « la charge de la charge », au sens où l'on parle de « la charge » d'une preuve, revient à l'attaquant. C'est à lui de prendre des risques. C'est lui qui doit *a priori* « dépenser » le plus de « force ».

L'attaquant doit user d'une force *bien plus grande* que celle de la défense. On est bien là devant une mécanique ou une dynamique des forces, mais de forces militaires considérées sans les frottements ou sans la friction du réel : pour « bouger » y, x doit employer une énergie bien plus grande que celle que pourrait lui opposer, par sa seule « inertie », dans l'acception scientifique du mot, y. Car y « résiste » et, par le simple fait d'être « en opposition », peut « user » l'adversaire. D'ailleurs le temps joue en sa faveur :

> La troisième voie, de loin la plus importante par le nombre de cas qui en relèvent, consiste à user l'adversaire. Ce terme n'est pas choisi simplement pour définir l'objet par un mot, mais parce qu'il exprime parfaitement la chose [...]. Le concept d'usure par le combat comprend un épuisement progressif des forces physiques et de la volonté, produit par la durée de l'action [...]. La fin la plus modeste que nous puissions nous fixer est la résistance pure, c'est-à-dire le combat sans intention positive [...] Ainsi cette intention négative, d'où résulte le principe de résistance pure, est-elle aussi le moyen naturel de surpasser l'adversaire dans la durée du combat, c'est-à-dire de l'user [...]. Si donc l'intention négative, c'est-à-dire la concentration de tous les moyens dans une pure résistance, procure une supériorité dans le combat, et si celle-ci est suffisante pour contrebalancer une prépondérance éventuelle de l'adversaire, alors la simple *durée* du combat suffira pour mener peu à peu la dépense de force de l'adversaire au point où sa fin politique ne pourra plus l'équilibrer et où il devra y renoncer. (p. 56)

Mais comme y est lui-même capable d'employer la force, que cette force de y doit l'emporter sur celle de x, pour le repousser, et que toute forme de défense implique en réalité une forme d'attaque (car le simple fait de résister « use » l'ennemi), c'est x qui se trouve alors dans la nécessité de se défendre et, comme dans un assaut par attaques/parades, de réagir par une force plus grande :

> La guerre n'est pas l'action d'une force vive sur une masse morte. (p. 23)

Si la force n'existe qu'en ne se mesurant à une autre force, puisque *la force n'est force que dans la mesure où elle peut « forcer » une réalité qui s'oppose à son mouvement*, chaque adversaire cherchera donc, logiquement, à monter en puissance, tant que la « fin », le « but », le *telos* de l'affrontement, la neutralisation de « l'intention hostile », ne sont pas atteints. De là, selon une nécessaire relation « philosophico-dynamique » (p. 56), une « poussée extrême des forces », au niveau même des moyens employés.

Mais s'il ne s'agissait que de forces physiques, que d'une simple économie de forces quantifiables selon les sciences de la nature ! Les forces dont nous parlons ne sont pas que mécaniques, elles sont aussi et surtout « morales » ; elles ne renvoient pas tant à des moyens militaires qu'à la « résolution » des belligérants :

> Si nous voulons terrasser l'adversaire, nous devons doser notre effort en fonction de sa force de résistance. Celle-ci est le produit de deux facteurs : l'ampleur des moyens dont il dispose, et la vigueur de sa force de volonté. (p. 24)

Comment estimer précisément ou « intégrer » deux éléments aussi hétérogènes que la puissance mécanique de frappe, d'une part, et le courage de l'adversaire, d'une autre part ? « La force de résistance » de l'ennemi, dès lors qu'elle intègre un facteur aussi impondérable, aussi qualitatif, que sa volonté, ne peut être qu'approximativement mesurée. Mieux vaut dès lors ne pas la sous-évaluer ; et on ne saurait, en conséquence, jamais trop l'estimer (pour éviter de mauvaises surprises).

> Mais l'adversaire fait de même. D'où cette nouvelle surenchère mutuelle qui, en pure théorie, doit ici encore porter l'effort jusqu'aux extrêmes. (p. 24)

Triple interaction, triple extrême

D'un point de vue théorique, « selon la nature même de son concept » (p. 22), la guerre présente donc une triple interaction (entre les hommes, entre les fins, entre les moyens) qui conduit, par la logique même de la relation téléologique « moyen-fin », à une triple montée aux extrêmes :

Deux entités s'opposent violemment, selon une violence par principe illimitée, puisque nul ne sait *a priori* quand elle prendra « *fin* ».

– Pour mettre, précisément, « *un point final* » à la lutte, leurs volontés cherchent à s'annihiler. Mais, au niveau des « fins » ou des buts de guerre, chacun veut être le maître de l'autre, et personne ne veut céder.

– Puisque personne ne veut céder, les moyens qu'ils emploient pour parvenir à maîtriser autrui impliquent que chacun cherche, tour à tour, un moyen *plus fort* pour faire céder l'autre, sans qu'une limite à cette course aux armes, au niveau des moyens, puisse être fixée. Nous ne pouvons jamais parfaitement savoir ce dont autrui est capable, jusqu'où il ira dans l'emploi de la violence.

Mais ce concept de « guerre » est évidemment un concept théorique : il décrit ce qu'est *en droit*, logiquement, ou par nature, la guerre. Il met au jour les possibles logiques que peut réaliser tout conflit (comme un usage illimité de la violence jusqu'à la destruction finale de l'humanité dans un contexte, par exemple, de guerre nucléaire), ou simplement la pente tendancielle (« l'orientation naturelle » comme le dit Clausewitz) que suit ou risque de suivre une confrontation : il y a toujours un danger d'escalade qui est au principe même de l'emploi de la violence, qui n'est pas un risque *accidentel*, mais *l'essence* même de la guerre :

> L'invention de la poudre, le développement continu des armes à feu montrent suffisamment qu'en progressant la civilisation n'a absolument pas entravé ou détourné la tendance sur laquelle repose le concept de guerre, celle d'anéantir l'ennemi. (p. 22)

Pour Clausewitz, il n'y a pas de guerre sans risque de montée aux extrêmes ; l'escalade n'est pas un accident que l'on puisse *a priori* neutraliser ou écarter dans un conflit ; la radicalisation « jusqu'à la mort » fait essentiellement partie de l'emploi des armes. Une certaine expérience des guerres du XVIIIe siècle pouvait faire croire au caractère limité, raisonnable, à une « certaine retenue » des engagements militaires. Mais, devant Napoléon, il est prudent de se souvenir de ce que la guerre peut, par sa logique propre, nous réserver, si l'on ne veut pas se battre « à fleuret moucheté » contre « la lourde épée » du conquérant. La « modération » n'est pas un caractère intrinsèque de la guerre, elle ne peut venir que d'ailleurs, de manière extrinsèque, comme quelque chose d'étranger à sa nature profonde, car l'idée de guerre, la « guerre idéale » implique une triple démesure : une violence sans fin et un désir invincible de soumettre l'autre par tous les moyens :

> Il est donc impossible d'introduire dans la philosophie de la guerre un principe de modération sans commettre une absurdité. (p. 21)

Ou encore pour le dire de manière brutale : « La guerre est donc une pulsation plus ou moins vive de violence [...], épuisant ses forces plus ou moins vite » (p. 43), et elle n'est, précisément et formellement, que cela.

Le concept de guerre idéale et les « guerres réelles »

Mais deux choses doivent ici nuancer ces analyses.

Premièrement, sur un plan théorique, on ne peut faire comme si il n'y avait pas une interaction propre, interne au concept même de guerre, entre les fins (les buts de guerre) et les moyens d'atteindre ces fins, entre les décisions que l'on prend et les coûts que celles-ci induisent :

> Car les intentions politiques originelles peuvent, au cours de la guerre changer considérablement et devenir radicalement autres, précisément parce qu'elles sont définies par les succès des armes et par les résultats probables des opérations. (p. 52)

La fin commande certes les moyens, mais les moyens peuvent conduire rétroactivement à une révision des fins : le prix à payer, politique, économique ou humain, dans le temps et dans l'espace, peut être disproportionné au regard du gain attendu.

Secondement, sur un plan pratique, les guerres réelles sont certes des exemplifications de cette « guerre abstraite » ou « guerre idéale » :

> Si la guerre est un acte de violence engagé pour contraindre l'adversaire à se soumettre à notre volonté, elle devrait donc toujours et uniquement aboutir à se défaire de l'adversaire, c'est-à-dire à le rendre incapable de se défendre. C'est cette fin qui découle du concept, mais [de cette fin] se rapprochent étroitement une multitude de cas dans la réalité. (p. 48)

Mais les guerres réelles *ne* sont précisément *que* des exemplifications de cette guerre abstraite ; elles s'éloignent plus ou moins de leur modèle logique, dans la mesure où elles ont lieu concrètement dans des contextes précis, « frictionnels », avec des forces armées déterminées, sur un territoire identifié, face à une volonté ennemie bien individualisée, et surtout parce qu'elles sont livrées selon des objectifs politiques à chaque fois distincts :

> Ceci explique sans aucune contradiction qu'il peut y avoir des guerres de tous degrés d'importance et d'intensité, depuis la guerre d'extermination jusqu'à la simple observation armée. (p. 32)

Toutes les guerres ne sont pas des guerres d'« anéantissement », qui viseraient la neutralisation totale de l'intention hostile, ou qui chercheraient à désarmer définitivement l'adversaire par une décision franche et sans appel ; il peut y avoir des conflits plus limités, avec des enjeux plus circonscrits, plus modestes, qui ne cherchent pas tant à briser l'adversaire qu'à le faire fléchir pour négocier ensuite « en position de force » :

> Plus les motifs et les tensions sont faibles, moins l'orientation naturelle de l'élément militaire – c'est-à-dire la violence – suivra la ligne tracée par la politique, plus la guerre sera alors détournée de son orientation naturelle, plus la fin politique se distinguera de l'objectif d'une guerre idéale ; et la guerre semblera être d'autant plus de nature politique. (p. 44)

D'un point de vue théorique, Il ne s'agit peut-être en l'espèce que *d'une différence de degrés* entre des affrontements qui recherchent plus ou moins à « abattre l'adversaire » : telle guerre « réelle » accomplit plus ou moins la finalité logique du concept « absolu » de « guerre idéale ». Mais d'un point de vue pratique, il s'agit bien d'une différence de nature, car on n'agit pas de la même façon dans « une guerre totale », où il s'agit d'anéantir l'ennemi, et dans « une guerre partielle », où il s'agit de prendre l'avantage sur un adversaire :

> Le premier acte de jugement, le plus important, le plus décisif, que *l'homme d'État* [nous soulignons] ou le général exécute, consiste à discerner exactement selon ces critères le genre de guerre qu'il entreprend. (p. 46)

Mais ici, il ne s'agit plus seulement de stratégie, mais de politique. Ce n'est plus seulement l'affaire du « général », comme le dit Clausewitz, mais de « l'Homme d'État ».

La « guerre réelle » et « l'étonnante trinité »

La dimension politique de la guerre : la « modération » et le chef de l'État

Car ce que le concept de guerre « idéale » a oublié, c'est que la guerre ne peut pas être pensée uniquement selon la loi intime de son propre développement. La guerre n'est pas une réalité autonome ; elle est soumise au régime de l'hétéronomie : c'est depuis un « ailleurs » qu'elle reçoit sa loi ; elle n'est qu'un moyen, qu'un instrument qui n'a de réalité que de se mettre au service de quelque chose d'autre.

Le concept général, et finalement trop vague, de « guerre idéale » doit donc être formellement précisé pour qu'il puisse être applicable dans la réalité et servir, par exemple, au décryptage de l'histoire militaire : Lorsque l'on pense la guerre, il faut la penser nécessairement comme un moyen, et non pas comme une fin possible.

La guerre est par nature un moyen, c'est-à-dire que par nature elle ne peut être une fin en soi. Tout de même que la violence était essentielle et non accidentelle à la guerre (thèse 1), sa nature instrumentale n'est pas une propriété accidentelle de la guerre, mais un attribut nécessaire (thèse 2).

> Nous voyons donc en premier lieu qu'en toutes circonstances nous devons penser la guerre non comme une réalité autonome, mais comme un instrument politique. Seule cette représentation permet de ne pas entrer en contradiction avec toute l'histoire militaire ; elle seule ouvre le Grand livre à une compréhension intelligente. (p. 46)

La violence essentielle à la guerre, à la base de ses « forces explosives », est comme « informée » par sa fin essentiellement et ultimement politique :

> La politique traversera l'acte militaire tout entier et exercera sur lui une influence constante, pour autant que le permette la nature des forces explosives qui s'y déchaînent. (p. 43)

Mais comment comprendre d'une part, cette *nature instrumentale* de la guerre et, d'une autre part, sa *dimension politique*, qui constituent toutes deux l'avers et le revers du même concept ?

C'est en réalité qu'à la triple « interaction » et à la triple « montée aux extrêmes », correspondent une triple réduction de « l'interaction » et une triple source de « modération », dès lors qu'on sort de la « guerre idéale », la guerre « en idée », pour considérer les guerres concrètes : « Tout prend un autre aspect si nous passons de l'abstraction à la réalité » (p. 25), et que l'on intègre notamment le problème du temps (et de l'espace frictionnel) :

> Toute guerre cependant se réduirait nécessairement à une seule décision, ou à une série de décisions simultanées si les moyens destinés au combat étaient tous, ou pouvaient tous être déployés dans le temps. (p. 27)

La guerre suppose du temps et un espace, et le temps que durent les opérations militaires ainsi que l'espace où elles ont lieu modifient nécessairement le concept même de guerre. Le temps, comme l'espace de la « friction », introduit une forme d'irrationalité, et paradoxalement, de « modération » dans le concept de guerre. Le temps et l'espace du combat sont internes au concept de « guerre idéale », mais ils contraignent ce concept à intégrer, au plan même de la logique, tout ce que suppose l'expérience même du « temps » et de l'« espace frictionnel »

Suivons l'argumentation de Clausewitz :

1. « La guerre n'est jamais un acte isolé » (p. 26) ; donc « le monde réel remplace bien ici celui de l'abstraction, et modère ainsi la tension vers l'extrême » (p. 27). L'acte de guerre ne peut jamais être pensé comme une réalité indépendante. Il est limité par son propre théâtre d'opération.

2. « La guerre ne consiste pas en une frappe unique sans durée » (p. 27) : donc « par cette interaction la tendance aux extrêmes est à nouveau réduite à une mesure déterminée de l'effort » (p. 28). L'acte de guerre suppose du temps, un temps d'action et de réaction, qui permet aux belligérants d'ajuster leur réponse, ou de « doser » leur effort.

3. « Le résultat de la guerre n'est jamais quelque chose d'absolu » (p. 9) : donc « il va de soi que cela aussi doit largement modérer la vio-

lence » (p. 29). L'acte de guerre, qui a lieu premièrement sur un théâtre d'opération limité, et secondement dans une temporalité dilatée, ne permet jamais d'atteindre un résultat logiquement parfait : la résistance peut reprendre demain (temps) et elle peut reprendre ailleurs (espace).

Le concept de « guerre idéale » en tant qu'il suppose le temps et l'espace de la confrontation est donc « imparfait », dès lors que l'on considère *concrètement* comment le temps et l'espace jouent *a posteriori* dans la guerre et perturbent nécessairement, par leur nature propre, le pur déploiement de sa logique *a priori*. Dès lors, c'est parce que « les probabilités de la vie réelle remplacent l'extrême et l'absolu du concept » (p. 29), que la fin politique apparaît nécessairement dans le concept de guerre :

> Jusqu'à présent la loi des extrêmes, le dessein d'ôter à l'ennemi tout moyen de se défendre, de le terrasser, ont en quelque sorte englouti cette fin. Dès que la force de cette loi se relâche, que ce dessein ne parvient pas à son but et s'en éloigne, la fin politique de la guerre refait inévitablement surface. Si l'ensemble de ces considérations revient à un calcul de probabilités résultant de personnes et de circonstances déterminées, la fin politique, qui est bien le mobile initial de la guerre, devient un facteur absolument essentiel de ce produit. (p. 30)

La guerre se déploie toujours dans un certain temps et un certain espace, et parce qu'elle se déploie dans ce temps et cet espace, elle ne peut précisément pas se déployer parfaitement, c'est-à-dire comme l'exigerait son concept. Elle rencontre un milieu de résistance, de friction, qui lui interdit de se développer dans toute sa « rigueur », dans un double sens : selon sa pertinence logique et avec toute sa cruauté.

Tant que l'on ne considérait que le concept pur ou formel de la guerre, la finalité de la guerre n'apparaissait pas, parce qu'elle n'avait pas besoin d'apparaître. Pour reprendre l'exemple simple vu plus haut, et qui est volontairement très proche du modèle du « duel » qu'adopte Clausewitz, il n'est pas besoin de savoir pourquoi quelqu'un frappe, pour expliquer l'acte même de frapper. Mais quand l'acte de frapper lui-même rencontre une résistance, ou bien est comme déformé, ralenti, dévié par le milieu qu'il doit parcourir pour atteindre sa cible, il devient nécessaire de comprendre quelle est sa « cible » pour le voir encore comme un acte de frapper. Ne serait-ce pas plutôt une gesticulation absurde ? Une simple agitation qui, par accident, vient de heurter un voisin ? Un geste incontrôlé qui a rencontré un obstacle ? Apparaît dès lors, pour un observateur, la nécessité de prendre en considération le facteur intentionnel, qui corrige les perturbations que le milieu a apportées au geste, *afin de* pouvoir vraiment comprendre le geste en lui-même. On ne saisit plus rien du geste de frapper, sinon un mouvement désordonné et absurde, une fois que celui-ci est comme détourné, amorti ou paralysé, par une quelconque cause physique, *à moins que* quelqu'un ne nous dise ou ne nous rappelle l'intention qui présidait au geste et qui n'a pu être atteinte : porter un coup. Le geste de frapper ne pourra être compris comme geste de frapper que si, et seulement si, on le réinscrit dans la structure téléologique qui lui donne sens.

Il en va de même pour la guerre. Pour comprendre la guerre « réelle », c'est-à-dire « la guerre idéale » modifiée par les conditions du réel, essentiellement le temps et l'espace, il faut comprendre pourquoi les hommes se font la guerre, sous peine de ne plus rien y comprendre du tout, ou de ne voir dans la guerre que des gesticulations absurdes ou des explosions insensées de violence, c'est-à-dire de ne plus y voir de guerre.

Or les hommes se font la guerre pour des raisons « politiques ». C'est donc ultimement la finalité politique qui donne à la guerre « réelle », livrée dans les conditions du réel, sa forme intelligible, comme l'intention de frapper permet de voir dans ce mouvement du bras pourtant désordonné, pourtant maladroit du jeune boxeur, l'acte même de « boxer ». Pour Clausewitz, on ne peut donc pas écarter la finalité politique de l'activité guerrière sans se condamner à ne plus rien y comprendre.

§ 24 :

> La guerre est une simple continuation de la politique par d'autres moyens.
> Nous voyons donc que la guerre n'est pas seulement un acte politique, mais un véritable instrument politique, une continuation des relations politiques, un accomplissement de celles-ci par d'autres moyens. Ce qui demeure propre à la guerre relève purement de la nature singulière de ses moyens. L'art de la guerre en général, et le commandant dans chaque cas particulier, peut exiger que les orientations et les desseins de la politique n'entrent pas en contradiction avec ces moyens, ce qui n'est certes pas une mince exigence. Mais si forte que soit en certains cas la réaction de cette exigence sur le dessein politique, il faut toujours la considérer uniquement comme une modification de celui-ci ; car le dessein politique est la fin, la guerre est le moyen, et jamais le moyen ne peut être conçu sans la fin.

Mais deux questions ici se posent :

– Toute guerre a-t-elle nécessairement des « raisons politiques » ?

– Que faut-il comprendre par « la politique » chez Clausewitz ?

Les réponses à ces deux questions sont liées, mais complexes. La politique a d'abord une définition très large, très générale : la politique est « le commerce », la sorte de commerce qui existe entre les hommes :

> La politique [...] peut être considérée à son tour, du moins en partie, comme une sorte de commerce sur une grande échelle. (II, 3)

Mais elle a aussi deux acceptions bien plus précises :

– une acception « conventionnelle » : la politique ne serait qu'« une sagacité se détournant de la violence, à la fois circonspecte et rusée, voire déloyale ». La politique devient alors synonyme de calculs, de petites ruses, de petits intérêts affrontés...

– une acception plus « philosophique » : la politique serait « l'intelligence de l'État personnifié ». « Politique » qualifierait dès lors l'intérêt général ou les besoins objectifs, véritables, d'une communauté, telle qu'un chef d'État exceptionnel pourrait les comprendre et les incarner : « Nous ne pouvons envisager ici la politique qu'au titre de représentation de tous les intérêts de la communauté entière » (VIII, 6B).

Ces trois définitions de « la politique » ne sont pas nécessairement exclusives ou contradictoires : la politique est *en général* une forme de commerce, de lien entre les hommes qui forment toujours une grande communauté humaine très vague, qui peut aller des petits jeux politiques dérisoires et vains entre individus peu recommandables (la base) jusqu'à la « grande politique » du Prince qui représente, comprend et défend les intérêts vitaux de sa communauté (le sommet). Et entre la base et le sommet, il y a évidemment tout l'éventail possible, tous les degrés imaginables que peuvent concrètement exemplifier les gouvernements réels, toujours plus ou moins pris dans les « combinaisons » politiciennes, toujours plus ou moins soucieux du bien général, mais qui mènent les guerres.

Au sens large, on voit donc mal comment une guerre ne pourrait pas avoir de raisons « politiques », puisqu'elle suppose déjà une forme de « commerce » entre deux entités ennemies.

Mais comme le mot « politique » peut être pris dans un sens plus ou moins « intense », plus ou moins « fort », cela n'est pas sans conséquence sur la guerre elle-même :

§ 26 :

> Toutes les guerres peuvent être envisagées comme des actions politiques.
> Pour en revenir à l'essentiel, s'il est vrai que dans un certain genre de guerre la politique semble s'éclipser complètement, tandis qu'elle revient très nettement au premier plan dans un autre, on peut néanmoins affirmer que l'une est tout aussi politique que l'autre. Car si l'on envisage la politique comme l'intelligence de l'État personnifié, parmi toutes les constellations que son calcul doit comprendre, il faut aussi inclure

> celles où la nature de toutes les circonstances provoque une guerre du premier genre. Si, au lieu d'entendre par politique une intelligence générale, on la comprend – selon la conception conventionnelle – comme une sagacité se détournant de la violence, à la fois circonspecte et rusée, voire déloyale, c'est alors seulement que le second genre de guerre pourrait plus en relever que le premier.

Peu importe le degré d'intensité selon lequel il faut prendre le mot « politique » ; la guerre sera toujours *également* politique, mais elle semblera cependant plus ou moins guerrière. Plus la politique intégrera des intérêts vitaux, plus la guerre sera potentiellement violente et se rapprochera de son type idéal ; moins la politique intégrera des intérêts vitaux, moins la guerre sera violente et plus elle relèvera de « l'observation armée » ou bien des campagnes limitées caractéristiques de l'équilibre européen d'Ancien Régime :

> Si la guerre appartient à la politique, elle prendra naturellement son caractère. Si la politique est grandiose et puissante, la guerre le sera aussi, et pourra même atteindre les sommets où elle prendra sa forme absolue [...] Seule cette conception de la guerre lui restitue son unité ; seule elle nous permet de considérer toutes les guerres comme des guerres d'un seul genre. (VIII, 6B)

Les guerres trouvent donc leur unité logique non pas dans le concept « idéal » de guerre, mais dans la finalité politique qui leur donne à toutes leur sens singulier.

Mais si l'on ne peut pas penser la guerre réelle sans le facteur de la politique, on ne peut pas non plus la penser sans la violence et l'élément populaire. Quand l'acte est réussi, il ne fait d'une certaine façon plus qu'un avec son intention, comme pour un boxeur qui frapperait vite et fort. Encore faut-il ici rappeler que, dans la guerre, on ne peut jamais considérer de manière unilatérale un seul et unique combattant, un seul acte, une seule visée. La guerre est à la croisée de deux camps, de deux activités guerrières, de deux intentions ; elle relève constamment, par nature, de l'interaction entre des forces complexes.

Forces physiques et forces morales : l'élément populaire et la violence

La force est en réalité pour Clausewitz « un mixte de nombre et de moral », comme l'a bien vu Liddell Hartt. Il s'agit pour le maître prussien de concentrer les forces dans le temps et dans l'espace, mais sans jamais oublier ce que « l'élément populaire », après les guerres révolutionnaires et napoléoniennes, peut apporter comme « surcroît » d'énergie ou « supplément » de puissance.

Après Valmy (1792) et le « mythe »[1] de la « Nation en armes », on ne peut évidemment plus ignorer l'importance politique et donc militaire des « masses », et c'est d'ailleurs cet élément de la pensée clausewitzienne qui passionnera Mao.

Pour Clausewitz, il faut prendre en compte le facteur humain, tant au niveau individuel, le courage plus ou moins grand de chacun, qu'au niveau collectif : la mobilisation d'une foule capable de s'armer pour une idée, une cause, ou la simple défense d'un territoire :

> La théorie doit prendre en compte l'humain, et donner aussi leur place au courage, à la hardiesse et même à la témérité. L'art de la guerre manie des forces vivantes et morales ; il ne peut donc jamais atteindre à l'absolu et au certain. (p. 41)

Plus encore : la fin politique doit intégrer très précisément la nature même des masses qu'elle cherche à mobiliser :

> Une seule et même fin politique peut produire chez des peuples différents, ou chez le même peuple à différentes époques, des effets complètement différents. La fin politique ne peut donc servir de mesure que si nous tenons compte de son influence sur les masses qu'elle doit mettre en branle. Il faut par conséquent prendre en considération la nature même de ces masses. (p. 31)

Si la guerre suit « la tendance des forces réellement engagées dans le conflit », il faut alors, nécessairement, prendre en considération « les passions et la fureur des combattants » :

> Il est vrai qu'en bien des cas celles-ci peuvent être excitées dans une mesure telle qu'il devient difficile de les contenir dans la voie politique. Mais dans la plupart des cas une telle contradiction ne se produira pas, car l'existence d'aspirations si puissantes implique un plan grandiose qui s'accorde avec elles. Lorsque ce plan ne vise qu'un objet modeste, les forces émotives de la masse sont si faibles que cette dernière doit toujours être poussée plutôt que retenue. (p. 45)

Et ce serait même une erreur politique de première conséquence que de mépriser l'élément populaire, soit comme facteur de résistance (à une invasion), soit comme puissance motrice (qui pousse à l'agression) :

1. Voir Frédéric Encel, *L'Art de la guerre par l'exemple*, *op. cit.*, p. 247 : pour « la première fois, [...] des soldats se sont battus – et ont vaincu – en exaltant le concept nouveau de « nation ». Pourtant, en réalité, seule une minorité de conscrits composaient les troupes françaises en septembre 1792, le reste provenant encore de l'ancienne armée royale ».

> Il peut s'accumuler entre deux peuples et deux États de telles tensions, une telle somme d'éléments hostiles, que d'un mince mobile de guerre, d'un motif politique en lui-même insignifiant, peut surgir un effet disproportionné, une véritable déflagration. (p. 31)

L'usure des forces physiques use le moral, et démotive les combattants. Réciproquement, l'usure du moral conduit à un mauvais usage des forces physiques. Au final, la stratégie ne peut ignorer « la dialectique » entre les forces physiques et les forces morales, et l'importance irréductible de ces dernières. Un passage « capital » du livre I montre bien que c'est même la force morale qui est visée à travers la force physique :

> Lorsque nous parlons de destruction de la puissance armée ennemie, nous devons ici expressément attirer l'attention sur le fait que rien ne nous oblige à restreindre ce concept à la simple force armée physique. Il faut au contraire y intégrer nécessairement la force morale. Car les deux s'interpénètrent jusque dans les moindres détails et sont donc inséparables. (p. 63)

Mais il faut souligner que c'est toujours pour Clausewitz la fin politique qui doit ultimement primer, du point de vue normatif (« ce qui doit être »), et qui l'emporte d'ailleurs du point de vue descriptif ou historique (« ce qui a été et ce qui a effectivement lieu ») :

> La guerre d'une communauté – de peuples entiers et notamment des nations civilisées – surgit toujours d'une situation politique et n'éclatera que pour un motif politique. Elle est donc un acte politique. Si elle était une manifestation parfaite, limpide, absolue de la violence, comme nous pouvions le déduire de son concept pur, la guerre prendrait la place de la politique dès l'instant où celle-ci la suscite. Comme si elle en était complètement indépendante, elle la supplanterait et ne suivrait plus que ses propres lois, telle une mine qui éclate et qui ne peut suivre d'autre direction que celle qui lui fut donnée par son installation préalable. (p. 42)

Certes, Clausewitz est connu pour avoir compris combien les guerres de son époque avaient changé de nature depuis Frédéric II, en intégrant une dimension patriotique, « nationale », voire « nationaliste » ; et lui-même a montré, dans sa vie militaire, combien il était viscéralement attaché à la grandeur de la Prusse, jusqu'à se battre aux côtés des Russes contre son propre Prince, allié temporaire, et forcé, de Napoléon. Penser la guerre « réelle » suppose de ne pas s'en tenir, à la différence du concept simplifié de « guerre idéale », à la seule « intention hostile » entre belligérants, mais de mesurer la puissance et la violence des « sentiments hostiles », qui sont le terrain psychologique des conflits et qui grandissent bien souvent avec les horreurs de la guerre elle-même, à proportion même que celle-ci s'éternise.

Mais cette prise en considération de la force « morale », du facteur « psychologique » ou du facteur « populaire », ou encore la prise de conscience, toute nouvelle, de la violence explosive des masses, n'abolit ni le raisonnement stratégique ni, a fortiori, l'intelligence politique. Au contraire !

Certes, le courage individuel est un facteur capital à la guerre :

> Si nous jetons un regard sur la nature subjective de la guerre, c'est-à-dire sur les forces nécessaires pour la mener, elle nous apparaîtra davantage encore comme un jeu. L'élément dans lequel l'activité militaire se meut est le danger ; et quelle est parmi les forces de l'âme celle qui prime dans le danger ? Le courage. (p. 40)

Mais si la stratégie qui consiste en conséquence à « décourager » l'adversaire n'est pas absurde, il ne s'agit pas toujours de le « terroriser », car le désespoir fait naître des énergies inattendues, mais de lui montrer simplement son « infériorité » objective :

> L'attaque contre les forces ennemies est tout à fait différente selon que nous voulons faire suivre la première frappe de toute une série d'autres jusqu'à l'anéantissement total, ou que nous souhaitons nous contenter d'une seule victoire afin de briser chez l'adversaire le sentiment de sécurité, lui faire sentir notre supériorité et lui inspirer des craintes pour l'avenir. (p. 53)

On peut attaquer ainsi les forces physiques de l'adversaire par l'invasion (a), la concentration des forces (b) ou bien chercher simplement à l'« user » (c) (p. 54-55) ; mais en tout état de cause, il faut

> [...] savoir mesurer d'un regard l'écart qui sépare une guerre d'anéantissement, où l'on se bat pour l'existence de la nation, d'une guerre où l'on obéit aux exigences désagréables d'une alliance conclue de force ou devenue caduque. Dans la réalité, il existe entre les deux d'innombrables nuances. Si la théorie voulait les rejeter toutes, ce qui reviendrait à tourner radicalement le dos au monde réel. (p. 58)

Il faut ajuster intelligemment les moyens, l'emploi des forces physiques et des forces morales, à l'intelligence des enjeux. La force « morale » est certainement d'une importance considérable ; deux peuples peuvent effectivement vouloir se lancer l'un contre l'autre, deux États peuvent résolument se livrer une « lutte à mort », où chacun cherchera à anéantir l'ennemi en tant qu'ennemi (ce qui ne signifie évidemment pas anéantir en conséquence sa population civile, mais détruire sa force armée, voire son administration). Mais ce n'est en l'espèce qu'un « cas-limite », bien différent de ce que donne le plus souvent à voir l'expérience militaire de l'humanité :

> L'épreuve de force, dans les cas où cette dernière est très inégalement répartie, peut tenir en une simple évaluation. L'engagement n'aura alors pas lieu, et le plus faible cédera aussitôt.
> Si l'objectif des engagements n'est pas toujours la destruction des forces armées qui y prennent part, et s'il peut même souvent être atteint sans que l'engagement ait effectivement lieu – par la simple constatation des forces et l'établissement de leurs rapports – on comprend que des campagnes entières puissent être conduites très activement sans que l'engagement effectif y joue un rôle notable.
> L'histoire militaire le prouve par des centaines d'exemples. (p. 61)

Clausewitz, après les difficultés de Bonaparte en Espagne, confronté à la « guérilla » sanglante des patriotes espagnols, et à la retraite de Russie en milieu hostile, a compris l'importance nouvelle des « Nations », la nécessité peut-être même de les armer, pour reprendre le titre du célèbre chapitre 26 du livre VI, c'est-à-dire de les mobiliser par une conscription obligatoire :

> La guerre du peuple est, dans l'Europe civilisée, un phénomène apparu au XIXe siècle [...]. Nous envisageons une guerre populaire comme un simple moyen de combat, et par conséquent en relation avec l'ennemi [...]. Il faut observer qu'une guerre du peuple en général doit être considérée comme une conséquence de la façon dont l'élément guerrier a brisé de nos jours ses vieilles barrières artificielles – par conséquent comme une extension et un renforcement de toute cette fermentation que nous appelons la guerre. (VI, 26)

Mais cette puissance nouvelle des « masses » ne modifie pas, en dernier ressort, la nature *politique* de la guerre. Elle rappelle simplement ce qui est parfois mis *en jeu* dans la guerre : la survie du peuple. Et cette survie, comme tout *droit de nécessité*, « fait loi », et appelle chacun à résister « coûte que coûte » :

> Aucun état ne doit admettre que son destin, c'est-à-dire son existence même, dépende d'une seule bataille [...]. Il est toujours temps de mourir et, de même que c'est par une impulsion naturelle que l'homme qui se noie se raccroche à un fétu de paille, il est dans l'ordre naturel du monde moral qu'un peuple utilise jusqu'aux derniers moyens de salut lorsqu'il est poussé aux bords de l'abîme. (VI, 26)

C'est d'ailleurs parce qu'un peuple résistera, vraisemblablement, d'autant plus que s'intensifiera une attaque, qu'il opposera d'autant plus de forces morales au déchaînement des forces physiques de l'agresseur, que le chef de guerre doit veiller à ne pas passer outre « le point culminant de l'attaque », après lequel l'offensive qui va trop loin, qui a trop voulu pousser ses avantages en territoire ennemi, se retrouve brutalement et périlleusement sur la défensive. La « dialectique » des forces physiques et des forces morales doit donc être stratégiquement bien incorporée par le chef de guerre à la « dialectique » de l'attaque et de la défense. La guerre est à la fois une affaire sérieuse, qui joue avec le poids et la vie des peuples, et une affaire subtile, qui se joue sur des décisions d'une extrême finesse. Tantôt « la lourde épée de Napoléon » disperse « les toiles d'araignée » de tous les calculs diplomatiques, comme il est dit au livre VIII, tantôt la même épée qui prend Madrid éveille des réactions nationalistes que nul n'avait prévues.

Le « génie » martial et le théâtre de la « friction » : le jeu des probabilités et les qualités du chef de guerre

Pour le chef d'État et pour les peuples, la guerre est en effet quelque chose de *sérieux*, et même de sérieux « par excellence », car il en va possiblement de la vie et de la mort, tant des individus que des communautés :

> La guerre demeure un moyen sérieux en vue d'une fin sérieuse. Telle est la guerre, tel est le général qui la commande, telle est la théorie qui la régit. Mais la guerre n'est pas un passe-temps, ni une simple soif de risque et de victoire, ni l'œuvre d'un enthousiasme déchaîné : elle est un moyen sérieux au service d'une fin sérieuse. (p. 42).

Mais ce « sérieux » n'abolit pas, exemplairement pour le chef de guerre, toute forme du « jeu », en tant que le « jeu » suppose toujours la dimension irréductible de « l'aléa », ou bien encore le « monde de la contingence » à laquelle toute action humaine est tragiquement condamnée :

> « De toutes les ramifications de l'activité humaine, c'est du jeu de cartes que la guerre se rapproche le plus » (p. 40)

Certes, on distingue classiquement[1] quatre formes de jeu : l'*agôn*, les jeux de rivalité ludique (comme la boxe ou l'escrime sportive) ; la *mimesis*, les jeux d'imitation et de représentation (comme le théâtre) ; l'*ilinx*, où l'on joue avec le corps dans l'espace, où l'on se divertit du vide (comme la danse ou le saut à la corde) et l'*alea*, les jeux de hasard (comme les dés). Si la guerre est un « jeu », ce n'est pas au sens où l'on parle du « théâtre de la guerre », quoique l'expression soit à soigneusement interroger pour

1. Voir Roger Caillois, *Les Jeux et les Hommes*, Paris, Gallimard, 1968.

comprendre *Les Perses* ; ce n'est pas non plus voir dans la guerre une forme d' *agôn*, de combat ritualisé, quoique, là encore, le théâtre d'Eschyle soit riche d'enseignement[1] ; ce n'est pas enfin méditer sur « le vertige », la « ronde infernale » des combats où l'homme perd la tête. La guerre relève du jeu parce qu'elle est le règne de l'incertitude, des probabilités subjectives (nos propres conjectures) et des probabilités objectives : tant de choses se mêlent et interfèrent dans la réalité des combats, que les événements ne sont jamais les effets prévisibles de causes bien identifiées, mais bien plutôt ce qui surnage du désordre, ce que dépose « une causalité errante ».

Le chef de guerre doit donc agir dans un monde qu'il ne peut totalement maîtriser, qu'il n'a même pas *le temps*, simplement *le temps*, de maîtriser :

> La nature du fait concret exige un calcul des probabilités en fonction des circonstances données, calcul pour lequel le cours plus ou moins lent de l'acte militaire laisse plus ou moins de temps. (p. 39)

En somme, le « théâtre de la guerre » est toujours celui de la « friction », cet écart indépassable entre notre représentation et le réel, qui « brouille » nos plans et nous force à réviser nos intentions :

> Il ne manque donc plus que le hasard pour faire de la guerre un jeu, or c'est dans la guerre qu'il est le plus présent. Cela nous montre combien la nature objective de la guerre en fait un calcul de probabilités. Il ne lui faut alors plus qu'un seul élément pour devenir un jeu, et cet élément ne fait assurément pas défaut : c'est le hasard. Nulle autre activité humaine n'épouse le hasard aussi constamment et aussi complètement. (p. 39)

Mais qu'est-ce que, précisément, cet « espace frictionnel » qui constitue le théâtre d'opération de tous les conflits ?

Pour le dire de manière un peu pédagogique, les différents facteurs de « friction » identifiés par Clausewitz sont essentiellement de trois ordres :

– les limites physiques et intellectuelles des combattants (la « finitude » du sujet humain) ;

– une information lacunaire et inégalement accessible sur le théâtre d'opérations (la « déficience » de nos méthodes de renseignement) ;

– le choc entre deux forces armées qui produit des effets « boules de neige » et des « effets de seuil » : une petite cause, comme la mort acciden-

1. Voir Marc Durand, *Agôn dans les tragédies d'Eschyle*, Paris, L'Harmattan, 2005, p. 29 : le *schéma* agonistique des *Perses*.

telle d'une estafette portant un ordre important, peut causer des effets désastreux ou disproportionnés (l'ordre ne sera pas suivi, et il y aura en conséquence des milliers de morts) [1].

Tant pis pour le jeu de mot facile : La friction empêche que la guerre ne soit qu'une « fiction » théorique.

Mais, pour affronter l'espace de la « friction » selon Clausewitz, il faut premièrement du « caractère », et secondement de la « ruse », du « coup d'œil », de la « présence d'esprit ». À côté des qualités « morales », il faut des qualités « intellectuelles ».

Or le caractère est d'abord pour Clausewitz une capacité de gérer les effets négatifs du « temps ».

Certes, « Une âme forte n'est pas une âme simplement susceptible de puissants élans, mais une âme capable de garder son équilibre dans les élans les plus puissants » (p. 85). Mais ce serait oublier que l'on juge la force d'une âme à sa capacité de supporter les effets destructeurs du temps, quand le danger se prolonge :

> La fermeté indique la résistance de la volonté face à la puissance d'une frappe unique, la persévérance face à la durée. Bien que ces deux qualités soient très proches [...], il y a pourtant en elles une notable différence de nature qu'on ne saurait méconnaître. La fermeté face à une seule impression violente peut reposer sur la vigueur du sentiment ; la persévérance, en revanche, exige plutôt le soutien de l'entendement. Car, avec la durée, une action se conforme de plus en plus à un système, et c'est de là que la persévérance puise en partie sa force. (p. 81)

Le génie guerrier est finalement celui qui, ayant les qualités *morales* de la « résolution », comme la « persévérance » dans le temps, est capable de voir *intellectuellement* ce qu'il faut faire *tactiquement*, pour parvenir aux fins *stratégiques* qu'il s'est fixées : « intelligence de la contingence » ou « esprit de finesse » caractérisent son « coup d'œil », qui lui permet de voir immédiatement ce qu'il faut faire pour débrouiller une situation complexe sur un théâtre d'opération qui, par principe, n'est pas totalement « contrôlable ».

Savoir supporter la durée pénible, ou usante, de la guerre (« persévérance ») et savoir bien utiliser le bon « moment », le *kairos* auraient dit les Grecs, ce qu'Aristote définissait comme « le bien selon le temps » (« le coup d'œil ») : la vertu intellectuelle et morale de la guerre est d'abord celle du

1. Voir Barry D. Watts, *Clausewitzian Friction and Future War*, Washington DC, Institute for National Strategic Studies, 1996.

bon usage du « temps », cette dimension irrationnelle qui nous contraint paradoxalement à abandonner le concept d'une « guerre idéale » pour comprendre que toute guerre « réelle », parce qu'elle est par principe donnée dans le temps, mais également dans l'espace de la « friction », est sous-tendue par la politique.

L'art militaire du chef de guerre n'est ainsi pas une « science » (qui porterait sur un objet « nécessaire »), il intègre certes des « techniques » et surtout des connaissances techniques, mais il est surtout un « art », c'est-à-dire un emploi souple, intelligent, adroit, talentueux et « rusé » de moyens divers pour parvenir à une fin « dans le temps ». Il est même, plus qu'un « art », un « jeu », car le milieu où il se déploie nécessairement demande plus que de la « souplesse » : de savoir, parfois, prendre des « paris » sur l'inconnu, ou sur le futur...

Jamais un coup de force militaire, fût-il le plus brillant, n'abolira tout à fait le hasard[1]. La guerre restera toujours à la fois un terrain d'exercice privilégié des vertus intellectuelles et morales, lors donc qu'elle donnera d'abord et surtout (à condition qu'on la comprenne bien), des leçons de modestie.

Le chef de guerre est d'ailleurs en droit au service du chef de l'État (même si, comme avec Napoléon, ils ne font pas nombre) :

> La guerre n'est qu'une partie des rapports politiques, et par conséquent nullement quelque chose d'indépendant. (VIII, 6B)

Mais il faut comprendre cette thèse dans toute sa dernière rigueur, dans sa dimension authentiquement paradoxale : la politique modifie l'art de la guerre lui-même, elle donne jusqu'à sa forme particulière à la stratégie (et donc potentiellement à la tactique) :

> D'après cette opinion, juger d'un grand événement militaire ou du plan de cet événement du point de vue exclusivement militaire est inadmissible et même funeste ; en vérité, consulter des soldats professionnels au sujet du plan de guerre pour qu'ils donnent un avis purement militaire, comme le font souvent les Cabinets, est un procédé absurde. Mais exiger avec les théoriciens qu'on livre au général les moyens de guerre disponibles pour qu'il tire un plan de guerre ou de campagne purement militaire est encore plus absurde [...]. Cela découle pleinement de la nature des choses. On ne peut élaborer aucun des plans généraux à la guerre sans une connaissance intime de la situation politique [...]. (VIII, 6B)

1. On rappellera ici les observations de Napoléon sur Waterloo. Voir *supra*.

Les armées de la Révolution, comme celles de Napoléon, n'ont pas manœuvré comme celles d'Ancien Régime, car il existait une différence de nature politique entre la France et ses ennemis, différence qui a conduit sur le terrain à des différences abyssales dans la manière même de concevoir les opérations :

> Cette politique transformée par la Révolution française employait d'autres moyens et d'autres forces qui permirent de mener la guerre avec un degré d'énergie auquel on n'aurait pu songer auparavant. (VIII, 6B)

Les « extraordinaires bouleversements dans l'art de la guerre » de la fin du XVIIIe et du début du XIXe siècles ont donc une source « politique », au point que si revers il y eut pour les uns et les autres, ces échecs ne venaient pas tant d'erreurs stratégiques, proprement militaires, que de « politiques erronées » : il ne faut pas expliquer les défaites comme le font souvent les militaristes par une « influence négative de la politique » sur la guerre (« le coup de poignard dans le dos », l'incompétence des ministres, la trahison des civils…), mais par « une politique intrinsèquement fausse ».

La thèse est capitale : il ne s'agit plus de dire que l'art de la guerre continue la politique par d'autres moyens, mais que la politique pénètre l'art de la guerre jusqu'en ses fibres les plus intimes, qu'elle explique jusqu'à la manière stratégique de conduire, de gagner ou de perdre une guerre :

> On ne poste pas des sentinelles et on n'envoie pas patrouiller pour des motifs politiques. Mais l'influence de l'élément politique est tout à fait décisive sur le plan d'ensemble d'une guerre, d'une campagne, et même souvent d'une bataille. (VIII, 6B)

On ne peut pas isoler l'art militaire de la politique, parce que c'est la politique, et éventuellement les révolutions politiques, qui déterminent la nature de la stratégie, et même cause parfois les révolutions ou les bouleversements de l'art militaire :

> Les transformations de l'art de la guerre sont donc une conséquence des modifications de la politique […] La conduite de la guerre est donc dans ses grandes lignes la politique elle-même. (VIII, 6B)

Guerres justes, guerres légales et guerres politiques

Soulignons enfin rapidement, mais fermement, que Clausewitz ne pose pas le problème des guerres justes ou injustes, de la guerre menée *ex juxta causa*, au nom d'une cause juste ; il ignore *semblablement* la question du *justus hostis*, de l'ennemi juridiquement distingué du criminel, alors même que, comme le criminel, il peut donner la mort. Dire que la guerre est un phénomène politique, ce n'est pas qualifier de « guerres » les seuls engagements qui n'auraient que des motifs « politiques » (les autres confrontations relevant du carnage, de la pure violence ou du crime). Ce n'est pas non plus nier la dimension juridique de la guerre, qui cherche à distinguer le traitement de l'ennemi de celui réservé au criminel de droit commun. La position de Clausewitz neutralise un débat possible entre le juridique (le problème est de définir juridiquement ou légalement le criminel de l'ennemi) et moral (le problème est de différencier les guerres qui ont une « juste cause », de celles qui sont éthiquement illégitimes)[1]. La dimension « politique » de la guerre situe en fait la guerre sur un autre plan : ni celle de sa rationalité morale, ni celle de son cadre légal (« le droit des gens » ou « le droit international »), mais dans la dimension de « l'interaction », de la « négociation », qui est toujours celle, non pas de la justice, mais de la recherche d'une possible *justification*. Si la guerre est la politique continuée par d'autres moyens, cela ne veut pas dire en effet qu'elle est juste, mais au moins qu'elle pourrait se justifier (par des raisons), c'est-à-dire qu'elle n'est pas une simple violence[2].

1. Voir Carl Schmitt, *Le Nomos de la terre dans le droit des gens du Jus publicum europaeum*, Paris, Puf, « Quadrige », 2012. « La guerre juste est une guerre menée *ex justa causa*, sans égard au fait que tactiquement ou stratégiquement, il s'agisse d'une guerre offensive ou défensive ». La guerre juste est juste autant que peut l'être sa cause. Mais à la Renaissance jusqu'au XVIIIe siècle, « au lieu de partir de la notion de *justa causa*, l'ordre du droit des gens interétatique part de celle de *justus hostis*, et qualifie toute guerre interétatique entre souverains égaux de "guerre conforme au droit" » (p. 121). Le problème n'est plus alors de savoir *si et quand* nous avons raison de faire la guerre (si nous avons la morale ou la religion pour nous), mais de savoir *qui a le droit de faire la guerre*, et donc qui a le droit de ne pas être traité comme un vulgaire criminel lorsqu'il est pris les armes à la main. Pour Schmitt, le danger d'une théorie de la guerre juste est de chercher à discriminer l'adversaire qui mène une guerre injuste. « La guerre elle-même devient un crime dans l'acception pénale du mot. L'agresseur est déclaré criminel au sens extrême qu'a le mot en droit pénal : il est déclaré *outlaw*, comme le pirate » (p. 122). L'intérêt, et aussi bien les limites, du *justus hostis* est de neutraliser tout jugement moral a priori sur les raisons de la guerre, pour ne considérer que le cadre juridique qui régule l'affrontement. Rappelons que Clausewitz fut le contemporain des guerres révolutionnaires (et impériales) qui prétendaient, précisément, étendre à toute l'Europe une certaine idée de la justice politique.

2. Voir Michael Walzer, *Guerres justes et injustes*, Paris, Gallimard, « Folio Essais », 2006. Pour Walzer, « la guerre est parfois justifiable » mais « sa conduite est toujours sujette à une critique morale ». « Juste » signifie d'abord « défendable », « argumentable » dans un univers dialogique de justification (qui neutralise l'intolérable), et non pas « conforme » à une conception religieuse ou à une justice transcendante.

Conclusion : présences de Clausewitz

Loin d'être un foudre de guerre, comme on l'a parfois présenté, Clausewitz est bien plutôt dans la tradition européenne de l'Ancien Régime, celle du respect des équilibres naturels entre grandes nations, un partisan de la « modération », de la « retenue » qui ménage l'avenir (de « l'*aidos* » auraient dit les Grecs). Il sait bien, en revanche, jusqu'à quelles extrémités (jusqu'à quel déchaînement de « l'*hybris* ») les guerres, surtout après 1789, peuvent mener si on les abandonne à leur enchaînement de violence et de puissance, et qu'on oublie les forces nouvelles que peuvent leur apporter les « masses »[1].

L'idéologie disait Arendt est la logique de l'idée, l'*idéo-logique*, qui prétend soumettre le réel coûte que coûte à la représentation que l'on s'en fait. Le pire serait précisément de laisser la guerre à la *logique* de son idée, et d'oublier que la réalité humaine et géographique de la lutte armée, implique au plan même des concepts, une distorsion ou une correction : la guerre s'inscrit dans une totalité politique ; elle n'est qu'un moyen et non pas une fin en soi ; elle a la valeur relative d'un instrument, et non pas une valeur absolue, ou indépendante du reste.

Il s'agit donc de remettre la guerre à sa vraie place, qui est secondaire, *en droit*, au regard du politique, quoiqu'il soit vrai, *de fait*, que les guerres du passé ont causé pour partie le contexte politique du présent. Comme le dit Héraclite :

> Conflit est le père de tous les êtres, le roi de tous les êtres. Aux uns il a donné formes de dieux, aux autres d'hommes, il a fait les uns esclaves, les autres libres[2].

Mais l'omniprésence de la guerre dans l'histoire humaine incite-t-elle à y reconnaître une causalité universelle et toujours agissante ?

Certes, on peut identifier *idéologiquement* les buts politiques et les buts de guerre, et faire de la politique elle-même une guerre continuée par d'autres moyens. Si la nature profonde des rapports sociaux est non pas le

1. Voir Elias Canetti, *Masse et puissance*, Paris, Gallimard, « Tel », 1990. Les hommes ont naturellement peur de l'inconnu et du contact, mais c'est paradoxalement « dans la *masse* seulement que l'homme peut être libéré de cette phobie ». D'où l'attrait de la « masse », chez celui qui redoute « les autres ». Il s'y sent plus fort.

2. Héraclite, frag. 53, in *Les Présocratiques*, Paris, Gallimard, « Bibliothèque de la Pléiade », 1988, p. 158 : Πόλεμος πάντων μὲν πατήρ ἐστι.

commerce ou l'échange, comme le dit Clausewitz, mais « la guerre de tous contre tous », la rivalité économique, symbolique ou biologique sous condition de « rareté » ou de « manque », c'est la politique elle-même qui devient l'instrument de la guerre, son prolongement ou sa « ruse ». La parole politique, faussement apaisante, n'est peut-être pas tant, après tout, le recours des plus faibles que l'arme des plus « malins ». Ce serait faire de la politique le moyen provisoire de la guerre, jusqu'à la victoire « finale » (ou malheureusement la « paix des cimetières »)[1]. Ce serait toutefois le contraire même de ce que dit Clausewitz :

> La conduite de la guerre est donc dans ses grandes lignes la politique elle-même qui saisit l'épée au lieu de la plume sans cesser pour cela de penser d'après ses propres lois. (VIII, 6B)

Mais si les hommes cherchent naturellement à atteindre leurs buts par l'échange, par le don et le contre-don, ou par le dialogue, plutôt que par un affrontement violent et souvent coûteux, on voit mal comment la guerre pourrait constituer la « norme » des relations humaines ; elle en serait plutôt « l'exception » trop fréquente. D'ailleurs, même si elle continue dans la guerre, la politique continuera surtout *après* la guerre et cela vaut mise en garde sur des manières de combattre qui, dépassant les « bornes » d'une juste « modération », rendent à terme impossible un après-guerre apaisé, voire une paix durable (sans « revanchisme »). La politique prend en compte le futur, car elle est par nature intelligence et anticipation des fins lointaines ; et le présent de la guerre ne doit pas hypothéquer l'avenir. La guerre n'est pas une politique, ou un programme en soi ; c'est la politique qui passe par le détour de la guerre pour atteindre ses fins et qui transforme ainsi l'impasse de la violence (l'*aporia* de la tragédie) en passage forcé.

La « formule » de Clausewitz n'incite donc pas à identifier politique et guerre, comme si les buts de guerre pouvaient être plus grands à proportion d'une politique plus ambitieuse, sur un modèle hypothétiquement « napoléonien » ; mais au contraire, elle limite et subordonne la logique guerrière, qui n'a d'autonomie propre que dans l'ordre tactique, au projet du Gouvernement qui décide en dernier ressort de la stratégie, car les « fins *de* la

1. Voir Léon Trotski, *Ma Vie*, Paris, Gallimard, « Folio », ch. 37, 1973. Trotski y explique comment un antimilitariste qui n'avait aucune expérience de soldat, un intellectuel hostile par principe à toute hiérarchie militaire, a pu devenir l'organisateur autodidacte de l'Armée rouge, et vaincre des généraux tsaristes qui méprisaient son inculture stratégique et tactique. Si la politique est une guerre de classes, le révolutionnaire est un soldat qui lutte tantôt par les mots, tantôt par les armes.

guerre » commandent nécessairement, quoique de manière souple, « les fins *dans* la guerre ». Et dans cette subordination de l'ordre militaire à la sphère plus vaste du politique, on se trouve bien aux antipodes de ce qu'affirmait le général allemand Moltke (pourtant disciple de Clausewitz) :

> Dans ses actions, la stratégie est, dans toute la mesure du possible, indépendante de la politique ; il ne faut jamais autoriser la politique à interférer avec ses opérations.

Pour Clausewitz, l'on ne saurait certes pas rendre l'action militaire indépendante de l'action politique, ni traiter l'ennemi comme une figure du mal absolu, le *bad guy*, qu'il s'agirait d'anéantir non pas simplement comme sujet « menaçant », mais comme sujet « parlant » (c'est-à-dire comme interlocuteur potentiel avec qui il faudra peut-être un jour négocier). Si Clausewitz a été beaucoup étudié avant la Première Guerre mondiale par les Français et les Allemands, il l'a été aussi beaucoup par les Américains après 1976, dans le contexte d'une guerre nucléaire possible (qui incitait à une certaine « modération », ou « riposte graduée », pour éviter « l'ascension aux extrêmes »...). Mais comme le suggère Vincent Desportes dans « Clausewitz meurt-il à nouveau aux États-Unis ? »[1], certaines tendances de la pensée stratégique américaine, après la guerre froide et le 11 septembre 2001, ne se sont-elles pas détournées consciemment des enseignements du maître prussien, en ayant *stratégiquement* pour « idéal » une guerre qui n'était, pour Clausewitz, que *conceptuellement* idéale : c'est-à-dire la guerre qui conduit à l'anéantissement de l'ennemi en tant qu'ennemi, au moyen d'une supériorité technique écrasante ?

Frapper au même instant tous les centres vitaux (*parallel warfare*) ; l'emporter aussi vite que l'autorisent les techniques militaires (*rapid dominance*) ; briser l'ennemi de manière définitive ; tout ceci n'est certes pas étranger à un certain esprit clausewitzien[2]. Mais l'essentiel n'est pas là : la guerre est d'abord, en dépit de toutes les apparences contraires, des simplifications utiles, de la brutalité qui cherche à s'y donner libre cours, un processus complexe de négociations :

1. « Défense nationale », n° 639, février 2002.

2. Clausewitz, qui est un partisan de la modération et de la limitation de la guerre, multiplie après tout aussi les textes sur l'anéantissement de l'ennemi comme but de guerre. On comprendra dès lors aisément qu'il ait pu passer pour un partisan cynique de la « guerre totale ». Car la guerre, en tant qu'elle est précisément et formellement la guerre, ne peut être que « totale ». Mais la guerre n'est aussi, et toujours, qu'un moyen : un État, à la différence de certains individus, ne se bat pas jamais pour le seul plaisir de se battre.

> La guerre est une forme des rapports humains. Nous disons donc que la guerre n'appartient pas au domaine des arts et des sciences, mais à celui de l'existence sociale. Elle est un conflit de grands intérêts réglé par le sang, et c'est seulement en cela qu'elle diffère des autres conflits. Il vaudrait mieux la comparer plutôt qu'à un art quelconque, au commerce, qui est aussi un conflit d'intérêts et d'activités humaines. Elle ressemble encore plus à la politique, qui peut être considérée à son tour, du moins en partie, comme une sorte de commerce sur une grande échelle. De plus, la politique est la matrice dans laquelle la guerre se développe ; ses linéaments déjà formés rudimentairement s'y cachent comme les propriétés des créatures vivantes dans leurs embryons[1].

Ni duel à mort, dans la tradition aristocratique, ni transaction commerciale, selon une philosophie de tonalité « bourgeoise », la guerre est l'enfant paradoxal de la politique, avec laquelle elle a formellement des traits communs ou un air de famille, et d'une violence potentiellement illimitée, dont elle prend aisément l'allure.

1. Carl von Clausewitz, De la guerre, *op. cit.*, Livre II, « Théorie de la guerre », chap. 3, Article de la guerre ou science de la guerre.

QUATRIÈME PARTIE
Le Feu, d'Henri Barbusse
Gilbert Guislain

Dans *Voyage au bout de la nuit* (1932) Céline écrit :

> Nous étions jolis. Décidément, je le concevais, je m'étais embarqué dans une croisade apocalyptique.

Cette citation peut-elle s'appliquer aux œuvres sur la guerre que vous connaissez, en particulier au *Feu* de Barbusse ?

La Première Guerre mondiale a sonné le glas de l'Europe traditionnelle, de l'héritage humaniste du XIXe siècle, acquis à la Raison, au Progrès. Valéry écrit alors que le temps du monde fini commence. Des écrivains comme Charles Péguy meurent à la guerre, d'autres sont gravement blessés, come Apollinaire, qui, dans *Calligrammes*, écrit de manière ambiguë : « Ah ! que la guerre est jolie ! ». Dans *Portait d'un marmité*, un officier, le capitaine Rimbault écrit :

> Des larmes me venaient d'avoir cru la guerre belle et rédemptrice. Les épopées des poètes, les légendes des manuscrits, les tableaux des musées, le panache de Condé à Rocroi, la guerre en dentelles, les bivouacs d'Austerlitz... mensonges... Elle était là devant moi la guerre, laide, sale et méchante.

Dans son *Voyage au bout de la nuit*, transposé en bande dessinée par Tardi, Céline parle au nom des combattants : « Nous étions jolis » et qualifie la guerre de « croisade apocalyptique », faisant allusion dernier livre du *Nouveau testament*, sur la destruction, la fin du monde. Déjà, par ironie, faussement admiratif, Voltaire avait écrit dans *Candide* (chapitre III) : « Rien n'était si beau, si leste, si brillant, si ordonné que les deux armées » et avait employé l'oxymore « boucherie héroïque » pour désigner la guerre. La guerre aristocratique, traditionnelle, servant une cause, est alors parée de vertus éthiques, d'une dimension esthétique, on l'estime « jolie ». Comment la définir et l'illustrer ? Comment comprendre cette perspective, cette noble tradition d'honneur ? Mais comment justifier aussi les jugements péjoratifs de Céline, d'esprit nihiliste, et de Barbusse, d'esprit progressiste, sur la guerre moderne démythifiée et désacralisée, comme défaite de la raison, de l'égalité, de la justice et du bonheur individuel ? Par quels moyens littéraires, structures romanesques, évocation du vécu individuel et collectif, métamorphoses dantesques et infernales, Barbusse parvient-il à dénoncer la guerre dans *Le Feu* ?

Des exploits aristocratiques

La guerre, fonction des *bellatores* est, au Moyen Âge, une aventure sportive pratiquée par la seule aristocratie : le peuple n'était pas impliqué, « embarqué » dans la guerre, comme il le sera à partir de la Révolution. Les conflits sont ponctuels et manifestent l'exercice de la rivalité et non la volonté d'exterminer totalement l'ennemi et des populations entières comme le feront les guerres de masse contemporaines, souvent au nom d'impératifs idéologiques. Le conflit est une figure de la confrontation, de l'excès ritualisé comme le jeu ou la fête, pour Georges Bataille ou bien pour Edgar Morin par exemple. Après les courageux exploits romains, la guerre est au centre des chansons de geste et des romans courtois au XIIIe siècle et aussi dans les récits des chroniqueurs. Les chevaliers y accomplissent des prouesses, remportent des épreuves et doivent manifester leur mérite, leur valeur individuelle, à la hauteur de leur rang. L'honneur et la fidélité à l'engagement sont les valeurs essentielles. La croisade est noble, se fait pour une juste cause, alors que le mot est péjoratif chez Céline et employé par ironie, par antiphrase. L'exploit héroïque reste vivant chez Corneille même si la noblesse de cour, la mondanité de parade puis la noblesse de robe, supplantent celle d'épée. Boileau glorifie Louis XIV au moment de son passage du Rhin en 1672, dans une poésie épique. En 1643, Bossuet fait l'éloge de Condé à Rocroi. Dans ces textes qui réactualisent parfois les épopées antiques, les personnages de ces combats sont glorifiés et mythifiés.

Lyrisme et épopée

Les romantiques sont sensibles à la guerre comme épopée glorieuse. Au XIXe siècle, sont retrouvées les épopées médiévales, souvent lyriques et animées de foi religieuse, et dans le même temps, le roman s'empare de sujets historiques et militaires, et l'Histoire devient elle-même un roman.

Balzac écrit *Les Chouans* et Hugo *Quatre-vingt-treize*, Chateaubriand nous présente de nombreuses scènes de bataille dans les *Mémoires d'outre-tombe*. Mais il se tient à distance de l'optimisme militaire, de même que Fabrice à Waterloo (*La Chartreuse de Parme*) paraît novice face à ce dernier affrontement. Toutefois, l'intérêt contemporain n'est plus porté aux nobles héros de la chevalerie, mais aux « obscurs » et aux « sans grades » admirés de Hugo dans « Ô soldats de l'An II » dans les *Châtiments*. Le mythe bonapartiste se constitue avec celui d'une armée populaire et patriotique, qui se distingue de la caste professionnelle d'Ancien Régime. Chacun aurait sa chance d'ascension sociale par la carrière militaire ; l'idée nationale est d'ailleurs marquée à gauche au XIXe siècle, avant de passer à droite après l'affaire Dreyfus. La Nation est investie d'une mission, celle de bousculer les monarchies européennes ; dans *Voyage au bout de la nuit*, Céline tourne en dérision cette nouvelle croisade, car le peuple est en fait jeté dans la guerre au nom du Droit et des Lumières.

Un souffle épique anime la mythification littéraire de l'épopée impériale ; Hugo glorifie Napoléon Bonaparte, opposé à Napoléon « le petit » dans les *Châtiments* et présente le spectacle formidable de la charge des cuirassiers à Waterloo (*Les Misérables*, III). Le mythe bonapartiste entretient la nostalgie de l'Empire dans *Le Médecin de campagne* de Balzac. Bonaparte y apparaît comme un stratège prodigieux proche de ses hommes, à la différence des hauts gradés de la Première Guerre mondiale, souvent perçus comme « planqués » et incapables. Le vide de la Restauration (Musset, *Confessions d'un enfant du siècle*) va approfondir cette nostalgie de l'âge impérial comme moment de gloire.

1914 : UNE « CROISADE APOCALYPTIQUE »

Le XVIIIe siècle avait été marqué par le pacifisme libéral, hostile à la guerre, ramenée à l'expression de « funestes passions » et contraire aux intérêts du commerce et à la philosophie de la raison et du bonheur, comme l'explique l'*Encyclopédie*, dans son article « Paix », le *Dictionnaire philosophique* de Voltaire, Les *Lettres anglaises* où le philosophe oppose le négociant à l'aristocrate de cour ou au guerrier. Prétextes frivoles et rôle néfaste de mauvais conseillers sont les arguments les plus communs contre la guerre. L'absurdité de cette dernière apparaît dans *Candide* au chapitre III ; dans cette anti-épopée burlesque, Voltaire admire faussement la guerre, se livre de manière détachée à une comptabilité macabre des tués, sans oublier le réalisme de cette scène de massacre collectif. Dans ce type de « guerre en dentelles » présente au cinéma dans *Barry Lyndon* de Stanley Kubrick, on tire sur l'ennemi, en lignes, au son des tambours et des fifres. Plus tard, dans *La Débâcle*, Zola donne une vision réaliste et macabre de la guerre, décrivant par exemple les souffrances intenables des combattants dans un hôpital militaire. Maupassant avait aussi évoqué les « jeunes lignards » courant vers la mort en 1870, qui « iront tomber dans une plaine, la tête fendue d'un coup de sabre ». Rimbaud nous avait émus avec « Le Dormeur du val », évoquant un jeune soldat mort dans un « lit de verdure ».

Déjà, la philosophie de Hegel avait affirmé la nécessité de comprendre la rationalité de la guerre en dépassant les vaines lamentations. Ceci peut s'appliquer au premier conflit mondial. Issue des Lumières, l'idée de Progrès inspire le XIXe siècle toujours attaché aux valeurs humanistes, mais les nationalismes étroits, les rivalités internationales, l'idée d'une typologie des peuples, le chauvinisme jugé « patriotard » par Céline, la conviction facile de défendre le droit et la « civilisation » face à la « barbarie » mènent à un conflit d'envergure prévisible dès le début du siècle mais évitable, et survenu à la suite d'un fait divers — Sarajevo — qui enfle très vite d'une dimension politique. Les millions de morts du conflit et le retard sévère dont la France va souffrir au XXe siècle contrastent avec la minceur de la cause immédiate : la défense de la seule Serbie. Le décor de la « croisade apocalyptique » à l'Allemagne, elle aligne une infanterie lourdement équipée, vêtue de pantalons rouges, héritage impérial défendu par les Républicains, devant une artillerie plutôt statique et dispersée, sous le feu d'un armement ennemi bien plus meurtrier et massif qu'en 1870. Le renseignement français et l'intendance sont faibles, les officiers d'état-major arrogants et coupés du terrain, accrochés au dogme désastreux et meurtrier de l'offensive à tout prix, qui va l'emporter tout au long de la guerre de position durant les tout premiers mois du conflit, avant la guerre de tranchées que va connaître Barbusse en 1915 et qu'il évoque dans *Le Feu*, paru en 1916. Les Allemands disaient que les soldats français étaient « des lions dirigés par des ânes ». C'est un déluge de feu, de gaz ; la « chair à canon » part au casse-pipe, la fleur au fusil, avant le retour des « gueules cassées » comme on le voit dans le film *La Chambre des officiers*. Le « bourrage de crâne » dénoncé par Céline et Barbusse invoque le juste combat de la « civilisation » contre la « barbarie » et voudrait faire croire à la beauté de la guerre « fraîche et joyeuse ». Une abondante littérature de guerre se constitue. Charles Péguy écrit des poèmes à la gloire de l'engagement héroïque, Roland Dorgelès écrit *Les Croix de Bois*, Georges Duhamel *La Vie des Martyrs*, Genevoix *Ceux de 14* et Jules Romains *Verdun*. Un engagement pacifiste plus politique et philosophique compte en ses rangs, parmi des horizons divers, Romain Rolland (*Jean-Christophe*), Martin du Gard (*Les Thibaut*), l'humaniste Alain (*Mars ou la guerre jugée*) et un peu plus tard Giono (*Le Grand Troupeau*), l'écrivain de la Haute-Provence mythifiée. Bernanos comme Emmanuel Mounier s'inquiètent de l'irruption d'une société de masse où triomphent la rationalité aveugle, l'armement et la technique. Les forces mécaniques et impersonnelles, les logiques totales des États ruinent les valeurs humanistes de l'esprit et de l'individu. Un nouveau monde mécaniste, matérialiste et aveugle engloutit l'héritage du XIXe siècle. Valéry comme Stefan Zweig éprouvent douloureusement ce déclin signe de la fragilité de la civilisation.

« On est fait pour vivre, pas pour crever comme ça » (Barbusse, *Le Feu*, « Aube », chapitre 24)

En réponse au « bourrage de crâne » de la grande presse et aux clichés martiaux, les écrivains combattants peignent la réalité du front. Engagé à quarante et un ans, soldat au 321e régiment d'infanterie, combattant en Argonne, en Artois et dans le Soissonnais, Henri Barbusse révèle l'enfer des tranchées en 1915 au cours de la guerre de position dans *Le Feu*, un roman autobiographique écrit en 1916, relatant son vécu au front, en 1915 — il y avait passé vingt-deux mois — et qui avait soulevé une vive polémique dès sa parution. Il s'était engagé à quarante et un ans et avait été affecté dans un régiment d'infanterie. Routine des cantonnements, angoisses des séjours en première ligne, corvées, relèves, misérables campements de repos, colères et attentes, retours au feu, bombardements, assauts, entassement horrible des cadavres, mort des camarades, résignation, rarement gaieté, tout est relaté de manière réaliste, le vécu individuel comme l'expérience collective, avec tristesse et colère face à tous ceux qui ont été jetés dans la guerre.

Narration et dialogues, la rudesse du « parler tranchérien »

Le Feu est composé de vingt-quatre chapitres de longueur très inégale, tantôt brefs, tantôt beaucoup plus longs. Barbusse y alterne le récit, la narration de l'action, avec des dialogues, de brefs échanges où il prend le point de vue des personnages en focalisation interne. Il insère aussi des commentaires personnels de dénonciation de la guerre, en utilisant le point de vue omniscient. Il écrit en utilisant la première et la troisième personne. Trois types de textes sont présents dans *Le Feu*, où ils alternent successivement : narratif avec la progression de l'action, descriptif avec les scènes des tranchées, des cantonnements, des villages traversés ou plus rarement de l'arrière, argumentatif enfin avec des réflexions sur la guerre, grâce à des dialogues ou à un retour du romancier sur lui-même. Chaque chapitre peut associer ces trois dimensions. Deux se distinguent des autres, le premier et le dernier qui se font écho. Le second, « Dans la terre » est très général et est représentatif des orientations globales du roman. Le chapitre 19, « Bombardement », prépare l'action qui suit, l'assaut mené dans le chapitre 20, « Le feu », poursuivi par « La corvée ». D'autres chapitres intermédiaires sont beaucoup plus brefs, exposent détails, portraits, moments de l'action, etc.

Barbusse est à la fois narrateur, acteur et témoin très engagé, comme auteur du livre. Comme acteur, il emploie le présent de narration et les divers temps de l'indicatif. Comme esprit engagé, il emploie plutôt le présent de vérité générale. Le premier chapitre, « La vision », surplombe l'ensemble. Il évoque la déclaration de guerre comme « le plus grand événement des temps modernes », la fin du vieux monde sous forme de dialogue, dans un lieu élevé et isolé. Au cœur de l'action, il entend donner la parole aux combattants, donc au peuple, comme le firent avant lui Hugo et Zola. Le narrateur est un intellectuel engagé et prête aux soldats un discours de dénonciation, mêlé à un sentiment de fatalité et de résignation, dans un langage qui retient de celui du peuple ce qu'il possède de plus caractéristique, dans une réécriture, une retranscription savante, et non tel qu'il est très exactement. C'est le chapitre 13, « Les gros mots », qui évoque cette exigence de réalisme et de familiarité : l'intellectuel doit alors retranscrire le langage populaire.

Comme Céline, Barbusse se tient à l'écart de la littérature bourgeoise des beaux sentiments ou de l'apologie de l'héroïsme convenu qui idéalise la guerre, par la dimension prosaïque triviale, réaliste de son texte. Son langage est antiacadémique, sans rhétorique : « c'est la tranchée, c'est nous ». La familiarité, la brutalité du parler tranchérien apparaissent ainsi : « j'vas crever », « le juteux est une carne », le « graisseux » et les « soupiers », la « cuistance » et le cuistot, « ma putain d'vie » ; « c'sont des vaches », le « macchab », « le barda », « se radiner », « le pajot », « la bidoche », « face de fesse », « le bide », la « gnole », « la jactance ». Ce langage populaire, cet argot, cette gouaille, est celui de la rue, du café, de l'usine, de la caserne, de l'école communale dans *La Guerre des boutons* de Louis Pergaud, du petit peuple parisien, qui se perpétuera au moins jusqu'au milieu du XXe siècle. Cette oralité peu académique tranche avec le lyrisme pompeux du discours officiel, elle se caractérise par des points de suspension, des exclamations, des ruptures de construction, des onomatopées, des raccourcis : « c'te nuit », « où c'que ». Les noms des soldats sont de consonance populaire : Volpatte, Biquet, Tulacque, comme chez Zola ou Céline. Les jugements sont souvent populaires, s'expriment par proverbes : « quand on est mort, c'est pour longtemps », et, ici et là, apparaissent des formules célèbres, familières, au présent de vérité générale : « on est fait pour vivre, pas pour crever comme ça », ou bien : « Deux armées qui se battent, c'est une grande armée qui se suicide », ce qui exprime le thème d'une guerre civile européenne, ou enfin : « on apprend dans les livres les petites choses, pas les grandes ». Dans le dernier chapitre, « Aube », on passe de la quotidienneté à une grandiloquence plus convenue, dès lors qu'il est question de la justice et de l'égalité ; même si la forme du questionnement politique des combattants reste simple. Le langage de Céline est encore plus frappant, lui qui admirait Zola : « depuis *L'Assommoir*, on n'a pas fait mieux » : la guerre, écrit-il, c'est « bouffer de la boue des Flandres à pleine bouche ». Des phrases de Céline à valeur de bilan comme « la guerre ne passait pas » ou bien : « on était fait, comme des rats » se différencient du style parfois plus rhétorique de Barbusse, lorsqu'il évoque les « trente millions d'esclaves jetés dans la guerre, les uns sur les autres, par le crime et l'erreur » ou lorsqu'il affirme que « le vieux monde sera changé par l'alliance que bâtiront ceux dont le nombre et la misère sont infinis ». Mais comment dire vraiment l'horreur de la guerre lorsque cette horreur échappe aux mots ?

L'action, le temps indéfini

Barbusse juxtapose des souvenirs et des visions, alterne les chapitres longs, de forte intensité dramatique, du chapitre 19 (« Bombardement ») au dernier (« Aube »), et des épisodes plus brefs, exposant des scènes instantanées, des anecdotes ou de petits dialogues, des tableaux descriptifs et documentaires, comme dans le chapitre 7 (« Embarquement ») où nous est présentée l'immensité de l'armée française, dont une partie prend le train sans savoir où elle va. Il emploie le temps de l'action et celui de l'écriture, un peu distant du premier. Dans certains chapitres, l'action s'accélère à l'issue d'une tension dramatique, comme dans le troisième (« La descente »). D'autres sont marqués par un temps d'attente, d'inactivité. Dans le chapitre 2 qui ouvre à tous les aspects de la guerre, on attend la soupe qui tarde. La réception du courrier est un moment attendu qui rappelle un passé intime et poétique ; dans le chapitre 4 (« Volpatte et Fouillade »), on rêve de l'arrière, d'un hôpital, du confort oublié. Dans le chapitre 11 (« Le chien »), Fouillade le méridional se rappelle Sète, la poésie du Midi ; le bonheur d'autrefois apparaît aussi dans le chapitre 12. Le regret du passé contraste avec la misère du présent. Les pauses livrent un temps ralenti, la nature prend parfois des couleurs poétiques aux chapitres 6 (« Habitudes ») et 10 (« Argoval »). Alors que les indications temporelles sont rares dans les derniers chapitres, dans un enfer écrasant et déshumanisé – dans le 2 comme par exemple dans le 11 (« Le chien ») elles apparaissent quelquefois avant : au chapitre 6, on est en septembre, au chapitre 7, l'armée prend le train à la tombée de la nuit, au chapitre 10 vient le soir. Mais ordinairement, on ne sait si on est le jour ou bien la nuit, on peine nuit et jour, on doit partir aux tranchées pour y rester deux semaines de suite et non cinq jours, combattre à toute heure (chapitre 14, « Le barda »). Le thème du départ est récurrent ; ainsi, il apparaît au chapitre 23 (« La corvée »). Les hommes ont dû partir en première ligne pour effectuer des terrassements, subissent un déluge de fer et de feu, se dispersent ensuite dans la nuit sous une pluie torrentielle qui transforme le terrain en marécage ; l'aube se lève et livre le spectacle infiniment triste et pathétique des morts, des blessés et des noyés. Le temps passe difficilement : au chapitre 5 (« Asile ») les hommes, telle une horde errante, accomplissent une marche exténuante de trente kilomètres en une seule nuit ; ils doivent ensuite rechercher un cantonnement, chacun se débrouille.

La fin de la guerre est indéterminée, les objectifs poursuivis et les assauts entrepris ne s'insèrent pas dans un ordre, une logique accessibles à l'homme de base. Élargie au cosmos entier, la guerre est une conflagration illimitée dans le temps, elle « ne passait pas » (Céline, *Voyage*). Seule l'attaque menée au chapitre 20, « Le Feu », où il faut avancer à tout prix apparaît clairement victorieuse. Tous les efforts pénibles par ailleurs entrepris paraissent vains, incertains et absurdes. Le soldat n'est qu'une pièce dans un gigantesque processus dont il ignore tout.

Des paysages de désolation, une nature dévastée

On passe de la vision du haut des montagnes à l'enfouissement dans un enfer terreux. Après les cimes du premier chapitre, le théâtre de la guerre est constitué de lieux précis, le cantonnement misérable du chapitre 5, l'univers ferroviaire du chapitre 7, les lieux de l'arrière, l'hôpital souterrain (« le poste de secours ») qui est un lieu d'enfer ou bien de scènes plus générales (« Dans la terre », « Bombardement », « Le feu », « La corvée », « L'Aube »). Les noms de lieux sont rares : les villages de Gauchin et de Souchez. Le plus souvent, on ne sait guère où l'on est et où l'on va. « Où sommes-nous ? » se demande-t-on au chapitre 23. « On va, on va toujours sans savoir où l'on va » (chapitre 19).

Dès le chapitre 2, se découvre un paysage chaotique, lunaire, sombre, sale, informe, de désolation, un univers blafard, un décor diluvien, loin du monde humain, analogue à une friche industrielle. La vision panoramique, loin de donner sens et stratégie au combat, souligne la désolation de l'espace. Le champ de bataille engloutit tout, les repères disparaissent, un village même a été rayé de la carte. L'armement a eu raison de la culture rurale séculaire. La campagne, souvent idéalisée dans la littérature romantique, est méconnaissable. Mais Barbusse passe souvent du réalisme à la métamorphose. Ainsi, l'espace devient souvent mystérieux et effrayant, comme celui de la gare au chapitre 7 (« Embarquement »). Cette gare est une ville d'acier, l'espace gigantesque de la mobilisation de masse. Le ciel est livide et l'allure de la nature est toujours en écho aux dévastations de la guerre. Les explosions furieuses des projectiles, leurs lueurs violentes et rouges rappellent l'orage ; le bombardement du chapitre 19, véritable feu d'artifice, transforme la scène en « grand décor d'opéra féerique et sinistre », les grondements métalliques sont infernaux ; tout au long du chapitre 20, Barbusse multiplie les images apocalyptiques de la guerre. Le monde souterrain du poste de secours, au chapitre 21, ses profondeurs dantesques concentrent mythiquement toutes les souffrances de l'enfer, dans une dimension surnaturelle. La référence aux « formes », aux masses impersonnelles, aux cris, aux « faces étranges » montre que nous sommes très loin de l'humanité. La guerre est une machine écrasante : Barbusse suggère sans cesse la sensation oppressante d'emprisonnement aliénant éprouvée dans le *Voyage* de Céline, où les hommes sont « enfermés sur la terre, comme dans un cabanon, pour y tout détruire, adorant leur rage – ce que les chiens ne font pas – [...] ». « J'étais pris dans cette fuite en masse, vers le meurtre en commun, vers le feu. » La guerre n'a pas ce sens politique que Clausewitz a pu lui attribuer.

Misère et deshumanisation

Le Feu, journal d'une escouade, présente une quinzaine d'hommes, décrits en situation, escouade peu à peu décimée dès le chapitre 3 et plus encore à la fin du roman. Elle est cantonnée dans de nombreux villages, souvent des lieux anonymes, et passe plusieurs semaines dans les tranchées. Les origines provinciales de ces hommes sont diverses, de la Bretagne au Morvan. Il s'agit d'hommes du peuple arrachés à leurs métiers. Comme toute littérature réaliste ou populiste, Barbusse montre surtout les contraintes matérielles qui sont les leurs et qui les réduisent à l'animalité, plus que des analyses psychologiques élaborées. Par fatalité, ils doivent prendre les choses comme elles viennent, vivre dans la saleté et la promiscuité. Ils vont du constat de leur misère, de leur situation sans joie ni confort, à des paroles de révolte comme le montrent la platitude et la vérité des dialogues. Ils doivent subir et « se démerder », tenir par instinct de conservation (chapitre 2), ce qui n'exclut pas la solidarité, dès lors qu'il faut secourir un camarade égaré ou blessé, malgré les invectives qu'ils s'adressent sans cesse. Leur courage est l'effet du dressage républicain d'avant 1914. Le « on », qui signale l'appartenance au groupe, est récurrent. Leurs faces sont hâves, sales, mal rasées, tannées, poussiéreuses, les uniformes terreux, leurs accoutrements disparates, leur attirail est fait de vêtements et d'objets de récupération ; leur allure est sans aucune noblesse. Leur charge est épuisante, leur matériel hétéroclite est qualifié de « triste camelote », au chapitre 14, « Le barda ». Les soldats sont habituellement déshumanisés, ce sont des formes et des ombres proches de l'animalité. La seule femme du roman est Eudoxie Dumail, apparue au chapitre 6 et dont on apprend le décès au chapitre 17. Les blessés et les tués sont partout, les cadavres sont mutilés, décomposés, les visages totalement défigurés. Toutefois, de « bonnes » blessures non mortelles permettent à certains d'être évacués vers l'arrière. Les corps sont informes, déchiquetés par les obus, dispersés dans un paysage lugubre et chaotique. Ils sont engloutis dans la boue, au fond des tranchées, parfois méconnaissables, dans des postures inquiétantes et grotesques, ou bien on les retrouve démembrés dans des arbres, comme dans les tableaux de Goya sur les horreurs de la guerre. Le plus souvent, dans ces scènes horribles, les soldats sont des morts-vivants noyés dans la boue, dans une gigantesque fosse commune. Le massacre est dantesque et l'action terrible. Le déferlement des orages d'acier prend une dimension surnaturelle. Hommes et animaux souffrent dans cet enfer.

Quant aux Allemands, ils sont lointains, distants, malgré leurs tirs, ils sont découverts morts ou blessés, lâchant à peine quelques mots ; ils sont souvent caricaturés, comme « la sale race boche ». L'Empereur Guillaume est une « bête puante » (chapitre 20).

Une société divisée : les combattants du terrain et les « planqués »

Trois chapitres du *Feu* opposent l'avant et l'arrière, le conflit et la trêve ; les jouisseurs aux martyrs. Le chapitre 8, « La permission », n'est pas le plus significatif ; en revanche, le chapitre 2 (« Dans la terre ») le chapitre 9 (« La grande colère ») et le chapitre 22 (« la virée ») sont accusateurs. Dans le second chapitre, où les soldats reçoivent la visite d'officiers, de journalistes, de d'invités endimanchés, comme sortis d'un autre monde. « Bobards patriotiques » et rumeurs sur les hypothétiques permissions nourrissent les échanges au sein de l'escouade. Le chapitre 9 est une évocation de l'arrière par Volpatte, déçu par les civils, « les gens, c'est des vaches », murés dans leur « mauvais silence ». L'administration militaire est pléthorique, bureaucratique, suffisante, ce qui rappelle *Les Employés* de Balzac ou les bureaux de Versailles dans *L'Ingénu*. À la faveur du « piston », les embusqués se comptent en centaines de milliers. Volpatte précise : « les curés qui portent le sac, je n'en ai pas vu lourd ». Les hommes sont donc plus ou moins exposés, même au front, les artilleurs sont jugés avantagés par les « biffins » de l'infanterie. L'hypocrisie du patriotisme de convenance, de circonstance, est dénoncée par Barbusse. Ceux qui entendent « sauver la France » commencent par se sauver eux-mêmes. Enfin, le chapitre 22 oppose Paris, la splendeur des cafés à l'horreur du front, par effet de contraste. Les réactions du public parisien, suffisant et satisfait, à la vue des soldats, sont convenus, chargées de clichés : « ce doit être superbe, une charge ». On croit que les hommes marchent à la fête. Barbusse accuse l'insouciance et l'ignorance de la vie menée au front par les hommes du rang. Déconnectés du réel, murés dans leur bonne conscience, ceux qui profitent ignorent tout de ceux qui peinent. La *Chanson de Craonne* met en cause « tous ces gros qui font la foire ».

Dimension politique pamphlétaire : faire la guerre à la guerre

Les images de la guerre présentes dans *Le Feu* rompent totalement ave les représentations conventionnelles, celle du poilu d'opérette. Certains ont estimé que Barbusse « exagérait », mentait pour faire plus vrai. Il met en cause les intérêts de l'arrière, ceux des industriels et affairistes qui profitent de la guerre, mais aussi les « princes dorés », la « caste galonnée », les gradés privilégiés, les admirateurs de la guerre, menant à la boucherie les combattants par « troupeaux entiers ». Les peuples sont jetés les uns contre les autres par quelques-uns. Les clichés habituels, accusant ceux qui sont loin des tranchées mettent en cause l'inconséquence, l'irresponsabilité des dirigeants. Barbusse accuse l'hypocrisie, l'idéalisme de la rhétorique patriotique, lui opposant la réalité de son horreur, lui déniant la noblesse d'une « croisade ». L'idée que la guerre serait belle et sacrée est un mensonge. Les cadavres mutilés, parfois méconnaissables ou retrouvés dans des postures grotesques. Les chairs sanglantes et en loques démentent toute beauté de la guerre idéalisée, à la parade, avec clairons et baïonnettes. Barbusse conteste toute légitimité attribuée à la guerre, sous prétexte qu'elle se rapportait à des sentiments nobles come la défense de la patrie. Les fastes patriotiques, l'héroïsme et la vertu sont impossibles dans la guerre qui est un massacre aveugle. On ne peut dire, selon Barbusse, « j'ai été un héros admirable » quand on a été, en fait, bourreau ou victime. Ce serait un crime de montrer les beaux côtés de la guerre, écrit-il au chapitre 24, ou la tonalité polémique domine. Dans la multitude des vagues d'assaut ou dans l'oubli des mutilés, après-guerre, où est la gloire ?

Dès le premier chapitre, les hommes rêvent d'arrêter les guerres, manifestent leur espoir messianique pour l'avenir, aux couleurs de l'égalité, de la justice, de l'égalité prolétarienne : « le vieux monde sera changé par l'alliance de ces esclaves ». La référence socialiste et pacifiste à Karl Liebknecht apparaît au chapitre 20 (« Le feu »). « On ne veut plus de guerre », « on a le droit d'être heureux », dit-on au chapitre 24, le plus engagé du roman, et dont l'idéalisme peut rappeler *Les Évangiles*, les derniers textes de Zola. Le jour qui se lève est une métaphore de la révolte. L'aube suit l'apocalypse. Par le biais de dialogues, à la suite d'une nuit de combats et devant un décor de désolation, les hommes se posent des questions politiques et philosophiques à la fois naïves et profondes. La guerre est l'expression de la méchanceté, toute raison est anéantie. Mais faut-il mettre en cause le militarisme allemand ou plus largement l'esprit de guerre, les « mauvaises passions » dénoncées par le professeur pacifiste Alain, les « caprices » des princes dénoncées par les Humanistes et les Lumières ? Doit-on faire la guerre à la guerre ? Faut-il se battre pour l'idée de Progrès, pour une cause humanitaire, ou pour la nation ? Enfin, on ne peut mêler guerre et religion ; la guerre pose douloureusement la question du mal, et la revendication de Dieu par chaque camp est dérisoire. Dieu comme les Dieux sont absents du théâtre infernal de la guerre. Dans *Les Croix de Bois* de Roland Dorgelès, le point de vue est plus optimiste, les répits et les espoirs induisent une dimension morale.

Pour sa part, passé de l'humanitarisme au stalinisme, et adhérent au Parti Communiste en 1923, après la scission de 1920, Barbusse inquiète les pacifistes qui ne sont pas tous antimilitaristes ou socialistes et ceux qui l'accusent d'en avoir « trop fait » dans son roman. Lui veut unir pacifisme, révolution, dénonciation sociale et internationale des intellectuels.

Nihilisme célinien

Si Barbusse proclame sa volonté progressiste de bannir à jamais la guerre dans le chapitre 24, « Aube », Céline, radical et nihiliste, se livre dans une page polémique du *Voyage au bout de la nuit* à une critique du Progrès, qui a paradoxalement justifié la colonisation – malgré l'opposition de la droite nationale à la fin du XIXe siècle – et la guerre au nom du « Droit ». Dans le *Voyage*, Céline accuse la Révolution d'avoir embrasé le monde au nom d'un idéal fictif, celui de la liberté et du progrès. Jetés alors dans les guerres européennes, les peuples ont été transformés en « saucissons de bataille ». Évoquant les révolutionnaires de 1792, il écrit : « Voilà au moins des gars qui ne le laissent pas crever dans l'ignorance le bon peuple. Ils l'émancipent. Rien que des soldats citoyens ! Qui votent ! Qui lisent ! et qui se battent ! Et qui marchent ! Le soldat gratuit, ça c'était du nouveau ! » Céline raille ces « cohortes loqueteuses et passionnées qui venaient se faire étripailler spontanément par le roi de Prusse », pour la défense de ce qu'il appelle « l'inédite fiction patriotique ». De 1914, Céline conteste le langage patriotique de la gloire, auquel il oppose la force de la peinture apocalyptique qu'il fait de la guerre dans les Flandres, dans la boue, la nuit et le sang. À la différence de Barbusse qui multiplie les scènes de guerre et effets, Céline choisit sélectivement dans l'horreur, en montrant par exemple un colonel le ventre ouvert, mort et tombé dans les bras d'un cavalier décapité : « le cavalier n'avait plus sa tête, rien qu'une ouverture au-dessus du cou, avec du sang dedans qui mijotait en glouglous comme de la confiture dans la marmite ».

Anarchiste de droite, jugé plus réactionnaire que révolutionnaire par Trotsky, distant de Barbusse, passé du pacifisme humanitaire au communisme stalinien, Céline oppose ainsi un nihilisme tragique aux illusions mensongères du progressisme, effondrées devant la réalité matérielle. Dans cette guerre anonyme et absurde, toutes les valeurs humanistes traditionnelles, l'individu, la raison, la liberté, le Progrès sont niés, toute gloire est impossible. Nous sommes en antithèse avec la chevalerie, l'héroïsme et le mérite sont devenus impossibles, la mort frappe au hasard. Mais un mystique comme Charles Péguy lui-même tombé au combat en septembre 1914 à la fin de la guerre de positions, après la retraite et juste avant la bataille de la Marne, écrivait toutefois, en défense du sacrifice suprême : « Heureux les épis mûrs et les blés moissonnés ».

Engagements contemporains

Les tonalités dominantes justifient l'application de la citation de Céline au *Feu*. Comme le *Voyage*, le roman est une anti-épopée, dans la conflagration de forces gigantesques, dans une convulsion cosmique, mais sans aucune noblesse. Barbusse a été lui-même jugé « trop trivial, trop réaliste ». Le pathétique est sans lyrisme, sans compassion. Le bouleversement du monde par la guerre est grandiose, mais le destin des hommes est misérable, dans un univers lugubre, sans la grandeur de l'héroïsme et de l'épopée.

Embarqué « dans une croisade apocalyptique », le combattant de la Première Guerre mondiale l'a été effectivement. Cette guerre fut la dernière du XIXe siècle et surtout, la première du XXe siècle. Elle a renforcé les convictions nationales des uns et le pacifisme des autres. Le cinéma engagé suit ce dernier mouvement (*Les Sentiers de la gloire* de Kubrick). Mais des perspectives nouvelles changent la donne. Au XXe siècle la guerre devient idéologique, les solidarités européennes et politiques prennent le dessus dans les années 1930. Le mot croisade prend un nouveau sens avec la naissance du militant, soldat politique prêt à mourir pour ses idées. Pour l'aventurier révolutionnaire, l'activiste passionné, l'engagement devient un but en lui-même, un style de vie favorisé par les contextes subversifs ou révolutionnaires. À la différence du héros classique qui s'exprime dans une ascension grandiose, parfois surnaturelle, le soldat politique contemporain doit veiller à la stratégie et à l'usage des moyens, comme l'avait déjà montré Sun Tsé dans *L'Art de la guerre*, ainsi que les théoriciens de la guerre révolutionnaire ou du coup d'État. Autour du thème du droit et de la loi, l'aventurier est aussi une figure centrale dans le *western*, reconstitution quelque peu fantasmée des États-Unis des années 1850. Quant au photojournaliste, au correspondant de guerre, ils suivent individuellement les combats sur le terrain.

Mais, dans le même temps, l'heure est au risque d'un conflit nucléaire, à la guerre presse-bouton ; elle est gérée par les techniciens et les bureaucrates. La culture de masse déréalise la guerre à la manière d'un *videogame* virtuel, comme celle du Golfe commentée par Jean Baudrillard. Elle la mythifie aussi, comme le fait la bande dessinée du milieu du siècle avec *L'Affaire Tournesol* d'Hergé en 1956, qui met en scène des savants fous et des dictateurs qui risquent de faire sauter la planète par leurs armes spéciales ; le thème de l'apocalypse est alors réactivé. L'ennemi est diabolisé et le « monde libre » entend combattre l'axe du Mal au nom du Droit.

Enfin, à côté de l'approche littéraire des horreurs de la guerre et du discours moral et humanitaire, les sciences humaines, la géopolitique, la sociologie, l'anthropologie s'efforcent de situer les processus et les significations de la guerre.

CINQUIÈME PARTIE
Dissertations

Étienne Akamatsu

Peut-on espérer une paix perpétuelle ?

Oh Barbara
Quelle connerie la guerre
Qu'es-tu devenue maintenant
Sous cette pluie de fer
De feu d'acier de sang.
Jacques Prévert, *Barbara*

L'invocation des nécessités de la paix, lorsqu'elle est faite durant le temps de paix, peut paraître incongrue : la paix n'est-elle pas l'état dans lequel on se trouve déjà, sans qu'on se mette en peine d'elle ? L'invocation de la paix durant une période de guerre ne paraît pas moins dérisoire : alors, la paix est justement ce dont la société des hommes se tient à l'écart, ce qu'elle refuse de toutes ses forces, en préférant la guerre. On a toujours de bonnes raisons de faire la guerre, et il sera bien temps de faire un jour la paix, quand toutes les causes – irrésistibles ? – de la guerre auront disparu. « Ils ont disparu, hélas, tous ces meneurs d'armées » (Eschyle, *Les Perses*, v. 1002) – et leurs querelles se sont épuisées…

Nous désirons la paix, mais il nous semble difficile de penser la paix, sinon comme antonyme de la guerre : la paix est ce qu'il y a quand la guerre a cessé. Ainsi, le statut positif de la paix est étonnamment indiscernable. La paix s'identifie avec la normalité du fonctionnement d'une société où les tensions se résolvent par l'effet des besoins eux-mêmes, par la réciprocité des intérêts, par la vertu des lois. Mais cet état est fragile ; en effet, les besoins ne sont pas toujours immédiatement satisfaits ; les autres individus semblent être la cause du malheur dont je souffre ; les intérêts rationnels se brouillent dans la perspective des passions ; la rigidité anonyme des lois les rend étrangères et pénibles. Finalement, on en arrive assez facilement à dénigrer la paix elle-même.

On peut bien penser à la paix *perpétuelle*. Mais cette pensée vaut-elle mieux que « l'enseigne d'un aubergiste hollandais où était peint un cimetière », est-ce que l'idée vaut « pour les chefs d'État qui ne parviennent jamais à se lasser de la guerre », ou seulement « pour les philosophes qui s'abandonnent à ce doux rêve »[1] ? Il faudrait échapper à cette alternance mortifère

1. Emmanuel Kant, *Vers la paix perpétuelle*, Paris, Flammarion, « Garnier Flammarion/Philosophie », 1993, p. 75.

de guerres et d'armistices. La paix perpétuelle n'est-elle qu'un rêve ? Penser la paix est-il d'un si grand secours ? Il faut commencer par le croire, ne serait-ce que parce qu'il n'y a pas de paix sans règlements, sans droit de la paix.

La paix consiste seulement en un apaisement de la guerre

La paix naît de la cessation des combats

Il faut d'abord se rendre à l'évidence : les conflits sont de tous les temps, ils se sont inlassablement renouvelés, qu'on le veuille ou non. Combien d'années de paix le XXe siècle a-t-il connues ? Une ou deux peut-être, et avant 1914. La paix doit donc d'abord se définir comme l'objectif poursuivi, ou du moins affiché, par les belligérants. Avant d'attaquer, pendant les opérations et au moment de signer une trêve, les combattants protestent de leur sincérité : c'est pour la paix qu'ils font la guerre. Pas n'importe quelle paix, cependant ; et c'est pour cela que la guerre est nécessaire. La paix n'est pas un objectif idéal, mais la représentation des buts de guerre. Ou bien, la paix est l'état dans lequel on est, ou auquel on parvient, quand les forces susceptibles de s'affronter se détournent les unes des autres, soit pour vaquer à d'autres occupations, soit pour préparer d'autres affrontements. L'affirmation d'Aristote nous paraît si simple : « la guerre a pour fin la paix[1] ». La pratique de la guerre – c'est-à-dire l'expression de son droit à exister, la défense de ses biens, la conquête d'un territoire où trouver des ressources – a toujours eu quelque chose de normal. Mais il fallait distinguer entre la bonne rivalité, qui permet de s'affronter dans l'honneur, et la mauvaise haine, destructrice de toute relation saine (voir Hésiode, *Les Travaux et les Jours*). La guerre est une preuve de bonne santé. C'est pourquoi même la guerre n'est pas toujours un sujet d'importance : autrefois, dit Clausewitz (*De la guerre*, III, 17), « on livrait bataille pour célébrer l'anniversaire d'une reine (Hochkirch) ». Mais la tendance générale est à la massification, qui rend la guerre plus lourde de conséquences.

L'inexorable domination du plus fort

En quoi les combattants sont-ils désireux de la paix ? Et peut-on trouver les voies d'une paix stable ? La paix telle qu'elle est visée par les

1. Aristote, *Politiques*, VII, 14.

puissances n'existe que dans l'exacte mesure de leur domination. La paix ne peut être établie que par la loi, mais elle ne peut être maintenue que par le glaive, selon les principes de l'État hobbesien (voir la Présentation générale). Nous avons une illustration célèbre du principe selon lequel la force établit son règne en restant à l'écart des voies de la morale ordinaire : c'est le dialogue que Thucydide, dans *La Guerre du Péloponnèse*, imagine entre les Athéniens et les Méliens. En 416 av. J.-C., Mélos, colonie de Sparte, refusait de se plier à l'hégémonie athénienne et voulait garder la neutralité. Thucydide prête aux généraux athéniens Cléomédès et Téisias le souci d'obtenir par la persuasion la reddition de Mélos. Voici ce qu'ils expliquent, en résumé : « il ne faut pas se perdre dans les grands discours sur la justice ; nous ne prétendons pas avoir mérité notre empire, même si nous avons longuement combattu les Perses ; mais de votre côté, ce désir de neutralité, et l'assurance que vous ne chercherez pas à nuire au peuple athénien, ne vous permettent pas de revendiquer la paix. Il vaudrait mieux parler de ce qui est prévisible et réalisable, car telle est la réalité des rapports entre puissances : les plus forts exigent ce qu'ils peuvent obtenir, les plus faibles peuvent seulement négocier les conditions de leur soumission. Forts et faibles sont les uns comme les autres sous l'empire de la nécessité. En effet, les Athéniens ne peuvent se permettre de laisser croire aux autres cités qu'elles peuvent se révolter impunément contre la domination athénienne. En somme, il faut régner ou être assujetti. Les Méliens peuvent en revanche se soucier de leur sécurité – en se ralliant au plus fort ». Les Méliens ayant préféré courir le risque de mort plutôt que de perdre leur liberté et de passer pour des lâches, les Athéniens assiégèrent la cité de Mélos, sans que Sparte lui vienne en aide. La cité fut investie par les Athéniens, qui égorgèrent les hommes en âge de porter les armes, et réduisirent les femmes et les enfants en esclavage. « Je ne suis que pleurs et plaintes », dit aussi le chœur des *Perses* ; mais la paix est à ce prix, il fallait que le combat révèle le vainqueur.

Par la guerre, les belligérants équilibrent leurs relations

Il ne faudrait pas croire que la guerre soit elle-même dépourvue de moralité. Au sein de la guerre, un équilibre s'instaure entre les combattants : un équilibre qui revient *d'une certaine manière* à une moralité de la guerre. Le raisonnement qui prévaut est celui-ci : ceux d'en face ont le droit d'essayer de me tuer ; mais je peux en faire autant ; en revanche, il est déloyal de tirer sur ceux qui manifestent leur volonté de se rendre, ou de tuer les blessés. Ainsi peut-on faire la différence entre les soldats qui respectent les règles – celles de l'honneur et celles du droit international – et les fauteurs de guerre, qui sont prêts à tuer n'importe qui. Plus généralement, la guerre apparaît comme « un jugement par les voies de la force, et comme telle elle peut être considérée comme légitime[1] ». Par conséquent la paix elle-même ne peut être dissociée de la réalité des luttes entre les puissances. Elle peut résulter de ce que les puissances se reconnaissent mutuellement, malgré la diversité de leurs constitutions, de leurs régimes, de leurs mœurs, de leurs cultures. Par exemple, après la naissance du protestantisme et au terme des guerres de religion, s'est imposée la formule qui reconnaît à tout peuple le droit de choisir son culte [*cujus regio, ejus religio*]. « Il semble donc vain de croire que la distinction entre guerre juste et guerre injuste puisse diminuer les conflits quant à leur nombre et leur violence[2] ». La paix elle-même ne doit pas être envisagée comme un idéal, mais comme une manifestation de la puissance :

> [...] objet et théâtre de la lutte politique, la paix est un produit de l'art politique. Elle ne se maintient qu'à la condition d'être négociée indéfiniment pour l'adapter aux conditions toujours changeantes résultant du développement interne des États et de l'évolution de la politique internationale[3].

La paix n'est valable que lorsqu'elle résulte de l'affrontement réglé entre les volontés. Toute autre paix serait mauvaise.

La paix comme valeur, droit et idéal

Quand la religion commande la paix

Cependant, s'il fallait s'en remettre aux chefs de guerre pour travailler réellement à la paix, le vœu des peuples ne serait sans doute jamais sérieusement considéré. La bataille que Xerxès a risquée à Salamine ne lui a-t-elle pas été suggérée par un « *daïmon* hostile » ? N'a-t-il pas cherché, « contre Athènes la glorieuse », une « revanche » qui s'est révélée finalement « bien

1. Julien Freund, *L'Essence du politique*, Paris, Sirey, « Philosophie politique », 1986, p. 613.
2. *Ibid.*, p. 619.
3. *Ibid.*, p. 624.

amère »[1] ? Une raison extérieure à celles du gouvernement peut utilement intervenir pour établir la paix. Ainsi le sentiment religieux correspond-il au désir de paix. En 261 av. J.-C., l'empereur indien Ashoka se convertit au bouddhisme après avoir participé à la victoire de ses armées au Kalinga, et devant le spectacle désolant des soldats massacrés et mourants. Plus près de nous, l'Église catholique a fait intervenir son autorité pour imposer l'idée d'une « paix de Dieu ». Le mouvement qui contribue à en établir le principe naît à Narbonne avant de s'étendre, au cours du XIe siècle, vers le nord. Il s'agit à la fois de faire cesser la violence et de répandre la foi. La paix de Dieu est l'agent de la rénovation du laïcat, il s'agit de protéger les choses sacrées (les sanctuaires, les serviteurs de Dieu, les pauvres) de l'agressivité des pouvoirs, et de regrouper régulièrement la société chrétienne. Des conciles de paix se réunissent, par exemple celui d'Elne en 1027 :

> [...] les évêques réunis ici ont établi avec tout le clergé et le peuple des fidèles que *nul habitant de tout ce comté et évêché n'attaquerait son ennemi entre la neuvième heure du samedi et la première heure du lundi*. Chacun doit en effet honorer le dimanche comme il convient.

Les conciles mettent en place des accords collectifs assortis de sanctions pour limiter l'expansion de la violence des combattants [*bellatores*] contre les démunis [*pauperes*]. On prolonge la paix de Dieu en organisant la *trêve* de Dieu, qui est une suspension plus durable des hostilités. Car la guerre est un péché, dont il faut au moins s'abstenir durant les périodes de particulière sainteté. Ainsi le Carême ou l'Avent, mais aussi les quatre jours du jeudi au dimanche en souvenir de la Passion du Christ. L'élan pour la guerre trouve alors un contrepoids parce que la vie politique s'inscrit dans la perspective de l'attente du salut des âmes.

L'obligation juridique au service de la paix

Cependant, l'idée même de la paix ne devrait-elle pas être assez convaincante pour que s'impose un processus politique qui conduise à la cessation totale de la guerre ? Quand Rousseau fait l'éloge du *Projet de paix perpétuelle* de l'Abbé de Saint-Pierre, il en loue l'utilité, le caractère logique :

> [...] les avantages qui résulteraient de son exécution pour chaque Prince, pour chaque peuple et pour toute l'Europe, sont immenses, clairs, incontestables, on ne peut rien de plus solide et de plus exact que les raisonnements par lesquels l'auteur les établit :

1. Eschyle, *Les Perses*, v. 474.

> réalisez sa République Européenne durant un seul jour, c'en est assez pour la faire durer éternellement, tant chacun trouverait par l'expérience son profit particulier dans le bien commun [1].

Toutes sortes de difficultés s'interposent entre la vie des peuples et l'état de paix *durable* – voire *perpétuel*. Énonçons quelques-unes des questions qui en découlent. Faut-il maintenir les États dans les limites de leurs frontières présentes – qui sont un résultat contingent et arbitraire de l'histoire ? Faut-il abolir les États en instituant une société mondiale ? Mais cela veut-il dire qu'*un seul État* doit régenter l'ensemble de tous les peuples – avec le risque d'uniformisation de toutes les cultures ? Ou bien la société mondiale pourrait-elle se passer de tout État – ce qui paraît extrêmement utopique ? Pour amener les souverains et les peuples à vouloir leur propre intérêt, il faut passer par les méthodes du droit. L'espoir des philosophes des Lumières est que le droit est susceptible de guider la liberté sur le chemin de sa réalisation complète.

C'est l'objet des articles formulés par Kant dans son *Projet de paix perpétuelle*. Le préalable à toute considération sérieuse de ce projet est d'écarter les « doctrines de prudence immorale », ces doctrines pour lesquelles la paix naît seulement des nécessités de l'état de nature. Or la rationalité connaît – et toute raison peut reconnaître – la rigueur et la fécondité des concepts de droit ; ainsi doit-il être possible de se fonder sur eux pour favoriser, sinon produire, un état de paix qui ne soit pas vicié à l'origine par ses motifs. Par conséquent, affirme Kant, il ne faut pas s'y prendre comme le *moraliste politique*, qui met la charrue avant les bœufs, en se fixant la paix comme une fin, comme un objectif matériel ; mais il faut emprunter la méthode du *politique moral*, qui prête attention aux effets possibles du « principe formel » – c'est-à-dire de l'impératif catégorique qui a une validité inconditionnée. La paix se définit alors d'une manière nouvelle, comme « un état qui résulte de la reconnaissance du devoir »[2]. Contentons-nous d'un bref résumé de ses propositions. Kant formule des articles préliminaires en vue de la paix perpétuelle entre les États.

1. « Aucune conclusion de paix ne doit valoir comme telle, si une réserve secrète donne matière à une guerre future » : on ne doit pas confondre la paix avec un simple cessez-le-feu ;

1. Jean-Jacques Rousseau, *Jugement sur la paix perpétuelle*, 1756.

2. Emmanuel Kant, *Vers la paix perpétuelle*, Paris, Flammarion, « Garnier Flammarion/Philosophie », p. 119.

2. « Aucun État indépendant ne doit être acquis par un autre État [...] » ;

3. « Avec le temps, les armées permanentes doivent disparaître complètement ».

Ensuite, les articles décisifs, que Kant appelle « définitifs », ne portent pas seulement sur les intentions et les modalités du fonctionnement gouvernemental, mais sur les fondements mêmes de la justice universelle :

1. la forme républicaine de l'État [c'est-à-dire la préoccupation de la *res publica*] ;

2. la réciprocité dans les rapports d'État à État ;

3. le respect de l'individu, considéré comme un être humain.

« La constitution civique de chaque État doit être républicaine », « Le droit des gens doit être fondé sur un fédéralisme d'États libres », « Le droit cosmopolitique doit se restreindre aux conditions de l'hospitalité universelle » : tous ces articles pourraient appeler de longs commentaires.

Le radicalisme pacifiste

Le droit est profitable, mais l'esprit pacifiste veut pousser l'avantage plus loin. En effet, le droit peut-il rallier à lui les sentiments du citoyen, animer les énergies, provoquer les changements culturels nécessaires à l'établissement réel de la paix ? La paix n'a-t-elle pas besoin d'un bouleversement radical des consciences ? Certes, le pacifiste n'oublie pas que le droit résulte lui-même d'une certaine situation historique, c'est-à-dire de l'émergence concrète – faite de contingence et d'arbitraire – des pouvoirs étatiques, et même que dans son application ordinaire le droit a besoin de recourir à la force. Il est possible, il est même conforme aux exigences de la raison, que le droit contribue utilement à la paix, mais il est illusoire de croire que la seule idée du droit pourra persuader l'ensemble d'une population. C'est pourquoi il doit aussi y avoir une *militance* pacifiste, qui emprunte les voies du radicalisme. « Toute une civilisation pourrie à ensevelir, toute une civilisation nouvelle à reconstruire[1] », proclame la revue *La Forge* en mars 1918. Le pacifisme accompagne le bellicisme comme son ombre. D'autant la guerre est tentante et horrible, d'autant elle est recherchée et abhorrée. Ce sont deux sentiments opposés, qui animent souvent

1. Citée par L. Campa, *Poètes de la Grande guerre*, Paris, Classiques Garnier, « Études de littérature des XXe et XXIe siècles », 2010, p. 24.

les mêmes personnes, mais cette fascination de la guerre suscite une division entre deux camps. Le pacifisme lutte contre la guerre ; il présente le risque de constituer à son tour un parti pris qui dans son fanatisme propre entretient la menace de ce qu'il réprouve ! Si l'on reprend la distinction faite par Max Weber entre deux éthiques, on dira que l'homme politique est amené par sa fonction à faire prévaloir l'éthique de responsabilité [*Verantwortungethik*] et que l'intellectuel se prévaudra de sa conviction [*Gesinnungsethik*]. Mais l'éthique réelle ne saurait s'établir sur une telle division des rôles.

Le pacifisme peut prendre différentes formes. Prenons deux exemples. Il y a un pacifisme mystique, comme chez Romain Rolland ou Henri Barbusse. Dès 1914, Romain Rolland travaille à Genève pour l'Agence internationale des prisonniers de guerre. En 1915, il rassemble ses articles, sous le titre : *Au-dessus de la mêlée*. Il s'y insurge contre l'embrigadement des esprits, et proclame : « à chacun son office : aux armées, de garder le sol de la patrie. Aux hommes de pensée, de défendre sa pensée ». Il reçoit le prix Nobel de littérature – mais sa position pacifiste reste assez isolée dans le monde littéraire. Il persiste dans son engagement en publiant *Clerembault*, où il décrit à travers un récit les mécanismes par lesquels l'idéologie écrase la raison. Clerembault est un poète, penseur libre, dont le fils est mobilisé et tué ; il se rend compte que même dans son œuvre de poète, il n'est pas parvenu à enlever à la guerre son aura de sacralité ; il ne peut plus qu'analyser la défaite de la pensée dont il est l'acteur et le témoin. Finalement, il meurt assassiné par un fanatique, qui considère (comme d'autres sans doute) que le discours pacifiste est une menace majeure pour la patrie. Après s'être gaussés des œuvres de Romain Rolland, nombre d'écrivains reconnaîtront après coup, tandis que se profilait une autre guerre, qu'un tel écrivain fut l'honneur et la gloire de la France et de l'humanité. Dans *Le Feu*, Barbusse défend la thèse paradoxale que la guerre serait vaine si elle n'était menée au nom de l'éradication de toute cause de guerre future :

> [...] essayer de vivre sa vie sur terre et être heureux, ce n'est pas seulement un droit, mais un devoir – et même un idéal et une vertu ; que la vie sociale n'est faite que pour donner plus de facilité à chaque vie intérieure. – Vivre !... – Nous !... Toi... Moi... – Plus de guerre. Ah ! non... C'est trop bête !... Pire que ça, c'est trop [1]...

Faire la guerre à la guerre...

1. Henri Barbusse, *Le Feu*, Chapitre 24, p. 384.

L'APPROFONDISSEMENT DU COSMOPOLITISME

Le fatalisme joue contre la paix

Nous avons vu que la *pensée* de la paix est constante et de tous les bords ; mais la *voix* de la paix est assourdie en temps de guerre, et indistincte en temps de paix ! C'est sans doute que la véritable disposition à la paix est rare. Les pensées, même les plus banales, contribuent, quoi qu'elles en aient, au fatalisme. C'est ce que soulignent les analyses d'Alain. De toute façon, répète-t-il, l'élite sociale trouve trop d'avantages à la guerre : « un banquier, un chef d'industrie, et même un inventeur ambitieux y trouvent occasion de dominer[1] ». Il ne faut donc pas se fier aux opinions de l'élite sur cette question. On s'attendrait en revanche à ce que les autres – les citoyens ordinaires – se prononcent négativement sur la guerre. Ceux qui doivent donner leur sang ou leurs fatigues à l'effort de guerre veulent moins volontiers s'y engager que ceux qui commandent. Et pourtant, la guerre a ses prestiges avec lesquels il faut compter, et qui impressionnent ; de plus, la gloire des uns rejaillit sur les autres ; et la guerre est un élan, qui remplit d'enthousiasme, au moins au début. C'est pourquoi chaque fois que ressurgit la guerre, on rejette la banalité du temps de paix, son ennui, ses haines recuites, son amertume. Enfin, comme le montre Alain, le pire de tout est le jeu des opinions qui transforme la guerre en fatalité mécanique. Donnons la parole au raisonnement fataliste :

> Le jeu de la force a des suites effrayantes ; le simple citoyen en fait le compte, et considère comme évident pour tous que la guerre est le plus grand des maux ; d'où il conclut trop vite que tout homme, à toute place, s'efforce contre la guerre, et que, donc, si la guerre vient, c'est qu'on ne pouvait y échapper. Idée funeste, qui frappe de stérilité tous les sentiments pacifiques[2].

On peut se demander si, en période de dissuasion nucléaire, un fatalisme de la paix – la croyance un peu facile que la guerre est devenue impossible – ne vient pas redoubler le fatalisme de la guerre, rendant toute réflexion sur la guerre inaudible. Alors, que vaut l'argumentation, à quoi sert de figurer la guerre et la paix, dans des œuvres de poète ou de philosophe ? Disons-le ainsi : il est de l'honneur des écrivains de ne pas en

1. Alain, *Mars ou la guerre jugée* in *Les Passions et la Sagesse*, Paris, Gallimard, « Bibliothèque de la Pléiade », p. 603.
2. Alain, *idem*.

désespérer. C'est pourquoi Bertrand Russell écrivit sans relâche pour dissuader les gouvernements de nourrir une guerre fratricide – jusqu'à encourir la prison durant l'été 1918. Il n'a pas manqué d'audace frondeuse : par exemple, il appelait à la méthode de « résistance passive » des citoyens, à la fois contre les menées belliqueuses d'un ennemi tel que l'Allemagne, et contre l'exploitation des travailleurs par les spéculateurs[1].

La question sociale et nationale

De toute évidence, la question de la paix renvoie à la question plus générale de la démocratie. Il ne fait pas de doute pour le spectateur des tragédies anciennes, que les faits et les chants qui en retracent le sens ont une vérité pour lui, c'est-à-dire pour le peuple. « La guerre est malheureuse à la race des Perses », s'exclame le chœur des *Perses* (v. 1013) ; et les Athéniens en conçoivent non seulement de la compassion, mais la fierté corrélative d'être un peuple vainqueur, et de ce fait un peuple véritable. Au cours de l'histoire, l'idée d'une solidarité ethnique est prolongée et modifiée à la fois à travers les idées de loyalisme, d'attachement au roi, et de patriotisme. Les soldats, dit-on, sont les délégués de la nation. La guerre moderne de conscription installe à nouveau l'idée d'une solidarité totale du peuple avec son armée dans l'œuvre de sécurité. La mort à la guerre n'est plus un privilège aristocratique, elle est pleinement démocratique. Il est alors logique et efficace d'attaquer la population civile, puisqu'elle vote pour une politique, ou qu'elle peut renverser de l'intérieur la puissance d'un gouvernement. En 1917, la chute du tsar change la nature de la guerre mondiale : elle devient de moins en moins une lutte des démocraties libérales contre l'autoritarisme boche, et de plus en plus une guerre contre le bolchevisme. La guerre entre nations joue un rôle idéologique. Une guerre avec un ennemi étranger réveille les conflits internes à une nation. Peut-être même que « la guerre nationale n'a, à proprement parler, jamais existé, car depuis son invention, avec les guerres de la Révolution française, la guerre entre nations a toujours dissimulé une guerre de classes[2] ». Les guerres n'ont pas seulement causé de plus en plus de victimes civiles (ce qu'on appelle la « civilianisation » des guerres), mais la création de régimes politiques durs (dictatures et totalitarismes) et la multiplication

1. Bertrand Russell, *Le Pacifisme et la Révolution. Écrits politiques 1914-1918*, Paris, Agone, « Banc d'Essais », 2014, p. 69.

2. Thomas Hippler, *Le Gouvernement du ciel*, Paris, Les prairies ordinaires, « Essais », 2014, p. 15.

des systèmes de contrôle dans la vie civile équivalent à entretenir des *guerres civiles froides*. L'état de paix ne pourrait donc plus avoir le sens d'une paix véritable.

La paix comme objectif de la vie intellectuelle et politique

En tout cas, il paraît vain d'évacuer toute conflictualité de la vie politique. C'est un peu ce que dit déjà Montaigne.

> [La guerre, dit-il, est l'effet de] la sottise et [de] la vanité humaines [; mais] j'aime, ajoute-t-il, une société et familiarité forte et virile, une amitié qui se flatte en l'âpreté de la vigueur de son commerce, comme l'amour, les morsures et égratignures sanglantes. Elle n'est pas assez vigoureuse et généreuse si elle n'est querelleuse[1].

Selon cette façon de voir, il y a donc deux modèles qui ne conviennent pas : celui qui accepte que le conflit puisse monter aux extrêmes jusqu'à la guerre totale, et celui qui prône la paix sans considérer la permanence des causes qui conduisent à la guerre. Il faut réformer avec une grande prudence les coutumes et les lois qui tissent les liens sociaux, en veillant à éviter l'emballement des passions ambivalentes de l'attachement civique et de l'agressivité. Le désir de reconnaissance ressenti par l'individu provoque-t-il à la défense « jusqu'au bout » de ses valeurs, au sacrifice de soi ? Il serait préférable de le satisfaire par des procédures ordinaires qui concrétisent cette « amitié politique » dont Aristote dit qu'elle est plus fondamentale encore que la justice. Montaigne réclame la vulgarisation de la conversation : « je ne sens heurter rudement ma tête que par une autre tête[2] ». La conflictualité elle-même doit être reconnue. Il faut susciter les procédures qui écartent soigneusement les rêves d'une paix totale :

> [...] le rêve d'une guerre qui mettrait fin à la guerre, le mythe d'Armageddon (l'ultime bataille), la vision du lion couché auprès de l'agneau, voilà qui évoque une ère où la paix régnerait pour toujours, une ère lointaine surgie d'une brisure du temps, inconnue, délivrée du choc des armes et des massacres systématiques[3].

Nous ne pouvons oublier que la paix perpétuelle est la prétention actuelle de l'Europe. L'Europe est pacifiée, l'intégration européenne est pacificatrice : « la guerre est éliminée d'Europe au point qu'il n'est pas

1. Michel de Montaigne, *Essais*, II, 15.
2. Michel de Montaigne, *Essais*, III, 8.
3. Michael Walzer, *Guerres justes et injustes*, Paris, Gallimard, « Folio essais », 2006, p. 574.

possible d'envisager, fût-ce hypothétiquement, qu'un conflit puisse bientôt surgir, qui opposerait dans la violence les nations historiques du continent ». Autrement dit, parmi les formes diverses de l'humanité, « l'humanité européenne, par son expérience passée et sa condition présente, offre le modèle adéquat de la *multitude*. L'*humanité comme multitude*, telle est la signification de l'idée du particularisme de la liberté. C'est l'idée de la vie pacifiée selon un droit cosmopolitique » ; la mémoire de son passé violent ne constitue plus une cause de tensions renouvelées, mais au contraire la raison centrale, parmi d'autres, de rechercher les voies de l'unification[1]. Reste à l'Europe, sans se départir de sa mission universelle, le soin de surmonter les formes persistantes de son ethnocentrisme.

Conclusion

Les philosophes ont en tête un modèle de l'entente universelle qu'ils appellent cosmopolitisme. Ce terme associe une notion métaphysique (le *cosmos*, le Tout dont on a une appréhension par l'intuition rationnelle) et une notion politique (la *polis*, la cité qui assemble les hommes en fonction de leur aptitude à parler et à coopérer). Le cosmopolitisme exprime l'espoir que les hommes puissent un jour se reconnaître les uns les autres, par-delà les frontières étatiques, et selon la seule mesure de leur humanité. Pour un stoïcien tel que Marc-Aurèle, « ma patrie en tant qu'Antonin, c'est Rome, en tant qu'homme, c'est l'univers[2] ». Tout citoyen d'un État est aussi un « indigène de l'univers[3] ». La difficulté est sans doute de traduire cette intuition à caractère métaphysique et moral, qui harmonise la liberté et l'égalité, en propositions politiques.

On a vu que Kant s'appuie sur le droit pour supprimer les guerres entre les États ; la Société des Nations et l'Organisation des Nations unies se sont inspirés de cette proposition. On peut compléter ce cosmopolitisme juridique par une exigence d'éducation culturelle, comme le fait Max Scheler dans un ouvrage, *L'Idée de paix* (1927), où il corrige son bellicisme d'avant-guerre. Mais le degré d'utopisme de cette idée reste élevé, surtout si on en écarte l'aspect écologique : démocratiser l'idéal cosmopolitique,

1. Gérard Mairet, *La Fable du monde*, Paris, Gallimard, « NRF Essais », 2005, p. 225.
2. Marc Aurèle, *Pensées pour moi-même*, VI, 44.
3. Pierre-Joseph Proudhon, *Du principe fédéraliste*.

c'est donc adopter les problématiques de la planète[1]. Considérer d'un autre regard les phénomènes naturels, cela ne veut certes pas dire traiter en égaux tous les êtres vivants, ce qui n'irait pas sans absurdité ; cela signifie en revanche qu'on apprenne à considérer que *le monde n'est habitable que par le moyen de ce que nous en faisons*. Enfin, une citoyenneté nouvelle est nécessaire, donc des institutions. Retenons, parmi d'autres propositions, celle de Jürgen Habermas : actuellement, l'ONU fonctionne comme un « Congrès permanent des Nations » qui rassemble des délégués gouvernementaux ; il faudrait instituer une seconde Chambre élue au suffrage direct par la totalité des citoyens du monde, qui pourrait former, en s'ajoutant à l'actuelle Assemblée Générale, un nouveau Parlement dont la paix serait l'objectif premier[2].

1. Voir Louis Lourme, *Le Nouvel Âge de la citoyenneté mondiale*, Paris, Puf, 2014.
2. Jürgen Habermas, *La Paix perpétuelle* (1996), Paris, Éditions du Cerf, 2005, p. 77.

La guerre, révélation de l'humanité

Qui sait la guerre, sait le tout du genre humain.
Pierre-Joseph Proudhon, *La Guerre et la Paix*, p. 37.

Le vice fomente les guerres. La vertu y combat.
Vauvenargues, *Réflexions et maximes*, 1746.

Tout homme doit être élevé pour la guerre et la femme pour le repos du guerrier. Tout le reste est folie.
Friedrich Nietzsche, *Ainsi parlait Zarathoustra*, I, § 43.

Sans doute la figure du soldat, que nous voyons parfois apparaître sur nos écrans, a-t-elle aujourd'hui perdu de sa netteté. Dans nos souvenirs, règnent les images de l'héroïsation magnifiée par les monuments aux morts ; sans doute des récits de batailles parsèment-ils encore certaines pages de nos livres d'histoire ; peut-être rencontrons-nous des militaires dans nos gares, où ils déambulent pour nous protéger contre d'éventuels attentats ; – mais le soldat ne nous est plus familier, peut-être est-il même devenu impensable. En revanche, les militaires, quand ils parlent de leurs combats (le plateau de Glières, l'Indochine, le Liban, l'Afghanistan, parmi bien d'autres théâtres d'opérations) continuent de parler avec émotion de l'expérience formatrice des combats – la seule qui révèle un homme à lui-même, avancent-ils parfois. La question se pose donc, si nous pouvons être sincères : qu'avons-nous à apprendre de la guerre, au-delà de la vie du soldat ? Peut-on seulement dire que le soldat met en jeu sa vie dans des combats dangereux ?

Ce qui se passe au combat reste entouré d'un mystère, qu'on nimbe d'un discours fervent. Nous savons que la difficulté d'être à la hauteur resurgit en permanence, et qu'il n'est pas question de tout dire, qu'il reste de l'indicible. Ce n'est pas comme au combat, quand le doute n'est pas permis : si on commence à succomber à la tentation du doute, on augmente les risques de mort. Car l'expérience du combat est de celles qu'on ne peut dire – en tous les sens du verbe pouvoir : on n'a pas le droit, on n'en est personnellement pas capable, et tout simplement cela sort des cadres où l'expérience peut être dite. Par ailleurs, nous avons de bonnes raisons d'affirmer avec Proudhon que l'idée de la guerre s'insinue dans l'ensemble des rapports sociaux. « Rien ne s'explique sans elle ; rien n'existe qu'avec elle ; qui sait la guerre, sait tout le genre humain », proclame-t-il. Sans doute, avoir l'idée que la guerre menace, c'est avoir immédiatement le désir de s'en débarrasser… Mais si nous voulons y parvenir réellement, il est nécessaire de comprendre comment le progrès de la civilisation s'est appuyé sur le dynamisme de la guerre. L'histoire a tracé son chemin par la force de la guerre. Et même si l'humanité parvenait – ce qui reste aujourd'hui une utopie – à éradiquer la guerre, elle « n'en suivra pas moins la route qui lui fut offerte par la guerre, par son principe et par sa notion [1] ». En quoi la guerre peut-elle être une révélation de l'humanité ? Est-elle un moteur essentiel de la civilisation ? Est-elle la négation de l'individu ? La prétention à être de chacun constitue-t-elle déjà une manière de faire la guerre ?

La guerre comme cœur de la civilisation

Naissance et renaissance permanentes de la guerre

La civilisation ne s'est pas établie en suivant un processus continu et harmonieux, par l'effet des inventions gratuites de quelques génies. La civilisation résulte du travail de l'homme sur les choses, mais les formes du travail lui-même dépendent des rapports humains. L'animal a des besoins qui le poussent à prélever de la matière dans la nature. Mais un être de désir tel que l'homme entre dans des processus plus complexes, qui l'opposent à lui-même en même temps qu'à la nature. Même dans les comportements les plus simples, les hommes mettent en jeu non seulement leurs forces, leurs facultés, leur vitalité, mais leur être et leur conception de l'existence. L'homme n'a pas seulement le manque de quoi que ce soit, il ne se tourne pas seulement vers les choses extérieures, il ne croit pas qu'elles suffiront à satisfaire l'intégralité de son désir. Il emploie sans doute bien des procédés pour faire taire le désir : l'un des moyens les plus pacifiques et triviaux est

1. Pierre-Joseph Proudhon, *La Guerre et la Paix*, in *Proudhon. Justice et liberté*, Paris, Puf, « Les Grands textes », 1962, p. 37.

de le combler par la consommation ! Mais toutes sortes d'activités sont propres, nous dit Pascal, à le divertir de la pensée de la mort et de Dieu.

> Quand je m'y suis mis quelquefois à considérer les diverses agitations des hommes et les périls et les peines où ils s'exposent dans la Cour, dans la guerre, d'où naissent tant de querelles, de passions, d'entreprises hardies, et souvent mauvaises, etc., j'ai souvent dit que tout le malheur des hommes vient d'une seule chose, qui est de ne savoir pas demeurer en repos dans une chambre. [...] On n'achète une charge à l'armée si cher, que parce qu'on trouverait insupportable de ne bouger de la ville [1].

Nous bougeons, nous sortons hors de chez nous et hors de nous-mêmes, non parce que nous trouvons notre bien dans les choses, mais parce que nous nous fuyons.

La dialectique du désir

Désirer, c'est déjà entrer en guerre. Comme le dit Hegel, « la conscience de soi atteint sa satisfaction seulement dans une autre conscience de soi [2] ». Mais ce rapport mutuel des consciences prend la forme d'une lutte à mort. Dans la présentation hégélienne de la civilisation, le combat – et le combat contre la peur de la mort avant le combat qui oppose à un autre – est le premier événement révélateur. Car la conscience d'un homme ne se contente pas de passer le message qui court de génération en génération : elle lui intime l'ordre d'essayer d'être à lui seul tout le genre humain. L'individu se pose comme un absolu. Il rencontre alors nécessairement l'autre – et désire le supprimer. Le désir nie l'altérité de ce qu'il essaye de s'approprier ; vis-à-vis d'autrui, cela conduit au meurtre. Autrui se pose lui aussi dans son absoluité, ou y prétend ; il ne me voit pas comme un autre moi, sinon dans la rivalité. L'assurance que chacun a de soi n'est encore qu'une certitude sans vérité. Il faut une lutte pour que se produise la reconnaissance mutuelle – *que l'un et l'autre se reconnaissent comme se reconnaissant mutuellement*. L'un s'identifie à l'autre en se mettant à sa place – invention de la stratégie. Il faut montrer à l'autre qu'on n'est pas attaché à la vie, que la mort n'est pas maîtresse de notre volonté. Résumons brièvement le propos entamé ainsi par Hegel dans la fameuse dialectique du maître et de l'esclave : les deux consciences de soi font leur preuve par le combat à mort ; l'une cède devant la perspective de la mort, tandis que

1. Blaise Pascal, *Pensées*, texte établi par Louis Lafuma, Paris, Seuil, 1962, p. 136.
2. Georg Wilhelm Friedrich Hegel, *Phénoménologie de l'esprit*.

l'autre s'enivre de sa puissance ; l'une accepte de se soumettre pour préserver la vie, et devient l'esclave, l'autre accède à la position du maître. La reconnaissance est encore incomplète, et ne parvient à son accomplissement que dans l'organisation du système des besoins et dans l'appartenance de tous à l'État, dans la citoyenneté. Les citoyens à leur tour, parce que la vérité de leur être est dans la participation à la vie du tout, ont le devoir de se sacrifier à la défense de l'État...

L'exigence sacrificielle de la civilisation

La guerre semble donc nécessaire à la poussée civilisatrice. En un sens, « la guerre n'est pas si onéreuse que la servitude », dit Vauvenargues. L'affirmation de soi implique la transgression : l'individu qui risque la mort se joue de l'instinct de conservation ; le meurtrier prétend abandonner l'avenir en coupant court à la reproduction du genre humain. Mais le retournement dialectique vient de ce que l'esclave, assigné ainsi au travail, rentre dans un processus de formation : la civilisation naît donc de la transformation du conflit en un rapport réglé. La guerre fait retour ensuite, du fait que les sociétés à leur tour affirment leur être les unes par rapport aux autres. Le bilan de l'histoire est inquiétant. On a beau faire, la guerre est indice de civilisation. L'industrie, c'est-à-dire la tentative d'accomplir les travaux de la vie selon des méthodes nouvelles et en vue d'une puissance accrue sur la nature, poursuit sans doute le moindre effort ; mais l'établissement de l'industrie suppose d'abord que l'homme fasse des sacrifices, et qu'il renonce à la jouissance présente, en vue de progrès futurs. Le progressisme se nourrit de l'esprit de compétition et de conquête – qui porte en elle la guerre.

> [Et] si, par impossible, la nature avait fait de l'homme un animal exclusivement industrieux et sociable, et point guerrier, il serait tombé, dès le premier jour au niveau des bêtes dont l'association forme toute la destinée ; il aurait perdu, avec l'orgueil de son héroïsme, sa faculté révolutionnaire, la plus merveilleuse de toutes et la plus féconde [1].

Proudhon oppose ici les capacités économiques de l'homme et sa valeur, de nature politique. En quel sens la guerre est-elle créatrice de droit ? Non certes parce qu'un des camps avait *a priori* la justice de son côté, mais parce que la victoire a « prouvé » *a posteriori* qu'il était le plus digne de représenter le droit.

1. Pierre-Joseph Proudhon, *La Guerre et la Paix*.

La guerre, corruption de l'humanité

Le mensonge de la guerre

Pourtant nous ne saurions l'oublier : on ne peut faire confiance à la guerre. Il découle de la guerre toutes sortes de principes nouveaux, mais il est nécessaire d'en juger. Une « justice guerrière », dit-on ? Cela ne paraît pas clair – et souvent il arrive que le guerrier lui-même doute de son droit ! Il faut dire que la pratique de la guerre constitue un démenti permanent aux principes érigés en temps de paix : sauvagerie, violence, ruse, extermination – « une variété du cannibalisme et du sacrifice humain », dirons-nous avec Proudhon. « Son code de la guerre, le guerrier le méprise, tout en s'en prévalant », et il finit par le regarder « comme un tissu d'hypocrisies » ; « sa stratégie et sa tactique, dont le but devait être d'assurer, par la loyauté et la sincérité du combat, l'intégrité du jugement de force, se réduit pour l'ordinaire à une méthode de destruction à outrance, à une collection de recettes homicides ». Comment croire que le droit même, qui succède à la guerre, n'en soit pas encore le reflet ? Il est beaucoup plus clair que la guerre propage la tendance, si commune, à la *bestialité*. Nous ne pouvons donc nous contenter de reconnaître dans la guerre un élément *moral*. Du moins sommes-nous dans l'obligation (mais qui en doutait d'abord ?) de voir dans le phénomène de la guerre « une double face : la face de l'archange et la face du démon »[1].

> Non ! être vainqueurs, ce n'est pas le résultat. Ce n'est pas eux qu'il faut avoir, c'est la guerre.
> – T'as donc pas compris qu'il faut en finir avec la guerre ? Si on doit remettre ça un jour, tout c'qui a été fait ne sert à rien. C'est deux ou trois ans, ou plus, de catastrophes gâchées[2].

L'exaltation de la guerre

Les grandes batailles sont menées dans le but d'affirmer la puissance, elles se soldent par un bilan désastreux – mais elles relèvent d'une interprétation. Qui a gagné ? Qui a perdu ? À Salamine, les Grecs sont vainqueurs, et les Perses sont vaincus. À vrai dire, la puissance de Xerxès est encore

1. Pierre-Joseph Proudhon, *op. cit.*, p. 314.
2. Henri Barbusse, *Le Feu*, 24, Paris, Gallimard, « Folio », p. 388.

formidable, même après avoir perdu des dizaines de milliers de marins. Mais c'est au regard de l'humanité que la bataille est un désastre, comme le long poème de Byron le dit, qui évoque Xerxès perché au loin sur le mont Aegalé et apercevant ses hommes engloutis par les flots :

> Un roi assis au sommet rocailleux
> Qui surplombe Salamine née de la mer,
> Et des navires par milliers, se trouvaient là,
> Des hommes à foison, tous siens !
> Au point du jour il les compta
> – Mais quand le soleil se coucha, où étaient-ils [1] ?

Mourir noyé, abandonné de ses compagnons – l'épouvante. Mais qu'en disent les adversaires ? C'est que la détermination de chacun, la discipline de la phalange, l'émulation entre cités, ont été des causes de la victoire. Les Grecs ont certainement vu dans leur victoire militaire un effet de leur liberté [*éleuthéria*]. « Allez, enfants des Grecs, délivrez la patrie, délivrez vos femmes et vos enfants, les sanctuaires et les tombeaux : c'est la lutte suprême [2]. » La liberté leur était si chère qu'ils refusèrent ensuite toute médiation, rapporte Hérodote [3]. Certes, la liberté que défendent les Grecs est très imparfaite (esclavage, sexisme, exploitation économique, etc.). Mais ils ont eu un sentiment assez nouveau de leur indépendance et de leurs prérogatives individuelles. Après la bataille, « les Athéniens donnèrent même à leurs trirèmes les noms de *Dèmokratia*, *Eleuthéria* et *Parrhèsia* : nomenclature qui, dans l'armada perse, eût valu à leurs capitaines d'être décapités [4] » ! Sans doute la représentation des moralistes associait-elle depuis longtemps la frugalité hellénique à l'excellence et à la franchise, et tout à l'opposé faisait de l'abondance orientale une cause d'esclavage et de décadence. La victoire était donc méritée. Cela n'a pas empêché bien des généraux, à un moment ou à un autre de leur carrière, de passer à l'ennemi, contre forte rémunération…

Comment témoigner de la guerre ?

Tout ce qu'on peut dire de positif de la guerre est donc entaché d'un soupçon majeur : quelle interprétation des faits est-elle pertinente,

1. Lord Byron, *Don Juan*.
2. Eschyle, *Les Perses*, v. 401.
3. Hérodote, *Enquête*, VIII, 43.
4. Victor David Hanson, *Carnage et culture*, Paris, Flammarion, « Champs Histoire », 2010, p. 74.

comment vérifier que les discours qu'on tient sur la guerre sont authentiques ? « Demandez aux jeunes gens qui reviennent d'une guerre de construire une phrase sur la guerre. Ils ne le peuvent pas », remarque Brice Parain, dans ses *Réflexions sur la nature du langage*, en 1942. Au lendemain de la Grande Guerre, Jean Norton Cru se donne pour mission de faire le tri, si l'on peut dire, parmi les ouvrages publiés, entre les textes de diverse qualité : les témoignages et rapports intègres de la réalité, le lyrisme qui se paye de mots, – et les diverses manières de mystifier l'ignorant, les gens de l'arrière. Cette tâche est éminemment louable, mais difficile. L'essentiel n'est cependant pas là. Car la recherche du *sens de la guerre* n'a pas de fin ; et même, plus nous cherchons à la comprendre, plus le terme de la recherche semble s'éloigner. Conclure à la simple absurdité de la guerre n'est pas possible, comme on vient de le voir. Mais d'un autre côté, il semble tout aussi illégitime de substituer un quelconque schéma intelligible au chaos des événements et à la litanie des morts et des blessés. La phrase de Barbusse – « Nous nous sommes vus sous tous les aspects, depuis le commencement, et pourtant, nous ne nous reconnaissons plus » – n'est pas un constat accidentel ; la figure de l'homme n'est pas seulement salie, elle est devenue totalement indistincte. Alain remarque amèrement ce paradoxe : que « les citoyens donnent plus volontiers leur vie que leur argent[1] ». Car durant la guerre, le militaire, pour peu qu'il soit gradé, gagne plus d'argent ; mais à la fin de la guerre, aucun n'aurait l'idée, ayant fait ses comptes, de rendre le superflu, disant : « Je ne veux point m'enrichir pendant que ma patrie se ruine ». Est-ce de l'inconséquence ? Est-ce une compensation que les hommes saisissent malgré tout, bien que l'argent ne remplace pas le risque pris ni les morts ? La guerre nous fait tenir une comptabilité étrange. Quant à ceux qui, à l'arrière, se sont enrichis, profitant des circonstances et de l'énormité des malheurs publics… Combien parmi eux qui reversent leurs profits au bénéfice de ceux qui ont combattu ? Qui osera parler d'amour de la patrie, quand on s'enrichit tandis que d'autres versent leur sang ? Car « si la patrie était réellement aimée plus que la vie, on connaîtrait ce genre d'héroïsme, et même, puisque celui qui donne sa vie devait la donner, les héros du coffre-fort donneraient encore moins que leur dû[2] ». Seuls ceux qu'Alain appelle les « importants », ceux qui prétendent être aux

1. Alain, *Mars ou la guerre jugée* in *Les Passions et la Sagesse*, Paris, Gallimard, « Bibliothèque de la Pléiade », 1960, p. 551.
2. Alain, *Mars ou la guerre jugée*, *op.cit.*, p. 552.

commandes, peuvent avoir la chance de comprendre, au moment où arrive la guerre, pourquoi ils l'aiment[1] !

L'HUMANITÉ EXALTÉE ET ALTÉRÉE

La figure indistincte du soldat

Que faire de toutes ces ambiguïtés, sinon en dire toute la profondeur ? Les relations humaines sont, en temps de guerre, à la fois exaltées et altérées irrémédiablement. L'héroïsme est discrédité et souillé par les discours bravaches des fauteurs de guerre, et même par les fausses consolations. C'est pourquoi, comme le dit une phrase de Lamartine (que médite Jacques, le héros des *Thibault*), il faut distinguer « deux patriotismes. Il y en a un qui se compose de toutes les haines, de tous les préjugés, de toutes les grossières antipathies qu'ont les peuples abrutis par des gouvernements intéressés à les désunir. Il en est un autre qui se compose au contraire de toutes les vérités, de tous les droits, que les peuples ont en commun[2] ». Il ne s'agit pas de désespérer de l'homme – cela aussi serait trop facile. Il vaut mieux s'interroger sur ce que ça veut dire – « être humain ». Faire partie de l'espèce, sentir la solidarité de l'individu avec la masse des autres individus qui composent le groupe ? En ce sens – et si l'on excepte les voies de la reproduction biologique – il n'y a pas de phénomène social qui, plus que la guerre, puisse convaincre de la grande solidarité des êtres humains. Le soldat agit sur le terrain en fonction de ce qu'il a appris durant l'instruction. Mais celle-ci ne saurait tout dire, en particulier elle ne saurait montrer par avance au combattant de quelle peur il sera saisi au front. C'est pourquoi le combattant doit pouvoir compter sur une sorte d'inspiration qui lui permet d'agir avec l'assurance et la fermeté qu'il ne se connaissait pas auparavant. C'est sans doute cela l'héroïsme, que le soldat ne revendique pas volontiers, parce qu'il ne peut tout à fait le comprendre lui-même – mais dont on a tout de même raison de le féliciter, puisqu'au départ il ne se savait pas héroïque. L'homme de combat se fait remarquer quand il allie le courage, l'adresse et la force : il voit « d'une science immédiate et certaine, quelle tactique il lui convient d'employer » ; ainsi « le génie de la guerre, ce

1. Alain, *Mars ou la guerre jugée*, *op. cit.*, p. 599.

2. Roger Martin du Gard, *L'Été 14*, cité par Emmanuel Godo, *Pourquoi nous battons-nous ?*, Paris, Éditions du Cerf, « Cerf Histoire », 2014, p. 184.

que les militaires nomment simplement le coup d'œil, ne s'enseigne point aux écoles, et l'on naît héros et capitaine absolument comme on naît poète[1] ». La guerre suscite et écrase tout à la fois la conscience.

La poésie de la souffrance

Comme la guerre est extrême, l'humanité des combattants est intense. Celle des compagnons de chambrée et de tranchée. Celle de l'ennemi, parfois. Bien sûr, la guerre apprend à détester. Dans l'épisode de « La virée », les soldats du *Feu*, en courte permission, voient une représentation des relations entre officiers français et allemands. Sommés par des spectateurs, des civils, de confirmer que ce qui est ainsi montré est vrai, les soldats ne savent qu'acquiescer bêtement. Par ailleurs pourtant, contrairement au voyou, « l'ennemi est quelqu'un avec qui [...] la fraternisation est possible » ; plus encore, « la fraternisation entre ennemis pendant les combats, pour fumer une cigarette et échanger paroles et regards est toujours plus intense que la paix même » ; bien sûr, ce genre de fraternité est éphémère et décevant, faisant preuve sans doute de la proximité humaine, mais ne préparant aucune réconciliation réelle ; « dans une demi-heure, après ce café brûlant au jus de chaussettes, après ces cigarettes râpeuses et ce tabac de troupe, le temps de s'entretuer aura fait son retour ; éclaircie dans la violence, la fraternisation est une éclipse du feu[2] ». C'est un phénomène que connaissent bien (ou devraient connaître) les psychologues et les éducateurs : deux enfants qui se sont battus peuvent devenir amis – mais non si un adulte les sépare. Durant la guerre, cette fraternité-là est redoutée par le commandement (voir le film *Joyeux Noël*, de Christian Carion, 2005). Mais selon Wilfred Owen, poète anglais mort en 1918[3], « la poésie est dans la compassion », plutôt que dans l'héroïsme ou la camaraderie. Une question se pose à ce propos : pourquoi la compassion devrait-elle échapper à l'annihilation de la morale ? Pourquoi la compassion n'est-elle, à la rigueur, récupérable par aucun discours ? Quelle en est la puissance ? C'est que par la compassion on rejoint la souffrance de l'autre, et par ce trajet du sentiment la vie est exaltée. Expliquons ce point. La *douleur* contraint ou même paralyse les facultés, elle oblitère la conscience. En revanche, la *souffrance*

1. Pierre-Joseph Proudhon, *La Guerre et la Paix*, p. 18.
2. Robert Redeker, *Le Soldat impossible*, Paris, Éditions Pierre-Guillaume de Roux, 2014, p. 231.
3. Auteur de *Et chaque lent crépuscule*, Pantin, Le Castor astral, « Escales des Lettres », 2012.

– qui peut être simplement le retentissement moral de la douleur – « remplit vraiment toute la capacité de notre âme, elle oblige toutes nos puissances à s'exercer et leur donne même un extraordinaire développement » ; il est logique que la conscience cherche à chasser la douleur, mais « par une sorte de contradiction, la souffrance est une brûlure, un feu intérieur auquel il faut qu'elle apporte elle-même une nouvelle nourriture[1] ». La compassion réciproque des soldats agit en eux comme un ressort secret de l'humanité.

La guerre comme conséquence de la persévérance dans l'être

Cela dit, la guerre impose à tous un chaos moral dont on ne sait qui va se relever. Elle plonge les combattants dans un effroyable et obsédant matérialisme dont le récit de Barbusse se fait le constant écho. Elle rappelle aussi l'individu à ses devoirs d'homme. Après la mort d'un camarade qu'on avait du mal à supporter : « Cet homme dont tout me séparait, avec quelle force je l'ai regretté[2] », reconnaît le narrateur ! La politique, la littérature, les arts, la religion même ne sont peut-être plus d'aucun secours, mais la déréliction est interdite. L'humanisme au front n'est plus une doctrine tiède, mais une affirmation de puissance. « Je ne suis ni royaliste, ni communiste, ni fasciste, ni même républicain. Je ne suis qu'un homme, un homme avec un cœur[3] ». La vérité du soldat ne se trouve sans doute pas dans le langage, dans la parole qu'il essaye malgré tout pour en rendre compte quand il s'adresse à un civil… Évidemment, on admirera le sens du sacrifice :

> Heureux ceux qui sont morts dans les grandes batailles
> Couchés dessus le sol à la face de Dieu.
> Heureux ceux qui sont morts sur un dernier haut lieu,
> Parmi tout l'appareil des grandes funérailles[4].

Mais la guerre ne peut révéler à chacun le secret qu'est pour lui sa vie. L'alternative de l'individu et de la société, de l'émancipation singulière et de l'appartenance au groupe, y est obsédante. L'ordre spirituel proprement humain suppose l'épreuve de l'intersubjectivité, de la vulnérabilité de toute vie, sans doute. La guerre est grandiloquente, elle couvre toutes les autres

1. Louis Lavelle, *Le Mal et la Souffrance*, Poitiers, Dominique Martin Morin Éditions, 2000, p. 60
2. Henri Barbusse, *Le Feu*, *op. cit.*, p. 337.
3. Delteil, *Les Poilus*, Paris, Grasset, 1925, p. 15.
4. Charles Péguy, *Ève*, 1913.

voix. Nous la disions civilisatrice (1re partie) – et nous avons dit toutes les réserves qu'il faut opposer à cette affirmation (2e partie). L'erreur est peut-être d'établir entre l'autre et moi-même une symétrie, une égalité au sein de laquelle je ferai toujours prévaloir mes intérêts. En fait, la socialité *vraie* est toujours dissymétrique : soit elle exprime l'égoïsme par lequel je suis librement attaché à moi-même ; soit, par un bouleversement indicible, je vois en autrui celui dont j'ai la responsabilité. Quand nous avons affaire aux formes ordinaires de la société, nous ne percevons plus cette alternative comme décisive. Les relations que l'on dit familièrement humaines viennent plutôt « de ce qu'on a limité l'infini qui s'ouvre dans la relation éthique de l'homme à l'homme. [...] Cette seconde forme de socialité rendrait justice à ce secret qu'est pour chacun sa vie[1] ». Cette humanité n'est pas celle de « l'individu » ni celle de la « communauté sociale », mais celle de *l'être-pour-autrui*, qui connaît dans le combat à la fois son acmé, au moins apparente, et en réalité son anéantissement le plus complet.

Conclusion

Cette conclusion que nous empruntons à Emmanuel Levinas est radicale : selon lui, ce n'est pas seulement la guerre qu'il faut mettre en accusation, mais l'ontologie elle-même, qui est la première source des pathologies de la civilisation. Contrairement à ce qui est usuellement et hypocritement proclamé, le Vrai et le Bien ne sont-ils pas devenus – au regard de l'histoire récente en particulier – manifestement antagonistes ? Les progrès de la science, le déploiement des forces techniques, l'extension des procédures bureaucratiques, n'ont pas apporté aux hommes le bien-être et la réconciliation, ni le bonheur, ni la vertu – ou du moins ils ne les ont apportés qu'en imposant aussi la guerre. Au XXe siècle, « les pensées des hommes sont portées par les besoins » : ainsi « misère », « animalité », « inhumanité » ont été des expériences déterminantes, et continuent d'être des risques[2]. Pour se sauver de la répétition mortifère du même, dont la guerre est la forme la plus spectaculaire, il faudrait renoncer à vouloir se manifester absolument par l'action – alors que la passivité à l'égard de l'événement et la sensibilité pour « autrui » sont plus fondamentales.

1. Emmanuel Levinas, *Éthique et infini*, Paris, Le Livre de Poche, « Biblio Essais », p. 75.
2. Emmanuel Levinas, *Totalité et infini*, Paris, Le Livre de Poche, « Biblio Essais », 1990, p. 23.

La guerre, acte décisif

– Subjuguant le détroit d'Hellé, Xerxès s'est construit un passage !
– Il a donc accompli cela, il a fermé le grand Bosphore ?
– C'est bien ce qu'il a fait. Mais quel daïmon a saisi son esprit !
– Ha ! un puissant daïmon, pour aveugler ainsi son jugement !
– Il n'est que de voir les effets, et tout le mal qu'il a causé.

Eschyle, *Les Perses*, v. 722-726,
le dialogue entre Darios et la Reine.

De tout temps les hommes, pour quelque morceau de terre de plus ou de moins, sont convenus entre eux de se dépouiller, se brûler, se tuer, s'égorger les uns les autres ; et pour le faire plus ingénieusement et avec plus de sûreté, ils ont inventé de belles règles qu'on appelle l'art militaire ; ils ont attaché à la pratique de ces règles la gloire ou la plus solide réputation ; et ils ont depuis renchéri de siècle en siècle sur la manière de se détruire réciproquement. De l'injustice des premiers hommes, comme de son unique source, est venue la guerre.

La Bruyère, *Caractères*,
« Du Souverain ou de la République ».

J'aime mieux une armée de moutons commandée par un lion qu'une armée de lions commandée par un âne.

Ferdinand Foch, *Les Cahiers*, 1926.

Introduction

C'est bien sûr le rêve de tout général – et sans doute de tout chef d'État pris dans un entrelacs inextricable de tractations diplomatiques – que de porter un jour le coup décisif, gagner la bataille et ainsi la guerre, être célébré comme le père de la victoire. La première préoccupation du chef de guerre est d'emporter la décision dans des conditions acceptables. Il cherche la victoire, il en attend de la gloire, et son énergie est tendue vers l'obtention des moyens qui lui permettront d'obtenir les avantages décisifs. À combien de peines et de souffrances il faudra consentir, nul ne le sait absolument, et on s'en préoccupe peut-être d'autant moins que l'on va opérer sur des terrains lointains où la vie du pays n'est pas engagée. Mais cela ne fait rien : la bataille est un moyen que l'on croit rapide, et c'est pourquoi on envisage toujours d'y avoir recours, même si quelque répugnance se mêle à cette décision.

Pourtant, la conduite de la guerre n'est jamais assurée de sa réussite, et encore moins d'une victoire complète. Non seulement les péripéties de la bataille et de la guerre apportent toujours leur lot de surprises, mais les enjeux mêmes d'une bataille ne se révèlent qu'en cours de route, au gré des succès et des revers. Ainsi, décider de se lancer dans la bataille, ce n'est pas décider de la guerre, ni du sens qu'elle pourra avoir finalement. Autrement dit, il est difficile, voire impossible de savoir à l'avance ce qui sera effectivement décisif. Il faudrait pour le moins distinguer clairement entre la décision obtenue à la faveur de la guerre, et la manœuvre qui, au cours de la guerre, permet d'obtenir le but recherché. Cette ambiguïté ne peut jamais être tout à fait démêlée, même s'il revient au chef de savoir comment il peut profiter d'un acte de guerre, et comment parfois tirer parti d'un revers.

Ces difficultés sont propres à la vie politique : dans l'action sociale et politique, la tentation est toujours là, de prendre les devants, d'emporter le morceau grâce à une meilleure connaissance du dossier, sans que la négociation ait traîné. C'est encore plus vrai quand surgissent des aspects militaires. Car au regard du militaire, cela ne va jamais assez vite. Pour le Maréchal Foch, dit-on, la maxime selon laquelle « gouverner, c'est prévoir » se transforme trop souvent en un « gouverner, c'est attendre ». De plus, l'entrée en guerre modifie profondément le sens de la politique qui est menée. Avant la guerre, l'évocation de la possibilité de la faire a pour effet de figer les positions politiques et diplomatiques. Durant la guerre, ce sont les militaires qui ont la main sur le déroulé des opérations. Et après la guerre, et une fois pourtant la paix revenue, la gloire acquise au combat semble autoriser les militaires à assumer en tant que tels la responsabilité du pouvoir. Il importe donc de savoir ce que la guerre peut apporter de décisif, en quoi elle est elle-même un acte décisif.

La décision obtenue par la guerre

L'universalité du conflit

Cette idée que la guerre, contrairement aux atermoiements et aux demi-mesures de la vie politique ordinaire, permet de clarifier et d'ordonner la situation, peut s'appuyer sur une représentation générale des choses et de la vie très ancienne. L'existence ne peut être menée sans qu'on prenne des décisions. Or la source de la décision, qu'on peut certes appeler la liberté, garde toujours quelque chose d'obscur. On décide peut-être clairement quand le choix est restreint et se présente sous la forme d'une alternative simple. Mais comment décider de l'orientation même qu'on donne à notre existence ? Comment notre existence elle-même s'est-elle décidée ? On ne peut se contenter de penser que le hasard commande tout, ni que la raison est à la source de tout ce qui se produit : ni l'un ni l'autre ne peuvent expliquer ni justifier la multiplicité des événements qui se produisent et dont nous dépendons. L'un et l'autre ne jouent-ils pas un rôle, chacun à sa manière, et non sans entrer en conflit l'un avec l'autre ? Il est assez convaincant en revanche de penser que les êtres de l'univers ne peuvent coexister sans heurts, sans engager les uns par rapport aux autres leur droit à exister. C'est pourquoi sans doute les penseurs présocratiques voyaient la guerre dans le mouvement des éléments. Ainsi selon Héraclite, l'avènement des choses dans le monde peut avoir lieu par la vertu des contraires, et de leur conflit. Les éléments s'engendrent les uns les autres : « le feu vit la mort de la terre et l'air vit la mort du feu, l'eau vit la mort de l'air, et la terre celle de l'eau[1] » ; plus généralement encore, « le conflit [*polémos*] est le père et le roi de toutes choses ; dans les uns il révèle les dieux, dans les autres des hommes, des uns il fait des esclaves, des autres des hommes libres[2] ». « Il faut savoir que la guerre [*polémos*] est communauté, que la discorde [*éris*] est justice, et que tout se produit par discorde et par nécessité[3] ». Un jeu de mot cristallise cette permanence de la guerre dans le tout de l'univers : selon l'accent que porte en grec le mot *bios*, il signifie la vie ou l'arc ; « le nom de l'arc est la vie, son œuvre est la mort[4] ». Apollon est le dieu de l'harmonie apaisée en même temps que de la fureur

1. Héraclite, *Fragments*, DK 76.
2. DK 53.
3. DK 80.
4. DK 48.

exterminatrice. Cette intuition universelle, que Héraclite porte au niveau de la formule métaphysique, soutient la vision sacrée de la guerre :

> Moïra, de par les dieux, régnant depuis un si long temps, Moïra a dévolu aux Perses les guerres renverse-remparts, et les mêlées de cavaliers, et les destructions de cités[1].

La politique s'adresse à la guerre pour décider

La guerre répond à des intentions, qui se réalisent d'autant mieux qu'elles s'appuient sur une représentation explicite des fins poursuivies. Clausewitz explique comment la fin politique détermine la conduite de la guerre : « en tant que mobile initial de la guerre, la fin politique sera la mesure aussi bien de l'objectif à atteindre par l'acte militaire, que des efforts nécessaires[2] ». Les menées militaires sont subordonnées aux fins politiques, et la guerre est le moyen qui donne de la puissance aux intentions politiques. La mission qui est dévolue au général en chef est d'obtenir la décision sur le terrain. Les manœuvres du général en chef et de ses capitaines peuvent être complexes, quand il s'agit de s'adapter au terrain. Mais le principe est de pousser ses avantages aussi loin qu'on le peut dès lors que la bataille est engagée. Il ne faut pas s'engager au hasard – et même la grande habileté est d'obtenir satisfaction, dans un conflit, sans entrer en guerre – ; mais quand la bataille est lancée, il faut la pousser « à outrance », comme le dit Maurice de Saxe dans *Mes rêveries* (1767). Plus on monte dans la hiérarchie, note Clausewitz (III, 6), plus il est nécessaire d'associer la réflexion à l'audace. C'est pourquoi il fait l'éloge de Frédéric II, qui en 1756 a su juger que la guerre était nécessaire, et « qu'il ne pouvait échapper à sa perte qu'en se portant au-devant de l'ennemi ». Frédéric II sait ajuster les moyens aux fins, il ne se lance dans aucune entreprise qui excède ses forces, il proportionne ses efforts à l'ampleur des objectifs poursuivis, il fait preuve d'autant de modération dans la détermination des fins que de vigueur dans l'exécution des décisions une fois prises. L'événement ne peut être entièrement ce qu'on décide qu'il sera, mais si on peut privilégier les actes qu'on maîtrise – par exemple les déplacements rapides –, il faut les entreprendre plutôt que de laisser faire le seul hasard. Pour prendre un exemple, on crédite Frédéric II d'avoir inventé *l'ordre oblique*.

1. Eschyle, *Les Perses*, v. 102-106.
2. Carl von Clausewitz, *De la guerre*, I, 11.

> [C'est] une tactique qui préconise un mouvement tournant sur une aile, le renforcement de cette aile et le maintien en retrait de l'aile refusée ; l'ordre oblique consiste donc à concentrer les forces sur le secteur de l'attaque, en prenant ailleurs le risque de l'infériorité ; audace qui n'est que l'application, sous un nouveau nom, d'une très ancienne sagesse [1].

> Une bataille digne de ce nom, et qu'il faut bien distinguer d'une affaire ou d'un combat, décide du sort de l'État. Il faut absolument dans la guerre en venir à des actions décisives, soit pour se tirer de l'embarras de la guerre, soit pour y mettre son ennemi, soit pour terminer une querelle qui se prolonge trop [2].

La définition de la politique par l'hostilité

Mais si la guerre peut être décisive, la politique elle-même n'est-elle pas déterminée en son fond par la guerre ? On ne peut dire que la guerre soit le seul moyen, encore moins l'objectif propre et la fin de la politique, dont la mission est d'établir un ordre stable, sinon la paix, par les moyens de la parole autant que par la violence. En revanche, il est vrai que la violence guerrière modifie la substance du politique, car la réalité des oppositions entre les États l'impose à la pensée et à l'action des hommes, voire les gouverne. La guerre n'est qu'un moyen extrême, mais elle peut être « l'épreuve décisive par excellence » – et si elle *peut* l'être, elle l'*est* réellement et constamment. Comme l'explique le juriste Carl Schmitt (penseur conservateur et soutien des nazis pendant les années trente), « c'est la situation d'exception qui revêt une signification particulièrement déterminante, révélatrice du fond des choses », de sorte qu'il faut admettre cette définition de la politique :

> [...] la distinction spécifique du politique, à laquelle peuvent se ramener les actes et mobiles politiques, c'est la discrimination de l'ami et de l'ennemi. [...] L'ennemi politique ne sera pas nécessairement mauvais dans l'ordre de la moralité ou laid dans l'ordre esthétique, il ne jouera pas forcément le rôle d'un concurrent au niveau de l'économie, il pourra même, à l'occasion, paraître avantageux de faire des affaires avec lui. Il se trouve simplement qu'il est l'autre, l'étranger, et il suffit, pour définir sa nature, qu'il soit, dans son existence même et en un sens particulièrement fort, cet être autre, étranger et tel, qu'à la limite, des conflits avec lui soient possibles, et qui ne sauraient être résolus ni par un ensemble de normes générales établies à l'avance, ni par la sentence d'un tiers, réputé non concerné et impartial [3].

1. Emmanuel Terray, *Clausewitz*, Paris, Fayard, « Histoire de la pensée », 1999, p. 41.
2. Frédéric II, *Instruction militaire*, 1750, cité par Gérard Chaliand, *Anthologie mondiale de la stratégie : des origines au nucléaire*, Paris, Robert Laffont, « Bouquins », 2009, p. 713.
3. Carl Schmitt, *La Notion de politique*, Paris, Flammarion, « Champs Classiques », 2009, p. 65.

Le pacifiste lui-même, en militant pour faire cesser les discours et les menées bellicistes, ne peut faire qu'il ne prolonge les manœuvres de la guerre pour faire réussir leur cause : ainsi Barbusse cherchait-il dans la participation même à la guerre le sens à donner à celle-ci. Certes, il faudrait que ce soit la *der des der*, la guerre qui fait en sorte de terminer toutes les guerres, la dernière à laquelle l'humanité devrait se consacrer. Cependant, des guerres qui veulent être ultimes se dirigent presque fatalement vers des processus nouveaux : car celui contre lequel on combat, l'adversaire, qui semble refuser cette caractérisation de la guerre comme ultime, et qui continue à poursuivre des buts de guerre particuliers (un profit, un gain territorial, etc.) devient non plus un adversaire [*hostis*] qu'il faut seulement repousser dans ses frontières acceptables, et avec lequel il est *in fine* possible de négocier, mais il est l'*inimicus* qu'il faut exterminer. Le paradoxe est que pour éliminer de la surface de la terre toute velléité de retour à la guerre, on porte celle-ci à un niveau toujours plus haut.

L'INDÉCISION DE LA GUERRE

La montée aux extrêmes

En réalité, cette conception d'une guerre qui ne connaît pas de limites est présente dans la définition première qu'en donne Clausewitz lui-même. C'est d'abord un constat : la violence ne peut prévaloir qu'en surpassant son adversaire dans le rapport de forces. Il faut faire preuve « d'énergie, de fermeté, de persévérance et de force d'âme et de caractère », et « une âme forte n'est pas seulement une âme susceptible de puissants élans, mais une âme capable de garder son équilibre dans les élans les plus puissants [1] ».

> [Or] comme l'usage de la force physique dans son intégralité n'exclut nullement la coopération de l'intelligence, celui qui use sans pitié de cette force et ne recule devant aucune effusion de sang prendra l'avantage sur son adversaire, si celui-ci n'agit pas de même. De ce fait, il dicte sa loi à l'adversaire, si bien que chacun pousse l'autre à des extrémités auxquelles seul le contrepoids qui réside dans le côté adverse trace des limites [2].

La conséquence est que *même les nations les plus civilisées peuvent être emportées par une haine féroce*. Plutôt que de définir la guerre comme *la*

1. Carl von Clausewitz, *De la guerre*, *op. cit.*, I, 3.
2. Cité par René Girard dans *Achever Clausewitz*, Paris, Carnets nord, 2008, p. 31.

continuation de la politique par d'autres moyens, il faut admettre que les actes de violence qu'elle implique *n'ont à la rigueur aucune limite intrinsèque*. Il est vrai que l'engagement des adversaires dans la bataille constitue une *action réciproque* où *chacun est la loi de l'autre* : de sorte qu'on ne peut que conclure, du moins sur le plan du concept, que la guerre doit *aller aux extrêmes*. Comme le montre René Girard, Clausewitz est inspiré par la figure de Napoléon ; il a conçu avec acuité la guerre comme montée aux extrêmes ; mais il semble aussi en avoir été effrayé – c'est pourquoi il s'efforce ensuite de montrer comment les fins politiques font obstacle à cette montée aux extrêmes. De la « réciprocité violente », Clausewitz peut alors passer à la « réciprocité paisible », qui est tempérée par toutes sortes de délais, de frictions, etc. : après avoir témoigné de sa « brève et effrayante illumination apocalyptique », il en revient, comme dégrisé, aux formes relatives de la guerre[1]. Clausewitz oppose lui-même le concept pur de la guerre à sa réalité effective.

L'affirmation souveraine

En quoi peut donc consister la rationalisation de la guerre ? Le présupposé de cette rationalisation, avons-nous vu, est la subordination de la bataille aux intentions politiques. La consécution des commandements est simple sur le papier. Comme le dit Raymond Aron, la guerre forme un « ensemble organique » tel que la fin supérieure visée par la stratégie « commande les dispositions prises par la tactique ». Le rapport moyen-fin, combiné avec la dualité de la tactique et de la stratégie, chacune avec sa définition spécifique, aboutit à la vision de la guerre comme d'un ensemble structuré par la hiérarchie des moyens et des fins, par la recherche, à chaque niveau, de la rationalité finale, celle-ci toujours subordonnée à la finalité du niveau supérieur, celle de la petite guerre à celle de la grande guerre, celle de la tactique à celle de la stratégie, celle des fins *dans* la guerre à celle des fins *de* la guerre[2] ». En réalité, la difficulté vient de ce que les fins de la politique et de la guerre ne peuvent être distinguées aisément, parce qu'elles sont concurrentes pour exercer la souveraineté. D'un côté, la guerre résulte de la décision qu'une communauté prend en toute souveraineté, sans en référer à quelque autorité supérieure. La guerre

1. René Girard, *Achever Clausewitz*, *op. cit.*, p. 34.
2. Raymond Aron, *Penser la guerre. Clausewitz*, *op. cit.*, p. 165.

semble supposer qu'un pouvoir décisif se prononce : c'est en raison de la légitimité de l'instance décisionnelle que l'entrée en guerre est justifiée. Mais d'un autre côté, la guerre suspend les traités, implique l'état d'urgence, rend nécessaire l'application de règles très différentes de celles qui ont cours durant l'état de paix. Autrement dit, la pratique de la guerre impose ses propres lois. Ce n'est plus au regard de lois communes que l'action est jugée, mais en considération du salut de la communauté. La conduite de la guerre n'a aucun sens si elle n'est pas commandée par la réussite des opérations, dont dépend la vie ou la mort de la nation. La conséquence de ce raisonnement est que la guerre n'a en réalité pas d'autre justification qu'elle-même. Certes, ce sont des communautés souveraines qui déclenchent entre elles la guerre, comme si leur légitimité propre pouvait justifier la guerre ; mais à l'inverse, c'est la décision de faire la guerre qui crée la communauté solidaire – c'est donc le déclenchement de la guerre qui crée aussi la légitimité, par une sorte d'auto-légitimation.

Le retard dans la montée aux extrêmes

On ne peut donc considérer la montée aux extrêmes comme une possibilité parmi d'autres ou seulement comme une conceptualisation qui relève de la seule théorie. Les tensions qui naissent entre des peuples et des États se transmettent aux armées chargées de les représenter. Un motif de guerre qui est en lui-même secondaire peut produire des effets imprévisibles et disproportionnés, comparables à une explosion.

> La guerre appelle la guerre, même si, d'Iéna à Moscou, c'est toujours la paix que Napoléon poursuivait désespérément, mobilisant à chaque fois un peu plus son pays, levant à chaque fois un peu plus de soldats [1].

Selon René Girard, les phénomènes de réciprocité dans la guerre sont comparables aux phénomènes de mimétisme, « une imitation violente qui fait se ressembler de plus en plus les adversaires » et qui est à la source de tous les mythes. Le paradoxe est que l'action réciproque qui se met en place dans la guerre, et dont Clausewitz juge qu'elle ne parvient jamais à sa forme parfaite, est à la fois la source de la montée aux extrêmes et la cause de ce qu'elle se diffère.

1. René Girard, *Achever Clausewitz*, *op. cit.*, p. 39.

L'action réciproque, si les conditions de temps et de lieu sont réunies – à savoir, écrit Clausewitz, un « acte isolé », une décision « unique » et complète, c'est-à-dire absolue dans son résultat – va provoquer une montée aux extrêmes. Mais l'action réciproque est aussi ce qui peut différer cette montée aux extrêmes et constituer le moteur caché des « guerres réelles », dans leur différence avec la « guerre absolue » : nous entrons dans le jeu des supputations diverses sur les intentions de l'adversaire, le calcul des probabilités, etc. L'action réciproque est donc à la fois échange, commerce, et réciprocité violente. Comme l'écrit Clausewitz à la même page : « Si l'un a intérêt à agir, l'autre doit avoir intérêt à attendre ». La guerre réelle s'éloigne donc de la guerre absolue parce qu'elle prend en compte les dimensions de l'espace et du temps : les lieux, le climat, les « frictions » diverses, la fatigue, etc. Et à ce moment-là, les deux adversaires ne monteront pas aux extrêmes, ils ne se répondront pas mutuellement, dans le même temps et le même lieu [1].

Mais la leçon ne saurait être méconnue – ou n'aurait pas dû être méconnue, en 1914 par exemple : certes, la stratégie est théoriquement le moyen de la politique, et la tactique le moyen de la stratégie ; mais la montée aux extrêmes implique que les opérations militaires influent sur les fins politiques ; la « Formule » de Clausewitz est donc renversée. Si la guerre devait avoir pour fin l'établissement de la paix, nous voyons qu'il est plutôt déraisonnable de la considérer comme un moyen décisif.

Les mensonges de la volonté de paix

Le primat de la défense

Nous sommes donc confrontés à une ambiguïté désastreuse : il est suprêmement nécessaire de préparer la guerre comme si elle était un moyen décisif de permettre l'équilibre des puissances ; mais il est impossible de réduire la conduite de la guerre à un processus assez maîtrisé pour voir en lui un simple moyen. La guerre est d'ailleurs traversée par toutes sortes de paradoxes. Le spécialiste en stratégie Edward Luttwak a expliqué, dans *Le Paradoxe de la stratégie* (1989), comment il est souvent préférable d'attaquer sur une ligne mal préparée plutôt que sur le terrain qui est *a priori* le plus propice. Quant à Clausewitz, il explique, au livre VI, que dans une guerre le défenseur est mieux à même de tenir le terrain et de surprendre l'agresseur ; en somme, *la défensive est la façon la plus puissante de conduire la guerre.*

1. *Ibid.*, p. 41.

C'est pourquoi, selon René Girard, il faut conclure que « le conquérant veut la paix, tandis que le défenseur veut la guerre » ; d'ailleurs Napoléon affirme lui-même qu'il ne veut pas la guerre ; mais surtout, a-t-on pu comprendre, « c'est parce qu'Alexandre veut, lui, secrètement la guerre, qu'il va trahir les accords de Tilsit, et que Koutousov va laisser brûler Moscou pour mieux préparer la déroute de la Grande Armée [1] ». Curieusement donc, il est plus vrai de dire que le concept de défense comprend le concept de l'attaque, que le contraire : ultimement, c'est le défenseur qui dicte sa loi à l'autre. Or la conséquence de la prédominance de la défense est que la guerre moderne devient de plus en plus exactement réciproque et violente. « La mobilisation implique de plus en plus de gens, jusqu'à devenir totale, comme l'a écrit Ernst Jünger du conflit de 1914 [2] ». Rappelons certains faits pour l'anecdote. Le règlement fixé pour l'armée française en 1875 recommandait la prudence. En revanche, le *Décret portant règlement sur le service des armées en campagne* du 28 mai 1895 adopte la doctrine de l'attaque : il faut s'engager « irrévocablement et sans arrière-pensée, n'ayant qu'un seul but, celui d'aborder l'adversaire [3] ». À l'automne 1914, les stratèges ont dû en rabattre sur leurs théories : les charges sabre au clair, évidemment, mais aussi la guerre de mouvement, les manœuvres audacieuses, l'habileté dans l'engagement des armes, ne permettaient pas d'obtenir d'avantage décisif. La guerre de positions et de tranchées s'impose.

> Passons sur la théorie du grignotage, dont le général Joffre se fait le fier propagandiste : elle n'est que la stratégie de celui qui n'en a pas. Grignoter, en effet, consiste à se lancer perpétuellement à l'assaut des positions ennemies afin de prendre sur lui l'ascendant moral et d'entretenir, par des massacres réguliers et sans objectifs fondamentaux, le mordant de la troupe dont on craint qu'elle ne se relâche dans le confort de la défensive. En réalité, le grignotage n'use que l'armée française et aucunement l'adversaire. Il n'est qu'un cache-misère au désarroi du haut commandement et à la vacuité de la pensée du généralissime [4].

Volontarisme et providentialisme

Ajoutons que le souci d'obtenir la décision par la guerre relève d'une certaine philosophie de l'histoire. L'histoire n'est-elle pas fondamentalement contingente ? Les événements ne sont-ils pas ce qui révèle après coup

1. *Ibid.*, p. 49.
2. *Ibid.*, p. 51.
3. Cité par Hervé Drévillon, *L'Individu et la Guerre*, *op. cit.*, p. 243.
4. Yves Le Naour, *1915. L'enlisement*, Paris, Perrin, 2013, p. 7.

les hommes à eux-mêmes, parce qu'ils ont accompli certains actes ? N'y a-t-il pas une « ruse de l'histoire », comme le dit Hegel, qui détourne les entreprises humaines de leur sens initial ? Mais Hegel interprète l'histoire dans la perspective de la réalisation de l'esprit – il en fait un processus dialectique et rationnel : si la vérité de l'individu est dans la citoyenneté, la guerre a pour vertu de replacer dans la totalité étatique ceux qui s'en détachent par intérêt privé ; la guerre réinscrit la volonté contingente dans sa vérité universelle. Mais on ne peut interpréter la guerre dans la seule perspective de son sens universel. Comme le dit Clausewitz lui-même, « dans la guerre plus que dans n'importe quelle affaire du monde, les choses sont différentes de ce que l'on avait imaginé et prennent un tout autre aspect selon qu'elles sont vues de près ou de loin[1] ». Mais alors, les soldats ne devraient-ils pas être les vrais acteurs et récipiendaires de la bataille ? C'est ce que veut suggérer Tolstoï en donnant la parole à ses personnages discutant de l'affrontement avec Napoléon :

> [...] selon moi, voici comment cela se présente pour demain : une armée russe de 100 000 hommes et une armée française de 100 000 hommes se rencontrent pour se battre, et ce qui importe est que ces 200 000 hommes vont se battre et que celui qui se battra avec le plus d'acharnement et se ménagera le moins, celui-là vaincra. Et veux-tu que je te dise, quoi qu'il advienne, quelques bêtises qu'on fasse en haut, nous gagnerons la bataille demain[2].

On objectera encore avec Clausewitz que :

> [...] la guerre n'est rien d'autre qu'un duel amplifié. Si nous voulons saisir comme une unité l'infinité des duels particuliers dont elle se compose, représentons-nous deux combattants : chacun cherche, en employant sa force physique, à ce que l'autre exécute sa volonté ; son but *immédiat* est de *terrasser* l'adversaire et de le rendre ainsi incapable de toute résistance[3].

La présentation volontariste de la guerre donne lieu, selon Tolstoï, à l'élaboration d'un véritable mythe : l'illusion selon laquelle la volonté d'un homme pourrait à elle seule influencer de manière déterminante l'histoire. Raconter l'histoire à la manière de Belinski (un historien russe), c'est faire comme si le peuple russe était le produit de la volonté de Pierre le Grand, comme si la République française transformée en Empire ne s'était lancée dans la campagne de Russie que par la volonté de Napoléon – ce

1. Carl von Clausewitz, *De la guerre*, III, 7, p. 196.
2. Léon Tolstoï, *La Guerre et la Paix*, III, 2, 25, Paris, Le Livre de Poche.
3. Carl von Clausewitz, *De la guerre*, I, 2.

qui aboutit à des pensées dérisoires, c'est-à-dire au « raisonnement selon lequel la Russie est demeurée puissante parce que Napoléon avait un gros rhume[1] ». Clausewitz pensait que les petits événements d'une guerre peuvent être intégrés, malgré leur multiplicité infinie, à l'unité d'un seul événement, comme s'il provenait d'une seule volonté. Mais cette façon de voir nie la confusion réelle de la guerre. Pour comprendre le phénomène dans sa globalité, il faudrait pratiquer une opération quasi mathématique d'intégration des millions d'événements tous aussi peu décisifs les uns que les autres, mais aussi susceptibles de l'être. Celui qui prétend le faire est un usurpateur.

Gloire militaire et progrès de la civilisation

Sans doute la guerre permet-elle d'entrer dans l'histoire – il serait dérisoire de le nier. La guerre est un moyen dont disposent les hommes pour marquer leur temps, imprimer leur style. Gagner une guerre, c'est avancer un argument auprès du tribunal de l'histoire [*Weltgericht*], comme le dit Hegel. D'ailleurs, la guerre contribue aux progrès de la civilisation… C'est tout particulièrement vrai des guerres menées par les petites cités grecques :

> […] nées de la conception hellénique de la politique comme gouvernement consensuel [*politeia*] et d'une économie ouverte qui permettait à chacun de faire du profit [*kerdos*], qui protégeait sa terre [*klèros*] et qui assurait une certaine indépendance [*autonomia*] tout en soustrayant le citoyen à la contrainte et aux corvées, les idées occidentales de liberté devaient jouer un rôle dans presque toutes les occasions que les soldats occidentaux eurent de se battre[2].

Pour prendre un exemple : lors de l'expédition de Sicile, dit Thucydide, les généraux n'ont pas tant mésestimé l'adversaire que les conditions dans lesquelles l'expédition était préparée.

> Tout occupés à s'entredéchirer dans la compétition engagée pour la direction du peuple, ils affaiblirent le corps expéditionnaire et provoquèrent dans la cité même les premiers troubles politiques. […] Athènes ne succomba que lorsqu'elle se fut épuisée dans les discordes intérieures[3].

Il faut l'admettre : les temps de paix sont souvent ignorants de tout ce qu'ils doivent à la guerre – et la dette est importante. En contrepartie

1. Léon Tolstoï, *La Guerre et la Paix*, *op. cit.*, III, 2.
2. Victor David Hanson, *Carnage et culture*, Paris, Flammarion, « Champs Histoire », 2010, p. 77.
3. Thucydide, *La Guerre du Péloponnèse*, II, 65.

cependant, les hommes qui cherchent leur liberté dans la guerre la compromettent dans des actions profondément aliénantes. La guerre constitue une négation de l'expérience humaine, qu'on perçoit de l'intérieur des combats, et qu'on oublie ensuite. « Dans cet acharnement des machines de mort, de ce cataclysme mécanique qui nous poursuit à travers l'espace, il y a quelque chose qui excède les forces et la volonté, quelque chose de surnaturel[1] », tente de témoigner Barbusse. Ainsi la *doctrine du monde* (pour reprendre la formule de Tolstoï) est une idée qui masque son horreur sous la masse de ses effets réels ; elle érige l'épée en symbole de ce qui vaut dans le monde – et un homme privé de ce symbole serait à ses yeux un homme déshonoré ! Comme les hommes ne savent jamais tout à fait ce qu'ils doivent faire, la guerre se présente comme la solution qui résout leurs problèmes de conscience. Paradoxe ? Certainement, mais ce paradoxe n'est généralement pas aperçu comme tel.

CONCLUSION

Peut-on clairement définir ce que seraient des fins essentiellement humaines ? Peut-on faire de la guerre un moyen, tandis que la politique fixerait les fins ? La difficulté provient sans doute de ce que les fins de la politique ne sont pas faciles à déterminer, non seulement d'une manière accidentelle, en fonction des circonstances, mais de manière essentielle, parce que jamais les fins politiques ne reposent sur des principes bien établis. D'ailleurs, au sein d'une même société, la vie est déjà « polémique », on s'y dispute les places. Pourtant, on ne peut que chercher à créer une *société mondiale* capable de protéger la paix universelle, ce qui changerait la guerre en opération de police. La guerre n'aurait plus l'aura de l'opération décisive, puisque l'ordre aurait déjà essentiellement été établi, puisqu'il serait admis que tous les hommes font déjà société les uns avec les autres. Avec la mondialisation, il ne serait plus question de protester contre la cécité des gouvernants en arguant que « chaque nation moderne n'a qu'une unité géographique arbitraire dans les lignes abstraites de ses frontières[2] ».

Mais la perspective d'une société mondiale cosmopolitique – capable de faire la paix avec la nature – est lointaine. De plus, une société mondiale

1. Henri Barbusse, *Le Feu*, *op. cit.*, chapitre 20, p. 315
2. Henri Barbusse, *Le Feu*, *op. cit.*, p. 396.

où l'ordre juste aurait déjà été décidé interdit non seulement la guerre, non seulement l'effectivité des opérations militaires, mais l'intention même de les préparer. La conséquence est qu'il n'y aurait plus de guerre, mais la diffusion des « états de violence ». Guerre préventive, préemptive, humanitaire, devoir d'ingérence, nécessité de protéger, etc., sont aussi peu des guerres que possible : dans tous ces cas, la guerre est toujours déjà décidée, – et cependant rien d'autre n'a lieu que la guerre, à tout moment et sans déclaration préalable. D'ores et déjà, les interrogations portent sur l'usage de certaines technologies qui permettent de faire la guerre à distance, sans que l'adversaire prenne figure humaine. C'était déjà le cas dans la guerre de bombardement, avec des canons à longue portée, avec les avions ; cela devient de plus en plus le cas avec les drones téléguidés à partir d'une *safe zone* où les opérateurs ne risquent plus du tout leur vie. La figure de la guerre s'efface en même temps qu'elle se diffuse. Peut-être le regard vigilant d'un passager quelconque dans un train quelconque est-il aujourd'hui aussi décisif pour prévenir un attentat – donc pour préserver la paix – que les prévisions sophistiquées des stratèges.

La guerre, dramaturgie sacrée

Telle qu'elle se manifeste dans l'univers homérique, divisée en une pluralité d'énergies antagonistes qui se freinent mutuellement, et dont les duels de guerriers, les querelles des dieux multiplient l'image – la force apparaît homogène en son principe, identique au devenir qu'elle détermine, sans origine et sans fin. Elle est ce qui est – premièrement, indéfiniment, absolument. Dans l'univers biblique, au contraire, la représentation de la force implique une hétérogénéité fondamentale, sinon originelle : d'une part, la finitude de la force, comme volonté de puissance dont l'homme se fait un dieu ; d'autre part, l'infini de la force qui est Dieu lui-même.

Rachel Bespaloff, *De l'Iliade*,
Paris, Allia, 2004, p. 76.

De deux choses l'une : ou la guerre est une folie, ou, si les hommes commettent cette folie, ils ne sont absolument pas des créatures raisonnables, comme il est, Dieu sait pourquoi, admis chez nous de le croire.

Léon Tolstoï, *Les Récits de Sébastopol in Souvenirs et récits*,
Paris, Gallimard, « Bibliothèque de La Pléiade »,
1960, p. 473.

La guerre est donc divine en elle-même, puisque c'est une loi du monde. La guerre est divine par ses conséquences d'un ordre surnaturel, tant générales que particulières […]. La guerre est divine dans la gloire mystérieuse qui l'environne et dans l'attrait non moins inexplicable qui nous y porte. La guerre est divine dans la protection accordée aux grands capitaines […]. La guerre est divine par la manière dont elle se déclare […]. La guerre est divine dans ses résultats qui échappent absolument aux spéculations de la raison humaine […]. La guerre est divine par l'indéfinissable force qui en détermine les succès.

Joseph de Maistre, *Soirées de Saint-Pétersbourg*,
« Septième entretien », 1821.

Introduction

On veut croire à la fin de toutes les guerres, mais on s'enflamme sans cesse pour de nouvelles causes qui répètent inlassablement les mêmes processus. La guerre est toujours vieille et toujours jeune. L'attirance qu'éprouvent pour la guerre tous les peuples (et, même s'ils s'en défendent, les individus) est une attirance fatale, qu'il est de bon ton de déplorer. Quelque chose d'invincible s'y joue, semble-t-il. Pour autant, faut-il voir en elle la manifestation du sacré ? Une pensée laïque doit protester contre cette idée. Bien sûr, dirons-nous, il y a eu d'affreuses guerres de religion ; c'est même pour en apaiser les résurgences que les pays européens ont établi le système westphalien d'équilibre entre les puissances catholiques et protestantes, issu du traité de Münster (1648). Mais les véritables causes de la guerre sont à chercher dans la convoitise des hommes, l'avidité pour les ressources rares, l'impatience d'accéder aux jouissances terrestres – toutes passions terrestres et éloignées de la considération du Salut.

D'un autre côté, on observe couramment que les belligérants ont recours à des justifications emphatiques : quelles que soient les circonstances exactes (faim de territoires, compétition et vengeances dynastiques, craintes et ressentiments, etc.), la guerre elle-même acquiert souvent le statut d'une *cause sacrée*. Toutes les raisons d'agir trouvent alors leur débouché dans le service de la guerre. Dès lors, même si le déroulement de la guerre n'est pas prévisible, les conséquences sont étrangement ressemblantes : état d'urgence, mobilisation collective, grand nombre de victimes, proclamation solennelle de la victoire, etc. D'où naît le sentiment d'une fatalité qui ne peut se dire que dans les termes de la religion :

> Les mortels enfin doivent porter leurs peines, quand les donnent les dieux [1].

C'est donc une question de savoir ce que la guerre doit à une théâtralisation qui l'élève au rang de liturgie, de drame sacré. La guerre est-elle par essence une œuvre religieuse ?

1. Eschyle, *Les Perses*, v. 293.

De la gloire militaire au sacrifice de soi

L'héroïsme guerrier

D'où vient que la guerre, un jour, est déclarée ? Peu d'hommes savent exactement par quel enchaînement d'événements on se retrouve enfin dans la guerre, ou par quels facteurs celle-ci a été causée. La guerre se produit comme un fait dont aucun n'est maître, mais dont tous, acteurs et spectateurs, soldats et civils, vainqueurs et vaincus, sont d'une certaine façon partie prenante. Admettons-le : la guerre garde toujours un aspect de mystère. « Ha, ils ne sont que trop vaillants ! Et moi, j'aurais dû voir ce désastre imprévu », s'exclame Xerxès, constatant que « les Ioniens ne fuient pas le fracas des lances »[1]. Ce qui apparaît avec évidence, c'est qu'il faut faire la guerre, prendre des décisions, s'engager corps et âme. C'est l'occasion de manifester sa valeur face au danger. Contre l'obscurité de l'événement, les récits retiennent la façon dont les soldats se sont dressés contre leurs ennemis. Ainsi y a-t-il une éthique et des vertus de la guerre. Les héros d'Homère sont les hommes qui montent au combat [les *promakhoï*], heureux de trouver des adversaires à leur mesure – à la différence des hommes du commun [les *kakoï*]. Depuis l'Antiquité, le combat est l'occasion de manifester son excellence, d'illustrer sa vie par une belle mort, d'immortaliser son nom. Être l'adversaire d'un combattant valeureux, c'est acquérir soi-même la dignité d'un homme valeureux ; les tournois de chevalerie ont mis en scène ce rôle éthique du combat ; on ne se bat pas avec quelqu'un sans partager avec lui une communauté de valeurs. Cependant, que l'on défende les couleurs de sa dame ou les intérêts de son clan, il faut exhiber ses passions agressives. Le problème apparaît donc : dans cette éthique du combat, le heurt des volontés prend autant de place que la sincérité de l'engagement. Le problème est que s'il faut prouver sa loyauté dans le duel, on risque de devoir chercher absolument la querelle pour pouvoir prouver qu'on est capable de loyauté. Le processus de la reconnaissance suscite alors plus que des adversaires, des ennemis. Tant qu'on est encore en vie, le combat peut renaître. Il n'y a donc pas de raison que cesse le combat, à aucun moment. L'exaltation n'a plus pour sens d'élever les combattants dans la spirale de l'excellence, mais de précipiter les uns et les autres dans la frénésie du meurtre. On retire de la gloire, non plus à montrer ce qu'on

1. Eschyle, *Les Perses*, v. 1025.

vaut, mais à se sacrifier. On prétend à une éthique de la rivalité, mais on tombe dans le mépris de la vie.

Le sacrifice de l'individu à l'État

Le déchaînement de la guerre est d'autant plus difficile à contrôler qu'il provient du fonctionnement même de la société humaine, quand elle a confié son organisation à la forme étatique. L'État est à la fois l'institution qui représente la société à elle-même et qui la domine, l'instance qui protège l'ensemble social du désordre et de la dissidence, mais qui exige aussi de ses membres une obéissance quasi absolue, au nom du bien commun. Certes, il faut différencier l'État de droit de toutes les formes d'exercice abusif du pouvoir. Mais la légalité ne suffit pas à justifier que l'État monte à la violence jusqu'à exiger le sacrifice de ses membres : l'entrée en guerre doit s'accompagner d'un travail de légitimation, qui se nourrit d'idéologie et de religion. Ici, la modernité crée un paradoxe : en principe, elle n'accorde pas ses faveurs aux moyens violents – mais elle a laissé se déchaîner les violences de la guerre au-delà de toute mesure atteinte jusque-là. Ce paradoxe peut être expliqué. Les États modernes ont été justifiés par l'idée qu'ils répondent aux vœux non seulement d'une fraction de la population considérée comme la meilleure part (une aristocratie), mais également de l'ensemble de toutes les classes sociales. Or les sociétés modernes sont en voie de différenciation croissante (des fonctions productrices, en particulier), ce qui recrée, sous d'autres formes, des disparités et inégalités. La notion de nation a servi à nourrir la représentation directrice du politique, elle produit un sentiment efficace d'unité, une « compensation fictive » à toutes les raisons de se dissocier. Un pouvoir lointain peut tout au plus susciter un attachement craintif et superstitieux. Mais quand le citoyen se définit par son attachement à la loi, et quand l'existence de la loi dépend, en retour, de la vigueur avec laquelle la volonté des citoyens la protège, alors l'État devient une patrie digne d'être défendue à toute force. Défendre l'État signifie défendre les droits de l'homme, la civilisation contre les barbares. La subordination de l'individu à la totalité devient alors inconditionnelle, même si cette soumission entre en contradiction formelle avec les fondements constitutionnels et avec les objectifs officiels qui président à l'existence de l'État. À nul moment qu'à la guerre la collectivité n'accède mieux à la dignité du Nous.

Le désir impérieux et impérial

L'expérience européenne de la montée au conflit est une illustration démonstrative de cette dramaturgie. Invoquer le militarisme d'avant la Grande Guerre ainsi que l'impérialisme de la jeune nation allemande ne saurait malheureusement suffire. Quand le comte Helmuth (Karl Bernhard) von Moltke – glorieux vainqueur de Sadowa et de Sedan – demande en 1890 au Reichstag l'augmentation des crédits militaires, il affirme pour obtenir celle-ci que le temps des guerres limitées et calculables entre princes est révolu : désormais, ce sont les peuples, et les revendications des défavorisés contre les riches, qui poussent aux guerres. La guerre extérieure est une manœuvre qui permet de surmonter les divisions internes. Le nationalisme fait alors son œuvre, de sorte que « lorsque la guerre éclata, – qui [...] serait beaucoup plus catastrophique que Moltke ne l'avait imaginé en 1890, – l'opposition au Reichstag fit son devoir patriotique et vota les crédits de guerre[1] ». Car les députés de gauche (du SPD) prirent acte du fait que l'impérialisme provoquait une course aux armements et un durcissement de l'opposition entre les peuples. Ainsi, dans la perspective de la guerre, les différences de classes et les partis disparaissent, et l'unanimité s'établit. Certes, l'idéologie du progrès trace le tableau d'un avenir de liberté et de paix totales :

> La guerre est censée enseigner, dans une sorte de didactique sanglante au niveau de l'histoire universelle, que l'avenir appartient à la paix[2].

C'est pourquoi le parti socialiste formula le vœu que les souffrances et les horreurs de la guerre éveillent les peuples au désir de la paix et à l'idéal du socialisme... Ainsi la guerre européenne devint-elle « la catastrophe originelle du XXe siècle[3] », masquée par une phraséologie qui préserve l'image de soi de la civilisation, une phraséologie aveuglante – *même* pour les intellectuels. Karl Kraus donna des développements à ces thèmes derrière lesquels se profile le génocide : « Un bain d'acier, voilà ce qu'il nous faut » ; « et après, c'est le tour des Juifs – le grand nettoyage[4] ! ». Et du côté français, Émile Durkheim, tout en dénonçant les mentalités et la « pathologie sociale » de la société allemande, devra aussi constater que les ravages

1. Jan Philipp Reemtsma, *Confiance et violence*, Paris, Gallimard, « NRF essais », 2011, p. 254.
2. Jan Philipp Reemtsma, *Confiance et violence*, *op. cit.*, p. 255.
3. Jan Philipp Reemtsma, *Confiance et violence*, *op. cit.*, p. 256.
4. Karl Kraus, *Les Derniers Jours de l'humanité*, 1919.

de la guerre s'étendaient bien au-delà, mettant en question les « principes de la civilisation humaine[1] ».

La civilisation en échec

La religion de la liberté

En un sens, si la guerre promeut, défend, célèbre, les valeurs essentiellement humaines, on peut comprendre qu'elle suscite l'inflation des forces et la diffusion de la violence. La guerre répond à une logique : ce ne sont pas seulement des biens particuliers qu'il faut défendre, mais les valeurs d'une civilisation ; toutes les dimensions de l'existence humaine étant concernées, tous les aspects de la vie sont mobilisés. La liberté, dit-on volontiers, suscite un enthousiasme sacré. Qui sait en quoi consiste la liberté, qui peut la définir adéquatement ? La métaphysique même échoue à le faire. Mais on peut travailler à la délivrance des corps asservis, on peut lutter pour obtenir l'affranchissement des consciences. Pour les philosophes, la liberté repose sur une ascèse et sur l'exercice de la vertu ; mais pour le citoyen, la défense de la liberté se paie dans le sang. Ainsi les Grecs donnaient-ils une expression religieuse à leur sentiment de liberté : ils rendaient un culte à Zeus *Eleutherios*, Zeus libérateur. Les guerres médiques, l'effort pour repousser Darios et Xerxès, ont un sens providentiel.

> On peut dire des Athéniens qu'ils furent les sauveurs de la Grèce. [...] Ils furent les artisans du réveil de tous ceux qui, dans le monde grec, ont refusé de pactiser[2].

Diodore de Sicile, l'historien de la *Bibliothèque historique*, rapporte que les soldats de Platées, un an après Salamine, durent prêter serment : « Je me battrai jusqu'à la mort et n'attacherai pas plus de prix à ma vie qu'à la liberté » ; la guerre terminée, les Grecs dédièrent un monument au sanctuaire de Delphes, dont une inscription proclamait que « les sauveurs de la Grande Grèce ont délivré leurs cités d'un abominable esclavage »[3]. Tous les combattants jusqu'à nos jours ont été les témoins engagés de la liberté. Cependant, on a vu aussi comment la guerre soustrait au combattant le sens qu'il voudrait donner à son effort. La violence guerrière engloutit le

1. Émile Durkheim, *L'Allemagne au-dessus de tout*, Paris, Armand Colin, 1915.
2. Hérodote, *Enquête*, VII, 139.
3. Diodore, *Bibliothèque historique*, XI, 29 et 33.

combattant dans le flot énorme de ses excès. L'*Iliade* et l'impitoyable et capricieux Achille à sa manière en témoignent déjà ; mais l'héroïsme est un mensonge qui masque l'horreur. La réalité, c'est qu'en combattant pour leur liberté les soldats effacent leurs différences, ouvrent l'abîme de l'indistinction, du chaos et de la mort. C'est à la gloire de la guerre qu'ils travaillent. « Et là où il n'y a pas de morts, la terre elle-même est cadavéreuse[1] ». On ne peut pas dire que les uns sont animés par la justice et que les autres sont des scélérats :

> Non seulement la guerre n'est pas plus injuste d'un côté que de l'autre, elle est, des deux parts, et nécessairement, juste, vertueuse, morale, sainte, ce qui fait d'elle un phénomène d'ordre divin, je dirai même miraculeux, et l'élève à la hauteur d'une religion[2].

De l'évitement soigneux de la paix

Cette affirmation est cependant surprenante, et on a toutes sortes de raisons de refuser que la guerre soit de nature religieuse ; la pensée ne saurait accepter si facilement l'assimilation des phénomènes polémiques à une manifestation du sacré. Certes, la guerre est un phénomène total, un moyen radical de mettre en équivalence tous les partis : elle égalise tous les combattants devant la mort, et elle réduit toutes les valeurs à l'insignifiance d'un discours impuissant. Mais ces phénomènes constituent tout au plus une inversion de la religion, une réduction de l'élan de foi à son versant sombre et criminel. C'est pourquoi on préfère souvent continuer de chercher les ressorts logiques de la guerre : ainsi les phénomènes de tensions entre sociétés seraient comparables aux ruptures géologiques provoquées par les plaques tectoniques ; ou bien on invoquera la perversité des dirigeants, qui invoquent tantôt l'idéal de paix, tantôt le droit du plus fort, etc. Mais ces raisonnements paraissent être des tentatives désespérées pour mettre de la clarté dans un phénomène qui se soustrait à tout effort de compréhension. Tout se passe comme s'il était au fond impossible de distinguer clairement entre la volonté de paix et le désir de guerre. Prenons un exemple fameux. Qu'est-ce que voulaient les Alliés en imposant à l'Allemagne le traité de Versailles (1919) ? Établir une paix durable, comme ils le proclamaient ? Mais pourquoi humilier le nationalisme des Allemands tout en le réveillant chez un grand nombre d'autres peuples, au centre de

1. Henri Barbusse, *Le Feu*, p. 312.
2. Pierre-Joseph Proudhon, *La Paix et la Guerre*.

l'Europe ? Ainsi, faire la paix semble relever d'un art obscur, tandis que la guerre a la clarté aveuglante d'une solution évidente. Rappelons un épisode en particulier. Lorsque l'Allemagne s'apprête à réarmer la Rhénanie en 1936, le président du Conseil français, Albert Sarraut, hésite à empêcher Hitler de le faire. Du point de vue strictement militaire, cela aurait été facile pour la France d'intervenir, car les troupes allemandes étaient peu armées ; Hitler jouait donc son va-tout (avant qu'il ne porte un coup fatal au traité de Versailles avec l'Anschluss en 1938). Pourquoi Sarraut a-t-il reculé en 1936 ? Parce qu'il aurait été, au regard de l'opinion internationale, le fauteur du retour à la guerre ; parce que la France aurait, symboliquement, pris la responsabilité de briser le pacte Briand-Kellogg de 1928, grâce auquel 57 pays avaient solennellement condamné la guerre. En outre, et plus particulièrement, les Anglo-Saxons – les Anglais et les Américains si nécessaires à la France pendant, et après, la guerre – investissaient dans l'industrie allemande en pleine croissance ; ils n'auraient donc pas facilement accepté que la France empêche le rééquilibrage des puissances. Hitler profite donc de ce que les Allemands semblent être encore des victimes ! Que peut-on en conclure ?

Si la France avait fait obstacle à l'entrée des troupes allemandes en Rhénanie,

> Il n'y aurait jamais eu d'Hitler [c'est-à-dire non seulement un chancelier parmi d'autres, mais un chef de guerre et planificateur d'exterminations], mais personne ne l'aurait jamais su. [...] Intervenir tout de suite aurait permis d'éviter la guerre, mais cette intervention était rendue impossible par le jeu des alliances : la montée aux extrêmes semble donc se déployer comme une fatalité [1].

Le phénomène de la guerre paraît bien échapper aux efforts de la logique...

La part maudite du social

On ne pourrait donc parler de la puissance des phénomènes de guerre sans y retrouver l'ambivalence du sacré. Certes, l'organisation moderne des États a eu pour objectif explicite de soustraire les ressorts de la vie politique à toute influence religieuse. La tendance historique s'est traduite par la sécularisation officielle de la politique. Il devient ordinaire d'interpréter la politique en termes économiques, et d'interpréter même l'ensemble des

1. René Girard, *Achever Clausewitz*, Paris, Carnets nord, 2007, p. 309.

activités humaines en termes d'utilité : les fins sociales étant fixées – la prospérité, le plaisir, le confort –, la production et l'usage des moyens s'ensuivent logiquement et rationnellement. Les relations humaines résultent de plus en plus de l'échange réglé – vente et achat contractuels. On pourrait donc croire que le principe utilitaire exclut le gâchis, les achats non rentables, la prodigalité infructueuse. Cette présentation est cependant illusoire, comme l'a souligné Georges Bataille, car une autre part de l'économie sociale est faite de *dépenses improductives*. On peut citer pêle-mêle :

> Le luxe, les deuils, les guerres, les cultes, les constructions de monuments somptuaires, les jeux, les spectacles, les arts, l'activité sexuelle perverse (c'est-à-dire détournée de la finalité génitale), toutes sortes d'activités qui, tout au moins dans les conditions primitives, ont leur fin en elles-mêmes [1].

Souvenons-nous aussi de l'*Essai sur le don*, de Marcel Mauss : la part en excès de l'économie sociale apparaît avec évidence dans le *potlatch* des peuplades américaines, qui consiste en dépenses somptuaires ; ce sont initialement de purs dons, sous la forme d'une destruction spectaculaire de biens ; en réalité, note Mauss, ces dons appellent le contre-don, car celui qui ne répond pas au défi est obligé à terme de se soumettre ; l'ensemble du cycle, passant par les phases du donner-recevoir-rendre, est donc de nature agonistique. De la perte ostentatoire découle la noblesse, la réputation, l'honneur. Le pouvoir d'un chef est avant tout le pouvoir de dépenser et de perdre. Les processus sont-ils si différents dans le monde moderne, monde de la rationalité et des droits de l'homme ? L'homme riche qui y accumule sans relâche « consomme la perte de l'homme pauvre en créant pour lui une catégorie de déchéance et d'abjection qui ouvre la voie à l'esclavage » (Bataille, *op. cit.*, p. 33). De plus le développement technique ne sert pas seulement des fins clairement représentées : il est entraîné dans un processus de croissance auto-finalisé et de moins en moins intelligible. Enfin, c'est *en même temps* que se produit une élévation du niveau de vie général, d'immenses dilapidations, une exploitation sans frein des ressources naturelles, *et*, sous formes de guerres mondiales, « les plus grandes orgies de richesse – et d'êtres humains – qu'eût enregistrées l'histoire [2] ». Il est donc inévitable de chercher à comprendre la guerre dans les termes mystérieux d'une *rationalité religieuse*.

1. Georges Bataille, *La Part maudite* précédé de *La Notion de dépense*, Paris, Minuit, 2011, p. 24.
2. Georges Bataille, *La Part maudite*, *op. cit.*, p. 63.

Amour et haine de l'autre homme

La religion, ou la guerre en quête d'esprit

Sans doute serait-il sommaire de conclure à l'universelle culpabilité des religions dans la résurgence perpétuelle des guerres au cours de l'histoire humaine. Il est évident que les causes les plus diverses ont contribué concurremment et successivement à l'impulsivité guerrière. Certes, l'orgueil, l'honneur, le sentiment clanique ou national des guerriers peuvent adopter le discours de la religion chrétienne pour couvrir de noblesse leurs exactions, mais il serait pour le moins naïf de prendre au pied de la lettre les protestations de foi. De fait, on a souvent suscité des conflits et participé à des massacres tout en invoquant des raisons issues de la religion. Mais il est difficile de nier la contradiction entre les principes de foi et de charité, et les pratiques cruelles de la guerre. Le rôle de la religion retrouve en revanche sa cohérence de deux points de vue : d'une part en rappelant les critères de la guerre juste (voir la présentation générale, chapitre VI) ; d'autre part en apportant avec équanimité et à tous les consolations de la prière. Lorsqu'elles accompagnent les guerriers dans leur effort, les autorités religieuses peuvent sans doute espérer qu'elles pourront continuer d'accompagner le pouvoir durant le temps de paix. Ces questions sont abordées par Alain, qui fait mine de s'étonner de la présence des prêtres dans les armées. Quel est « le ressort caché de cette politique ecclésiastique, qui pousse à la guerre, et qui jouit de la guerre, contre l'esprit de l'Évangile », se demande-t-il ? Trois facteurs principaux lui semblent produire l'accord mystérieux de l'esprit religieux avec la guerre, par-delà les contradictions.

> D'abord cette idée que l'homme n'est pas bon, et, en conséquence, que l'épreuve la plus dure est encore méritée. Aussi l'idée que, selon l'impénétrable justice de Dieu, l'innocent paie pour le coupable. Enfin cette idée aussi que notre pays, léger et impie depuis tant d'années, devait un grand sacrifice. Sombre mystique de la guerre, qui s'accorde avec l'ennui, la fatigue et la tristesse de l'âge ; ainsi les prestiges de la religion – soutenue par une mauvaise théologie – prêtent-elles leur puissance aux passions belliqueuses[1].

On voit à travers ces quelques mots que ce n'est pas seulement le pouvoir religieux qui est en cause, mais un certain état affaibli de l'esprit,

1. Alain, *Mars ou la guerre jugée* in *Les Passions et la Sagesse*, Paris, Gallimard, « Bibliothèque de la Pléiade », 1960, p. 632.

l'expression d'une décadence. Non pas une faiblesse accidentelle, mais un défaut structurel de la nature humaine – qui la reconduirait sans cesse au désir de destruction. L'homme semble partagé, d'une manière irréconciliable, entre la poussée vitale – la puissance du *bios* –, et la rigueur abstraite du *logos* – qui s'avilit dans l'intellectualisme. Les massacres de la guerre ne sont qu'une solution factice de ce déchirement interne à la civilisation, un effet de l'exclusion réciproque de l'esprit et de la vie, la manifestation perverse d'une volonté de puissance en mal d'elle-même.

La persistance du sacré dans la modernité

Comment le sentiment du sacré peut-il prévaloir à la fois contre toutes les formes de la raison – la science, l'intérêt, la morale ? Il ressurgit comme un sursaut de la vitalité – des instincts profonds – contre une spiritualité évanescente et disciplinaire – mais qui élève aussi ses exigences. Soit, il y a quelque chose de la fête dans l'explosion de la guerre : « c'est un temps d'excès. On y gaspille des réserves quelquefois accumulées durant plusieurs années. On viole les lois les plus saintes » ; les mœurs réglées disparaissent au profit des émotions intenses, laissent place à l'ivresse et au crime ; « on procède alors aux cérémonies qui fertilisent le sol et font de la génération adolescente une nouvelle promotion d'hommes et de guerriers »[1]. Mais la société moderne a substitué l'idéologie du progrès et du droit aux mythes de fondation. Elle a donc dû renouveler son discours, sans abandonner toute ambiguïté. Toute société doit en priorité se consacrer à sa propre cohésion ; « la paix a toujours été jusqu'à présent une préparation à la défense ou même à l'attaque, en tout cas à la guerre » ; ainsi les devoirs qu'elle impose à ses membres sont ceux « de la discipline devant l'ennemi » ; certes, elle dit « que les devoirs définis par elle sont bien, en principe, des devoirs envers l'humanité, mais que dans des circonstances exceptionnelles, malheureusement inévitables, l'exercice s'en trouve suspendu[2] ». La société ne se contente pas des ressorts de la morale : les commandements religieux la servent aussi, en redoublant les impératifs moraux. « La religion [statique] achève de combler à nos yeux l'intervalle, déjà rétréci par les habitudes du sens commun, entre un commandement de la société et une loi de la nature » (Bergson, *op. cit.*, p. 6). Il y a certes une autre forme de religion

1. Roland Caillois, *L'Homme et le Sacré*, Paris, Gallimard, « Folio essais », 1988, p. 21.
2. Henri Bergson, *Les Deux Sources de la morale et de la religion*, Paris, Puf, « Quadrige », 2013.

(« dynamique ») : par une sorte de « dilatation de soi », l'âme individuelle peut s'ouvrir, au-delà de toute appartenance, à une émotion divine et à l'appel de l'amour universel (Bergson, *ibid.*, p. 34). Mais « entre la nation, si grande soit-elle, et l'humanité, il y a toute la distance du fini à l'indéfini, du clos à l'ouvert » (p. 27). C'est pourquoi « l'instinct de guerre » est toujours là, et il se nourrit même de « motifs rationnels » (p. 307), ceux de l'organisation industrielle et du désir de la richesse, du confort, de l'amusement, du luxe. On se dispute les plaisirs, et on les poursuit d'autant plus que la civilisation exacerbe frénétiquement les sens, – de sorte que, paradoxalement, « il n'y aura plus de plaisir à tant aimer le plaisir » et qu'on en viendra même à refuser le progrès (p. 322). Ainsi, tout en voulant le bonheur, « l'humanité aime le drame » (p. 316) ! Les moyens machiniques ont doté la société d'un « corps démesurément grossi » par rapport à l'énergie morale dont est capable l'homme moderne : et si d'un côté « la mystique appelle la mécanique », il est non moins vrai que « le corps agrandi attend un supplément d'âme, et que la mécanique exigerait une mystique » (p. 330). À défaut de quoi les tendances de la société close ne cesseront de reproduire les mêmes réflexes. Et les mêmes guerres.

La haine du même

Le retour sempiternel des guerres appartiendrait donc à des cycles irrépressibles. En un sens, suggère Bergson, « les guerres décisives, qui aboutirent à l'anéantissement d'un peuple » sont « la raison d'être » des « guerres accidentelles, [qui] ont lieu simplement pour empêcher l'arme de se rouiller » (Bergson, *ibid*, p. 303). En chacun de nous, il y a « un chef qui a l'instinct de commander et un sujet qui est prêt à obéir », de sorte qu'à tout moment peut ressurgir « une personnalité d'en bas, féroce, qui est celle d'un chef manqué » (p. 297). Mais Bergson note aussi que la lutte politique peut suggérer une cruauté inattendue : les chefs, même les plus civils, répondent avec la plus grande cruauté à l'appel du pouvoir, et ils « vont tout de suite jusqu'à la mise à mort de l'innocent quand la politique a parlé » (p. 298). En va-t-il dans cette violence comme chez les abeilles qui éliminent le membre de la ruche devenu inutile ? Pour rendre compte de phénomènes qui nous apparaissent à vrai dire irrationnels, René Girard a recours à sa théorie du désir mimétique. Il ne suffit pas, souligne-t-il, d'apprendre à mieux connaître l'autre (apprendre l'allemand et le français), comme si la connaissance réciproque pouvait empêcher l'inimitié. Car c'est de la ressemblance justement que naît l'inimitié. Voici ce qu'il explique. Dans une société humaine, le désir ne prend pas pour objet directement une chose ; un désir est médiatisé ; les désirs des uns prennent pour modèles les désirs des autres. Chacun imite l'autre, devient son rival pour acquérir des objets matériels, puis de plus en plus symboliques. Le désir élève ainsi sans limites son niveau de violence. Pour enrayer la violence qui menace de dissoudre la société, le groupe – inconsciemment – polarise la violence sur un individu ou une minorité désignée (bouc émissaire). Ainsi le phénomène d'imitation généralisée (ou de *mimèsis*) s'achemine vers une crise, mais produit aussi le moyen de sa résolution. Pour Girard, la victime sacrifiée est aussi divinisée : le récit se métamorphose en un mythe qui dissimule le lynchage fondateur du renouveau et de l'ordre social. Dans la continuation ordinaire de la vie sociale, le rite répète le meurtre originel en lui substituant des victimes sacrificielles (des hommes, des animaux, ou simplement les prémices des récoltes). Et de la répétition des rites naissent les institutions – le moyen que les hommes ont trouvé « pour retarder l'apocalypse » (René Girard, *op. cit.*, p. 61) –, ainsi que la transmission éducative des codes culturels. La religion, c'est donc l'invention du sacrifice. Or le christianisme consiste justement en la révélation que le bouc émissaire (c'est-à-dire le Christ) est une victime innocente, de sorte que le mécanisme de résolution des crises mimétiques par le sacrifice, devenu conscient, est rendu scandaleux, intolérable et finalement impossible. Le dilemme de la civilisation, selon René Girard, serait donc en train de devenir intenable : d'un côté, on ne peut plus croire au bouc émissaire – mais d'un autre côté, les sociétés sont privées du processus qui leur permettait de dépasser leurs crises. La société humaine est donc sommée de faire un choix : renoncer à la violence ou précipiter l'apocalypse. Aujourd'hui, alors que le principe de réciprocité devient de plus en plus conscient, sommes-nous sous la menace d'une guerre sans merci et absolument destructrice ? Nombreux sont désormais ceux qui plaident aussi pour un désarmement des sociétés humaines à l'égard de la planète, car les moyens utilisés par les systèmes économiques pèsent sur la nature, de telle façon que l'épuisement des ressources, le réchauffement climatique, les migrations forcées, l'inflation des dispositifs de sécurité, etc., provoquent « des sentiments de menace et de stress qui suscitent des réactions imprévisibles[1] ».

1. Harald Welzer, *Les Guerres du climat*, Paris, Gallimard, « NRF essais », 2009, p. 261.

Conclusion

Ainsi la guerre élève-t-elle sa gloire sur le témoignage lamentable des victoires et défaites successives de ses initiateurs eux-mêmes.

> Ceux des Perses qui étaient en pleine vigueur,
> les premiers pour le courage et par la naissance
> les meilleurs pour leur loyauté à notre chef,
> tous ils sont morts, honteusement, d'un sort infâme[1].

Le caractère sacré de la guerre vient-il de l'ambivalence des sentiments humains ? Ce qui compte pour celui qui s'engage dans la guerre, c'est d'abord le sentiment que rien ne pourra en résulter, sinon les effets de sa propre résolution, de son courage, de sa prétendue souveraineté : la guerre se pare des prestiges obscurs de la liberté. Car il faut le dire : jamais on ne peut être sûr de ce qu'est vraiment le bien on est encore moins sûr d'avoir accompli tout le bien dont on devrait être responsable. La guerre est donc le mal dont la liberté a besoin pour se célébrer elle-même avec éclat – à défaut de pouvoir se démontrer avec clarté. Mais la guerre acquiert aussi son autonomie monstrueuse et indicible – son automatisme sacré – au prix de l'écrasement de tout sentiment et de toute parole.

> C'est ça la guerre… Et c'est ça partout. Qu'est-ce qu'on est, nous autres, et qu'est-ce que c'est ici ? Rien du tout. Tout ça qu' tu vois, c'est un point. Dis-toi bien qu'il y a ce matin dans le monde trois mille kilomètres de malheurs pareils, ou à peu près, ou pire[2].

1. Eschyle, *Les Perses*, v. 441-444.
2. Henri Barbusse, *Le Feu*, *op. cit.*, p. 380.

Bibliographie sélective

Auzoin-Rouzeau Stéphane, *Encyclopédie de la Grande Guerre*, Paris, Perrin, « Tempus », 2012.

Ferro Marc, *La Grande Guerre (1914-1918)*, Paris, Gallimard, « Folio histoire », 1990.

Frémeaux France Marie, *Écrivains dans la grande guerre. De Guillaume Apollinaire à Stephen Zweig*, Paris, Éditions L'Express Roularta, 2012.

Mosse Georges, *De la grande guerre au totalitarisme : la brutalisation des sociétés européennes*, Paris, Hachette, 1999.

Servent Pierre, *Le Complexe de l'autruche. Pour en finir avec les défaites françaises 1870-1914-1940…*, Paris, Perrin, 2011.

Steg Jean Michel, *Le Jour le plus meurtrier de l'histoire de France : 22 août 1914*, Paris, Fayard, 2013.

Cet ouvrage a été composé
par IGS-CP à L'Isle-d'Espagnac (16)

Imprimé en France
par JOUVE
1, rue du Docteur Sauvé, 53100 Mayenne
juin 2014 - N° 2161804T

JOUVE est titulaire du label imprim'vert®